北京商务年鉴

(2011)

北京市商务委员会 编

华龄出版社

责任编辑：林欣雨　程　扬
责任印制：李未圻

图书在版编目（CIP）数据

北京商务年鉴.2011/北京市商务委员会编.—北京：华龄出版社，2011.7
ISBN 978-7-80178-823-8

Ⅰ.①北…　Ⅱ.①北…　Ⅲ.①商务—北京市—2011—年鉴　Ⅳ.①F727.1-54

中国版本图书馆 CIP 数据核字（2011）第 119495 号

书　　名：北京商务年鉴（2011）
编　　者：北京市商务委员会
出版发行：华龄出版社
印　　刷：北京画中画印刷有限公司
版　　次：2011 年 9 月第 1 版　　2011 年 9 月第 1 次印刷
开　　本：880×1230　1/16　　**印　　张：**18.5
字　　数：375 千字　　**印　　数：**1～1000 册
定　　价：150 元

地　　址：北京西城区鼓楼西大街 41 号　　**邮编：**100009
电　　话：84044445（发行部）　　**传真：**84039173

《北京商务年鉴（2011）》编辑委员会

《北京商务年鉴（2011）》编辑部

2010年7月，北京市程红副市长在特色商业街消夏节上致辞

2010年9月，北京市程红副市长参加第六届东北亚投资贸易博览会并莅临京粮集团展区

2010年4月，北京市商务委员会卢彦主任参加美食盛典启动仪式

2010年10月，北京市商务委员会卢彦主任出席北京拍卖季开幕式

2010年12月，北京市商务委员会领导在京台商业及物流合作论坛上致辞

2010年9月，北京市商务委员会领导就“农超对接”项目效能监察赴超市发调研

2010年4月，北京市商务委员会领导在沃尔玛检查低钠盐推广销售情况

2010年12月，北京市商务委员会领导在“进出口政策服务咨询会”开幕式上致辞

2010年8月，北京市商务委员会领导参加服务外包示范区共建协议签字仪式

2010年2月，北京市商务委员会领导召开行业安全生产工作会

2010年5月，北京市商务委员会领导参加“第十五届北京商业科技周”

2010年10月，北京市商务委员会领导调研快递物流企业信息系统

2010年7月，北京市商务委员会领导参加后勤中心中层干部座谈会

2010年12月，北京市商务委员会领导在各地商品大集座谈会上发言

2010年9月，北京市商务委员会领导与离休老干部一同参观抗日战争纪念馆

2010年4月，北京市商务委员会领导与海南商务厅领导共同启动海南商品大集

2010年8月，北京市人民政府口岸办公室领导慰问武搏会信息志愿者

2010年10月，北京市粮食局领导参加团员青年才艺展示活动

编 辑 说 明

一、《北京商务年鉴（2011）》（以下简称《年鉴》）由北京市商务委员会《年鉴》编辑委员会编纂，是本市商务领域唯一的权威性、综合性年鉴。该书的前身——《北京商务概览》创刊于2003年，2004年分为外经贸卷和内贸卷。2005年将两卷合一，更名为《北京商务年鉴》，并由内部刊印改为公开出版发行。

二、《年鉴》全面、系统地记述了上年北京市商务领域的基本情况和取得的成就。封面年号“2011”表示本期《年鉴》于2011年出版，主要包括2010年1月1日至12月31日期间的工作成果、相关数据和工作照片，并在重要文献中涉及2011年全市商务工作安排。

三、《年鉴》的内容由商务部门各单位提供，内容广泛，资料详实，数据准确，逐年出版，具有宝贵的文献保存价值。

四、《年鉴》不仅能为政府机关领导决策提供参考依据，也可为国内外商务领域和其他各界人士提供相关的法规、政策和数据资料，对本市商务领域的发展具有现实指导意义，对商务领域的各项工作也具有专业指导作用。

五、《年鉴》创刊以来，承蒙商务部门各单位领导的大力支持和撰稿人的积极参与，受到有关人士的欢迎和鼓励，在此谨致谢意，并希望继续得到各界人士的关心和支持。

《北京商务年鉴》编辑委员会

二〇一一年七月

Editor's Notes

Ⅰ. *Beijing Commercial Yearbook* (2011) (hereinafter abbreviated as the Yearbook), compiled by the editorial committee of the *Yearbook* of Beijing Municipal Commission of Commerce, is the only authoritative and comprehensive yearbook in the commercial field in Beijing. The predecessor of the *Yearbook* is *Beijing Commercial Review* started publication in 2003. In 2004, the book was divided into two volumes—Foreign Economy & Trade Volume and Domestic Trade Volume. In 2005, the two volumes were combined together as one book with the name *Beijing Commercial Yearbook*, which changed from a periodical for restricted circulation into a publicly published one.

Ⅱ. The *Yearbook* gives a comprehensive and systematic record of the basic situation and achievements in the commercial field in Beijing, "2011" in the cover means the Yearbook is published in 2011. The *Yearbook* mainly includes the achievements of work, the related data and work photos from January 1 to December 31, 2010, and involves the commercial work arrangement of Beijing in 2011 in some important documents.

Ⅲ. The contents of the *Yearbook* come from various authorities of Commerce. With rich material, wide coverage and accurate data, the *Yearbook* is a valuable document.

Ⅳ. The *Yearbook* can not only provide reference for the leaders of government authorities to make decision but also provide the related materials of laws, regulations, policies and data for domestic and overseas personnel in the commercial field as well as other fields. It can offer practical directions to the development of the commerce in Beijing and professional directions to specific work in the commercial field.

Ⅴ. We are deeply appreciative of the great support from Beijing Municipal Commission of Commerce, the active participation of the writers, and the enthusiastic encouragement of the related personnel since the publication of the *Yearbook*. We hope we would be concerned and supported continuously in the future.

Editorial Committee of *Beijing Commercial Yearbook*

July 2011

目　录

第一部分　重要文献

第二部分　法规、文件选编

第三部分　主要业务

第四部分　口岸、海关、检验检疫

第五部分　开发区、区（县）商务

第六部分　统计资料

第七部分 大事记

第八部分 附 录

CONTENTS

Part Ⅰ Important Documents

Part Ⅱ Selection of Rules, Regulations and Documents

Part Ⅲ Main Work

Part Ⅳ Ports, Customs, Inspection and Quarantine

Part Ⅴ Commercial Affairs of Development Zones, Urban Districts and Counties

Part Ⅵ Statistical Materials

Part Ⅶ Record of Major Events

Part Ⅷ Appendix

第一部分

重　要　文　献

程红副市长在2011年全市商务工作会议上的讲话

（二〇一一年二月十二日）

今天召开全市商务工作会议，主要是回顾“十一五”商务工作，并着眼于“十二五”对2011年商务工作做出部署。

一、关于“十一五”时期商务发展的成就和经验

“十一五”时期，全市商务领域走过了极不平凡的历程，实现了跨越发展，对首都经济社会发展做出了重要贡献。

（一）消费工作为拉动全市经济增长、促进发展方式转变做出了突出贡献

“十一五”时期，全市零售额接连跃过3 000、4 000、5 000、6 000亿台阶，2010年达6 229亿元，连续三年居全国城市之首。最终消费率逐年提升，消费成为经济增长的主要动力。北京在全国率先形成了消费拉动型经济，发展方式转变取得明显成效。

（二）商贸服务业为全市经济社会发展做出了重要贡献

2010年，商贸领域增加值占全市比重超过四分之一，其中批发零售业增加值位居第三产业之首；商贸领域纳税额占比超过五分之一；商贸领域从业人员占比超过三分之一。便民服务体系逐步完善；特色商业、“老字号”等发展迅速，繁荣活跃了首都市场；国际知名零售企业中40%以上落户北京，世界百强品牌中90%汇集北京。

（三）开放型经济发展显著提升了首都的国际影响力

1. 对外贸易的带动和服务作用日益增强。

“十一五”期间，进出口年均递增近20%，2010年达3 014亿美元，是“十五”末年的2.4倍，再创历史新高，占全国比重超过1/10，居全国第四。自主品牌产品出口增幅高于全市39个百分点。为全国配置资源的进口额占全市进口的69%，服务全国的能力明显增强。

2. 服务贸易继续保持全国领先。

2006至2009年，服务贸易额累计超过2 200亿美元，占全国21.6%，电影音像、通讯、广告宣传等领域优势明显。“十一五”期间离岸外包出口年均增长44%，全国服务外包十强企业中有5家在北京，服务外包的全国领军城市地位进一步巩固。

3. 利用外资推动产业高端发展。

“十一五”期间，实际利用外资累计达281.8亿美元，占改革开放以来累计外资额一半以上。截至2010年底，累计认定跨国公司地区总部82家，设立投资性公司183家、研发功能为主的外资法人企业353家。在国际权威机构对21个国际大都市吸引外资排名中，北京位居第二。

4. 对外经济合作快速增长。

“十一五”期间，对外承包工程累计完成营业额83亿美元，累计核准境外投资企业672家，投资总额48.4亿美元，分别是“十五”时期的4.0倍、3.6倍、2.4倍。投

资领域扩展到所有国家行业分类，“走出去”领域进一步拓宽。

5. 口岸承载能力持续提高。

口岸新框架基本构建。天竺综保区是国内第一家空港型综保区，2010年实现港区联动；北京经济技术开发区保税物流中心（B型）获得批复；平谷马坊国际陆港正式运行。首都机场客运吞吐量持续扩大，2010年达7 395万人次，位列全球第二，旅客满意度在全球机场排名第四。

（四）经受重大考验，有力保障城市正常运行

出色完成奥运会、建国60周年庆典等活动服务保障工作，圆满完成南方冰雪灾害、汶川地震等应急保障任务。完善了生活必需品应急供应体系，生活必需品市场调控能力达到了新水平。狠抓生产安全、规范促销等工作，保障商务有序发展。企业承担社会责任、安全规范经营的意识明显提升。

“十一五”首都商务发展的成功经验主要有三方面：

一是抓住机遇加速发展。全市商务领域抓住奥运机遇，推出了《北京市商业服务业迎奥运三年行动计划》，商业服务水平显著提升；抓住首都经济转型发展机遇，大力促进消费增长，为全市经济增长发挥重要的拉动作用；抓住新城建设的契机，加快推动郊区流通设施升级；为应对金融危机冲击，及时出台总部政策、服务外包发展政策等，“走出去”战略成效显著，本市在全球贸易格局中的位置进一步凸显。

二是积极创新推动发展。创新奥运服务模式，并转化为长效机制，在全国率先建立了蔬菜政府储备，进一步完善了农超对接。在口岸、物流、电子商务、便民商业体系建设等方面，市区联动，共同推进。围绕中心，大力促进商务服务、会展、物流等新兴产业发展。瞄准世界城市建设，提出打造国际商贸中心的新目标，为新时期商贸领域实现科学发展指明了方向。

三是汇聚多方力量共促发展。海关、检疫等部门联合推动“大通关”建设；市发改、财政、市政市容、农业等部门在繁荣市场、推动流通现代化方面，给予了大力支持；市委宣传部组织动员首都媒体，大力促进首都商务发展；区县政府和商务部门相互支持，共同努力；各行业协会和企业也积极响应政府号召，发挥自身作用。

二、关于2011年商务工作的要求

（一）着眼发展，强化“三个意识”

1. 强化机遇意识，坚定信心。

“十二五”期间，首都经济社会发展仍然处在大有作为的战略机遇期。一是持续扩大消费面临新机遇。国家一系列促消费政策，以及首都功能定位和城市化后期的发展阶段，决定了消费是未来经济发展的主要动力。二是国际商贸中心建设孕育新机遇。三是独特优势为商贸发展提供了新机遇。奥运后，北京在全球的知名度和美誉度快速提升，另外，国家管理机构集中、国际组织和外国使馆聚集、信息发达、市场辐射力强，为开放型经济发展提供了难得的历史性机遇。

2. 强化忧患意识，保持清醒头脑。

商务领域面临许多新的挑战。一是面对治理交通拥堵和控制人口过快增长政策的实施，在结构转换中，保持消费持续快速发展是一个挑战。二是本市与全国及其他省市利用外资高速增长相比压力较大，合同外资增长略显乏力。三是出口增速与全国及其他省市相比差距较大，扣除进口原材料价格上涨

因素后的进出口实际增幅没那么高。要有忧患意识，保持冷静的头脑和谦虚谨慎的态度，未雨绸缪，积极进取。

3. 强化进取意识，全力保增长。

2011年全市GDP增长目标为8%，消费增长目标为10%，这是底线目标，必须全力确保。一是两个预期增速目标与兄弟省市相比并不高。二是巩固本市经济增长格局的要求。“十一五”时期北京在全国率先形成了消费拉动型经济，面对挑战，要拿出应对金融危机的干劲，强化进取意识，奋发有为，确保消费作为主拉动力的经济增长格局得到巩固。

（二）务实推进，加快“三个转变”

1. 加快消费方式转变，做好“六个结合”。

一是与改善民生相结合，在满足居民基本消费上下功夫。到“十二五”末期，生活必需品占零售额比重要提高到60%左右。按照“市抓批发，区抓零售”的要求，市区两级共同推进“菜篮子”工作，加强设施网点建设、运行管理和规范引导，解决好“最后一公里”的问题。各区县要尽快加强建设、落实责任。

二是与消费升级相结合，延伸多种消费。要开拓思路，着力发展汽车后消费等服务消费。通过服务消费带动商品消费，使占商业面积一半的餐饮和休闲娱乐消费带动的商品消费占比达30%左右。

三是与商业升级相结合。利用连锁等现代化流通方式，让消费者得到更多实惠；大力发展电子商务等现代消费方式；加大摊群式市场改造升级力度，积极探索更加完善的统计办法。

四是与调整结构相结合，大力挖掘新的主力商品。汽车限购后，要认真分析寻找新的主力商品，特别是高价值商品。企业可结合首都市场特点，推出5万至10万元级的智能化商品组合，积极推出新的家电产品，努力挖掘新的增长点。

五是与首都市场优势相结合，做好外来消费。要努力扩大汽车等高附加值商品上的外来消费。发展新型业态，特别是奥特莱斯等本市独有的新型业态，吸引周边省市消费者。同时，规范市场，营造良好的消费环境。做好首都消费的整体宣传，组织大型促销活动。

六是与增量相结合。各区县和统计部门要沟通好，将新增商业设施的销售情况及时纳入统计体系。

2. 加快行业发展方式转变，推进国际商贸中心建设。

商业服务业要朝着“规范化、现代化、特色化、国际化”的方向发展。要做好生产安全、食品安全以及消费者权益保护等工作，实现规范化发展。现代化方面，要用连锁方式抓好社区商业。强化洗浴、再生资源回收、美发等行业的监管，促进业态升级。特色化和国际化方面，要按照全市打造“北京创造”和“北京服务”品牌的要求，支持和培育本土品牌，同时继续抓好品牌引进和促进工作。

加快实现利用外资内涵式发展。一要体现高端。强化研发、采购、结算、营运四类中心的引进，纳入总部政策支持范围，年末认定总部须过100家。二要注意新方式。私募股权投资和风险投资资金参与收购兼并，都要纳入利用外资的综合考虑范围。三是区县要加大力度，把利用外资内涵式增长与结构优化相结合，做好各项工作。

对外贸易发展方式要转变。一要抓好“双自主”产品出口。在参展、出口等方面继续给予政策优惠，海关、检疫、外汇管理等部门也要将其纳入优待管理之列，争取五年后“双自主”产品出口占全市比重达到10%。二要更好地促进进口。全市进口占全国的18%左右，要用好国家鼓励进口的政策，继续扩大先进设备和技术的进口，促进地方经济发展。

加快服务贸易发展。办好第三届中国服务贸易大会，在全球树立“北京服务”品牌，继续保持本市服务贸易和服务外包在全国的领军城市地位。

加快构建口岸体系。在北有天竺、南有亦庄、东有平谷的基础上，加快朝阳口岸向通州平移，实现海运、航运、陆运统筹的高效口岸体系。天竺综保区要发挥作用，在工程建设、项目运营和招商引资方面取得新的突破。

3. 加快工作方式转变，构建合力共促商务发展的新局面。

商务委要加强统筹协调、工作指导和检查督促，特别是在政策研究和支持上，采取一些新的机制，包括以奖代补的机制，鼓励区县、协会和企业更好地参与到商务工作中。

区县要勇挑重担，在促消费、保增长中发挥更加重要的作用。一是各区县要按照核算的消费增长分解任务，全力保证促消费任务完成。分管区县长要落实责任，加强考核，加大协调力度。二是在扩大增量上做文章，特别是城南、西部、新城等发展快、人口加速聚集的区域。三是要以服务促增长，进一步服务好辖区内企业和居民，创造优良的消费环境。

协会要发挥桥梁纽带作用，更好服务全市商务发展大局。一是在促消费中更好发挥作用，开展主题促销。二是开展行业大比武，加强人才培训，并继续做好技能大师的培养和传承工作。三是加强行业自律，加强信用评级，配合工商和商务推广新的行业和经营行为规范。

企业要奋力开拓，在规范创新和服务消费者中提高销售规模。一要打造品牌，提高服务，吸引外来消费。二要规范经营，树立首都商业的风范。

总之，做好2011年商务工作具有特殊意义，大家要坚定信心，扎实工作，为建设中国特色世界城市和打造国际商贸中心再创佳绩，再立新功。

便民利民，促进发展
打造服务全国、辐射世界的国际商贸中心

——卢彦主任在2011年全市商务工作会议上的报告

北京市商务委员会主任 卢彦

（二〇一一年二月十二日）

同志们：

今天召开全市商务工作会议，总结2010年商务工作，明确“十二五”时期商贸发展思路，部署2011年重点工作任务。

一、2010年商务工作回顾

2010年，是国际商贸中心建设的启动之年。在市委、市政府坚强领导下，商务战线深入贯彻落实科学发展观，锐意创新、砥砺奋进，继续巩固和扩大应对国际金融危机的成果，注重提高发展质量，着力提升居民生活便利度、市场品牌丰富度、特色企业集中度、总部经济聚集度、商务服务完善度和国际排名美誉度，圆满完成各项工作任务，商务发展实现新突破。

（一）取得新进展，商业服务惠民生

民生商业快速发展。2010年，全市商业连锁企业新增门店143个，累计突破9 000个，连锁零售额占社会消费品零售额26%。发展规范化菜市场36家，累计达298家。发布《北京市早餐经营示范店规范（试行）》，首批评定早餐示范店999个。扶持发展清真食品网点140个。建设开通“家政服务网”，推出18家星级家政服务组织。开通再生资源回收信息管理系统，规范回收站点社区覆盖率达70%。郊区流通网络联合采购金额达10亿元，采购品牌商品近3 000种。完成36家农村集贸市场改造，“一乡一集市”覆盖率达80%，门头沟、密云等7个远郊区县有64个山区乡镇完成集贸市场改造。房山、丰台等区积极参与、组织实施“知名零售企业区县行”系列活动，引导大型品牌商业到新城和郊区发展，10个郊区县共引进18家大型商贸企业。

惠民措施成效明显。大兴、延庆等区县积极组织“农超对接”。本市6家大型连锁超市企业与全国110多家农业合作社建立合作关系，采购额占比45%，降低果蔬流通成本10%～15%。探索“农餐对接”，采购价低于市场价15%～20%。启动“场店对接”，东城、石景山等10个区积极推进，建立社区菜市场自营“保本菜摊”100个，大白菜等5种蔬菜平均进价降低约20%。

商业无障碍水平持续提升。2010年，完成61家商业设施无障碍改造，全市大中型商场无障碍设施改造率达81%。新改造23家大型商业设施停车场，二环路以内具备改造条件的商场改造率达93%，购物消费停车条件进一步改善。新发展银行卡特约商户1.8万户，累计达18万户，刷卡消费额4 642亿元，按可比口径计算占社会消费品零售额65%以上，刷卡消费更加便利。

商业流通安全进一步强化。完善储备制度，实现对政府储备商品的实时监控，灵活调整蔬菜储备品种和时限，确保本市生活必需品政府储备安全可靠。圆满完成武搏会、全国“两会”等重大活动、重要会议的供应保障工作。牵头制定蔬菜保供稳价措施，2010年12月，蔬菜日均上市量达2 615万公斤，同比增加240万公斤，为稳定蔬菜市场做出贡献。深入开展流通环节食品安全工作，稳步推进“放心肉”服务体系试点建设；新增酒类流通备案登记1万户，新增随附单使用112万份；全年推广销售低钠盐7 000吨，完成为民办实事任务。建立完善市区、多部门联动监管工作机制，规范和加强典当行业管理。全面落实零售、餐饮经营单位安全生产和促销活动管理规定，市、区商务部门全年共出动执法检查人员1.7万人次，检查经营单位7 684家次，发现并整改安全问题和隐患3 526个，实现规模以上商业零售和餐饮经营单位检查全覆盖，问题整改率达100%。

（二）推出新举措，多点带动促升级

培育本地品牌，带动产业升级。中小企

业开拓国际市场资金和展会资源等向“双自主”企业倾斜，2010年支持118家企业海外注册商标227项。自主品牌产品出口增幅高于全市39个百分点，中关村自主创新型企业出口增幅高于全市60个百分点。参加广交会的“双自主”企业超过200家，占比超过70%。组织消费电子、医疗器械、动漫软件等北京自主品牌企业216家次参加境外专业展20场，参展企业出口增幅高于全市69个百分点。成功举办首届中华“老字号”博览会，举办“老字号”非遗进校园活动，支持企业参与分享世博商机，组织“老字号”企业“走出去”。16家连锁经营“老字号”企业新开店铺170个，累计达2 364个。

吸引国内外品牌，丰富首都市场。为国内知名品牌进入北京市场搭建桥梁，仅“各地商品大集”活动就吸引了289个国内“名、特、优”品牌落户北京。全年新批各类外资零售店铺480家，增长40.4%，累计达3 245家。东城、西城、朝阳等区积极推动品牌引进，美国盖璞、日本山田电机、瑞士历峰等品牌企业首次进入北京，法国卡地亚等国际品牌也加快在京开店步伐。全球知名品牌中已有90%进入北京；在国际知名的294家零售商中有41%已入驻北京，位列世界第六。

强化商贸特色，推动集聚发展。启动石景山区北京台湾街、东城区鲜鱼口民俗餐饮街等6条特色商业街改造升级，全市共建设改造20条市级重点特色商业街，怀柔、密云等区县也积极培育区域特色商业街。授予通州区商务园“北京市电子商务聚集区”称号，吸引23家电子商务企业入驻，促进电子商务集聚发展。建立量化考评机制，推进海淀、昌平等服务外包示范区建设，服务外包全国领军城市地位继续巩固。2010年，全市离岸外包执行额15.4亿美元，增长46.7%。文思创新、软通动力两家企业规模在国内率先跨过万人门槛，并在纽交所挂牌交易。

落实总部政策，推动高端发展。推进服务方式机制化、服务内容全程化、服务部门集成化，强化政策效应，总部经济聚集程度进一步提高。全年新认定跨国公司地区总部24家，历年累计达82家，其中62家为世界500强企业地区总部。新设立投资性公司9家，累计达183家。新设立以研发功能为主的外商投资企业28家，累计353家。新引进16家世界500强企业投资项目32个，其中5家首次来京投资。已有256家世界500强企业在本市投资累计598个项目。

多方联动，促进外向发展。一是对中小企业初次投保的保费支持比例，从50%提高到70%。出口信用保险投保企业新增64家，累计384家。二是保单融资缓解企业“融资难”。利用保单融资额达到71.3亿美元，同比增长42%。三是推进跨境贸易人民币结算，338家企业全年完成经常项目结算1 000亿元，居四个直辖市首位；资本项目结算取得重大进展，结算86.2亿元；4 681家北京企业获得出口可收入人民币资格，有效降低汇率风险和成本。四是发挥专项资金引导作用，支持240家次企业参加文化创意、高新技术、新能源等七个领域的21个国际展会，开拓国际市场。

（三）搭建新平台，统筹内外促增长

搭建促消费活动平台，营造消费氛围。落实家电下乡和“以旧换新”等促消费政策，增加下乡家电品种。全年销售家电下乡产品24.4万台，5.6亿元，分别是2009年的1.4倍和1.6倍；通过“以旧换新”政策销售新家电176.1万台，销售金额69.6亿元。组织开展购物季、特色街消夏节、国际美食盛典等全市性主题促销活动。成功举办18期“各地商品大集”，1 169家企业参展，现场销售1.2亿元；5 300家次企业进行洽谈，签约金额16.3亿元。举办“2010北京拍卖季”，参与企业数、拍卖场次、成交金额三项指标创下新高。

搭建政策功能区平台，增创发展优势。天竺综合保税区与机场口岸实现港区联动无缝对接，2010年完成进出口9.5亿美元，增长3.3倍；同时拓展了国际租赁、分拨、分销等新功能。北京经济技术开发区保税物流中心（B型）获得批准，为我市对外贸易转型升级创造了更好条件。平谷马坊国际陆港投入运营，集装箱月通过量超过1 000个，月增长20%以上，为外向型企业增加了一条新的入海通道。

搭建区域合作平台，促进互利共赢。组织本市大型商贸流通企业赴新疆和田、内蒙赤峰、四川什邡等地开展市场对接工作，签署商务合作协议，实现市场渠道和产品资源的优势互补，互利发展。

（四）拓展新领域，构建商务新格局

协调促进商务服务业发展。发布实施《北京市商务服务业振兴发展规划》，研究制定促进会展业发展的政策措施和工作机制，朝阳、顺义等区也出台专项政策促进会展业发展。2010年新引进3 000万美元以上外资商务服务企业11家。全年举办国际展览154个，增长18.5%。21个展览通过国际展览联盟认证，占全国26.6%，北京是国内唯一跻身国际会议目的地前10名的城市。

加快发展物流业。牵头实施《北京市物流业调整和振兴实施方案》。增强物流基地集聚效应，2010年，新入驻企业达114家。组织实施食品冷链物流科技示范项目，支持新建、改扩建冷库10万立方米。专业化物流进一步发展，新增11家A级物流企业，总数达34家。本市被商务部评为国家“现代物流示范城市”。

大力发展电子商务。研究制定电子商务企业发展的相关扶持政策，引导传统商业企业开展电子商务，全市电子商务销售额增长1.2倍。组织近50家本市网络零售企业，开展“点击消费”促销活动，累计销售17.4亿元，增长110%。为中小企业开展电子商务培训，组织推荐24家电子商务示范企业。本市荣获中国电子商务最具创新活力城市奖。

推动绿色流通体系建设。2010年完成15家商场超市30个门店的节能改造，年节电量1 271万度，节电率达26.5%。加强商场温控监管，继续开展限制商品“过度包装”和超市商场“限塑令”工作，商场超市塑料购物袋销售量递减75%～85%。新建成2个再生资源分拣中心和339个回收站点。2010年再生资源回收量超过467万吨，回收拆解报废汽车3.5万辆，487家服装干洗店完成开启式干洗机更新改造。

科学编制“十二五”发展规划。加强对首都商务发展全局性、前瞻性问题的研究，组织开展国际商贸中心建设、商业服务业、外经贸、物流等市级专项发展规划的编制工作。《关于加快北京国际商贸中心建设的意见》及实施方案已经市委、市政府审议通过，进一步明确了“十二五”时期全市商务发展的战略方向。

（五）树立新风貌，作风建设提效能

2010年，全市商务部门深入开展作风建设年活动，积极推动“创先争优”和“三进两促”活动，全面构建“一岗三责”风险防范管理工作体系。加强廉洁自律工作，严格执行领导干部廉洁从政各项规定。进一步深化行政审批制度改革，年初把投向中关村核心区的1亿美元以下非限制类外资项目审批权下放到海淀区，11月份又进一步推广到全市各区县；市商务委行政审批事项从91项压缩到79项。认真落实领导班子“三重一大”事项集体决策制度，加强干部选拔任用民主公开，积极推进政风行风和机关作风建设。全年共受理行政办事事项16.06万项，均已全部办结，保障了全市商务高效、安全运行。

（六）做出新贡献，服务大局促发展

优化首都经济的资源配置。本市实际利用外资中第三产业的比重，多年领先于全市地区生产总值中第三产业的比重，2010年达88.5%，高出13.5个百分点，带动全市经济结构调整和产业升级。境外投资对开拓国际市场、开发国际资源、转移过剩产能发挥出日益重要的作用。

拓展首都经济的发展空间。近年来，全市一、二产业增加值对本市货源出口的依存度高达56.2%，超过一半的增加值要靠国际市场实现；全市第三产业增加值对服务贸易输出收入的依存度达23.6%，约1/4的增加值要靠国际市场实现。

增强全市经济发展的内生动力。本市最终消费率逐年攀升，自2006年起连续四年超过投资率，2009年达到55.6%，超过投资率12.4个百分点，在全国率先形成消费拉动型经济。

服务全国的枢纽型格局日益凸显。2010年，在社会购销总额中，从市外购进占76.4%，向市外销售占66.9%。在全市进、出口额中，为全国配置资源的进口占69.2%，带动全国产品进入国际市场的出口占47.3%，直接服务外省市的进出口额高达1 964亿美元，居全国第一。

经济社会环境效益贡献更突出。涵盖批发零售、餐饮、居民服务、商务服务、物流等行业的商贸领域增加值、纳税额、从业人员分别占全市的27.9%、23.8%、36.4%，均居全市第一。批发零售业、居民服务业、租赁和商务服务业的万元地区生产总值能耗和水耗，均较大幅度低于全市产业平均值。

2010年是“十一五”的收官之年。过去五年，是全市商务发展极不平凡的五年。商务领域经受住一系列严峻考验，圆满完成多项重大任务，市场规模、进出口贸易、利用外资、对外经济合作、口岸流量等方面大都成倍增长，充分说明过去五年是商务领域发展速度最快、发展质量最好、品质提升最显著、市民得到实惠最多、对全市经济贡献程度最高的时期之一，五年的发展成果铸就了首都商务的历史性新跨越。

——2010年全市社会商品购销总额近7.4万亿元，是“十五”末年的2.9倍，商贸流通能力大幅提升，稳居国内城市前列。

——2010年全市社会消费品零售额达6 229.3亿元，是“十五”末年的2.1倍；五年中接连跨过3 000、4 000、5 000、6 000亿元台阶；北京连续三年成为国内最大城市消费市场。

——2010年货物进出口达3 014.1亿美元，是“十五”末年的2.4倍，再创历史新高。

——2010年服务贸易收支752.8亿美元，同比增长41.2%，是“十五”末年的2.5倍，继续保持全国领先地位。

——2010年实际利用外资63.6亿美元，是“十五”末年的1.8倍，五年实际利用外资共281.8亿美元，占改革开放以来累计额的一半以上。

——2010年核准境外投资企业（机构）266家，中方协议投资额17.7亿美元，对外承包工程和劳务合作营业额26亿美元，分别是“十五”末年的5.2倍、8.9倍、3.6倍。

——2010年北京口岸进出境旅客1 711.9万人次，海关监管货物137.8万吨，征收关税及代征税402.4亿元，分别是“十五”末年的1.6倍、1.5倍和2.0倍，口岸流量持续扩大。首都机场客运吞吐量达7 394.8万人次，位列全球第二。

同志们，2010年全市商务发展取得的成绩归功于市委、市政府的正确领导，离不开各区县、各部门的大力支持和密切配合，更有赖于全市商务领域各企业和全体干部职工的扎实工作和拼搏奉献。在此，我谨代表北京市商务委员会向各级领导、各单位和同志们表示衷心的感谢！

尽管首都商务取得了长足发展，但与建设中国特色世界城市和打造国际商贸中心的要求相比，我们在加快消费发展方式转变，更好地满足居民在新形势下对商业服务的新需求、新期待；在加快外经贸发展方式转变，更好地助力企业创新、促进发展；在壮大首都商贸流通产业，在更高水准上服务全国、辐射世界等方面，都还需要进一步提升和优化。

二、2011年商务工作思路

2011年，是实施“十二五”规划的开局之年。商务工作要更加主动地适应国际形势新变化，更加全面地体现首都发展新要求，创新工作方式，在内外两大需求中培育新的增长动力，在内外两种资源中集成新的发展优势，在内外两个市场中拓展新的发展空间。按照市委、市政府关于加快国际商贸中心建设的战略部署，以科学发展为主题，以加快转变商务发展方式为主线，以“便民利民、促进发展，服务全国、辐射世界”为商务工作的出发点和着力点，继续扩大内需，坚持改革开放，全面推进商贸流通“规范化、现代化、特色化、国际化”发展。以完善商贸交易市场、提升商贸品牌特色、壮大商贸交易主体、拓展商贸交易领域和优化商贸发展环境等“五项工程”为抓手，推进国际商贸中心建设，促进全市经济发展方式转变，保持消费对经济发展的持续拉动作用，为建设中国特色世界城市发挥更大作用。到“十二五”末，国际商贸中心建设的主要目标是：

——实现商品流通规模翻番，市场聚集辐射能力显著增强，强化国内全球采购中心的地位；

——货物、服务贸易占全球比重均突破1%，提升在全球贸易网络中的枢纽地位；

——国际时尚消费功能更加完备，社会消费品零售额突破1万亿元，达到世界城市消费规模；

——高能级商贸主体加速聚集，总部经济聚集程度在世界城市中名列前茅；

——商贸配套服务水平全面提升，商务服务能力进一步增强；会展业持续快速发展，成为国际会展之都。

做好“十二五”开局之年的各项工作，

必须深刻认识当前面临的形势。既要牢牢把握战略机遇期，坚持扩大内需，深化对外开放，加快创新发展；同时也应看到，世界经济复苏进程仍然艰难曲折，外向型经济发展还存在不确定性因素。特别是我市治理交通拥堵政策的出台对汽车消费带来的变化，对持续扩大消费市场规模造成较大压力。加快消费发展方式转变，培育新兴消费支撑点变得尤为迫切。我们要以更加坚定的信心、更加奋发有为的精神，勇于担当，创新工作，推动全市商务继续保持平稳较快发展。

2011年，全市商务领域要按照中央经济工作会、全国商务工作会、市委十届八次全会精神，围绕国际商贸中心建设，推动首都商务科学发展再上新台阶。综合考虑国内外多种因素和首都消费市场出现的新变化，2011年商务工作的主要奋斗目标是：实现社会消费品零售额增长10%左右，保持对外贸易规模平稳发展，努力实现实际利用外资50亿美元，对外承包工程和劳务合作营业额力争增长10%。

为实现上述目标，2011年要重点做好以下工作：

（一）提升品质，便民利民

便民利民，服务百姓，始终是商务工作的出发点和落脚点。努力为居民创造更加便利的消费环境，是打造国际商贸中心最重要的基础工作。

——大力推进便民商业体系建设

完善提高社区商业。按照打造“一刻钟社区服务圈”的要求，高起点、高标准开发建设社区商业中心，更好地满足和激发居民日常消费需求。推动社区便利店、早餐、家政服务等配套商业终端建设，提供宅送、订购、商务、刷卡支付等连带服务，增加代收代缴服务功能。以网上销售与实体网点结合的形式，发展社区电子商务网络销售。围绕600家示范社区，推动区县商务部门与街道联合开展社区商业改造，加快低端业态提升。促进洗染、美容美发等居民服务业规范发展，推动连锁经营；继续组织评定早餐经营示范店。培育家政服务龙头企业，首批扶持4家企业连锁化、品牌化发展。研究制订“十二五”时期再生资源回收体系建设发展规划，重点培育2家龙头企业，增加社区回收站点，完善再生资源回收体系。

进一步完善郊区现代流通网络，方便农村消费。引导“万村千乡”主体企业向郊区偏远村发展，完善郊区流通网络的综合服务功能，做到“一网多用”。提高主要商品的联合配送率，规范企业进货渠道，保障食品安全。增加连锁店铺信息管理功能，形成店铺网络和电子网络的“双覆盖”。在较大的乡镇，继续改造提升集贸市场。继续开展“知名零售企业区县行”系列活动，郊区新开业的知名零售企业要达10家以上。加大与本市农产品生产基地“农超对接”、“农餐对接”的力度，扩大超市直采果蔬农产品规模和生鲜经营面积，促进“农超对接”基地建设，让京郊农民获得更多收益。新增抽油烟机等作为家电下乡品种，组织开展“大篷车”下乡等促销活动，做好家电下乡销售网点管理，方便农民购买和兑付补贴。

——加快农产品流通体系建设和升级

创新机制，按照“市抓批发、区抓零售”的原则，加快推动全市农产品流通体系建设。通过入股、参股等形式，加大政府对农产品批发市场建设的投入。鼓励本市批发市场与周边地区生产基地建立合作机制，增强首都市场的货源保障。培育发展农产品配送企业，支持农产品配送中心建设，提高统一配送率。支持建设农产品冷藏冷冻、加工配送等设施，加快冷链物流体系建设。支持大型批发市场和农产品配送企业与社区共建便民菜店，鼓励发展生鲜连锁超市。各区县要进一步完善蔬菜零售网络，新建改造20家规范化社区菜市场，提高社区菜市场组织化程度。

——继续提升商业服务品质

提高商业设施无障碍水平。继续推动大中型商业和餐饮企业实施无障碍设施改造，大中型商场无障碍设施改造率达到83%。二环路内具备条件的大型商业设施基本完成停车引导系统改造，其他区域也要加大升级改造力度。

强化流通环节消费安全。加强生猪屠宰监管，完成“放心肉”服务体系建设试点工作。加强食盐市场管理，倡导科学用盐。推广使用酒类流通机打随附单，尝试电子技术手段开展酒类流通溯源。加强药品流通行业情况调研，发展医药物流企业，促进药品零售连锁经营。开展“诚信经营”示范创建活动，完善促销活动监管信息平台，健全社会监督机制和评价机制。开展打击侵犯知识产权和制售假冒伪劣商品专项行动，进一步规范市场环境。加强安全生产监管队伍建设，加大执法检查力度，组织开展安全生产隐患排查治理，推进安全生产主体责任和监管责任的落实。

提升商业服务水平。开展商业企业服务、设施、景观等方面的服务品质提升测试活动，举办商业街橱窗和餐饮企业店堂、专业店和专卖店店堂大赛，培育先进典型，带动服务品质提升；组织一线员工培训、技艺能手选拔等活动，加强梯次型人才队伍建设。2011年新认定中华传统技艺高技能大师20名。

——强化生活必需品的供应保障能力

继续完善生活必需品的市场监测，扩大监测范围，增加样本企业，全面、及时地掌握市场运行情况，为政府决策提供依据。

加强政府储备、应急投放体系建设。进一步完善储备工作机制，优化储备结构，灵活调整政府储备商品品种、数量、时限，做好政府储备蔬菜轮储和投放管理工作，全力保障市场供应。加大储备商品检查、检测力度，确保储备商品安全可靠。建立生活必需品市场供应风险管理体系，制定风险评估标准，完善应急预案，加强应急演练，提高快速反应能力。做好全国“两会”等重要会议、重大活动服务保障工作。

（二）谋划升级，促进发展

创新工作思路，促进商务领域发展方式转变，是实现商务科学发展的根本途径。

——继续加大消费促进工作力度

发展新型消费，培育消费热点。针对保障性住房规模扩大带来的消费需求，促进家电、家居等住房关联商品消费。针对新兴消费群体，促进网络消费、刷卡消费、绿色消费等现代消费。针对文化娱乐、旅游休闲、保健养老、体育健身、美容美发等服务消费发展，带动相关商品消费。针对本市消费结构中的薄弱环节，促进食品饮料、日用品、化妆品、五金电料等商品消费。积极促进汽车装饰、用品、配件等汽车售后消费；促进自驾出行消费、外卖消费、媒体定购消费等新型消费；促进开展家庭消费主题团购。

加强对内对外合作，联动促消费。加强商旅互动，推出旅游美食线路、“老字号”旅游线路，鼓励企业拓展北京周边市场，扩大外来消费。加大汽车外销力度。继续举办“各地商品大集”，组织山东、四川、内蒙古、新疆等地名特优商品进入北京市场。充分利用会展资源，推动相关消费联动发展。加强与首都国际机场合作，促进免税商品消费。

优化消费环境。加大宣传力度，营造良好的舆论环境。与工商部门合作，强化消费权益“直通车”作用，营造良好消费环境；加强与金融部门合作，推进信贷消费，发展信用销售和国内贸易信用保险。抓住村庄社区化机遇，逐步建设集商业、服务、休闲、娱乐、文化等功能为一体的农村商贸服务中心。完善促消费工作长效机制。要加强任务分解和考核，落实责任制，充分发挥区县在促消费工作中的能动性，形成全市共同促进消费增长的合力。

开展形式多样的促消费活动。整合资源，举办以“2011 消费在北京”为主题的 5 大系列 12 项促消费活动，开展“2011 年购物季”、“特色商业消夏节”等全市性大型主题促销活动；举办菜品展、食材和餐饮供应商博览会等餐饮系列促消费活动，促进餐饮消费；围绕各种节庆，举办“幸福家庭消费季”等活动；围绕电子产品消费，举办“数字娱乐消费季”；继续做好家电“以旧换新”工作，开展第四批家电“以旧换新”参与企业招标，扩大家电回收和销售网点。

——推动国际商贸中心新型载体发展

推进现代商业设施建设。促进王府井国际品牌中心、金融街西单广场等商业设施建设，带动市级商业中心区整体水平升级，打造国际购物消费核心区。引导中关村、大红门、马连道、菜市口等现有商业的转型发展，形成特色鲜明的系列主题商务区。对现有特色商业街进行二次升级，深化商旅结合，打造什刹海、宣南等文化休闲体验消费街区；支持利用城区四合院等资源，引进国际品牌，打造精品特色街区；加强与轨道交通衔接，发展地铁、城铁商业。促进北京商务中心区、金融街等功能区商业配套设施建设。推动朝阳东坝国际商务区、通州国际新城等城市功能拓展区和城市发展新区现代商业设施建设，提升区域商业品质。

推进电子商务产业快速发展。创建国家电子商务示范城市，培育电子商务示范企业，促进实体商业企业开拓线上市场，巩固本市电子商务产业的国内领先地位。加快推进通州电子商务园等电子商务聚集区发展和移动电子商务发展。办好第一届“电子商务人”大会。引导电子商务企业规范经营。

——加快商贸主体高端化发展

吸引跨国公司地区总部聚集发展。充分发挥总部政策效应，吸引世界 500 强企业、行业龙头企业、跨国公司、投资性公司在京设立地区总部和研发中心、采购中心、结算中心、营运中心等功能性机构，做实做强总部实体经济。推动一批央企和民企返程投资设立地区总部。联合相关部门，促进总部企业认定，服务总部企业发展。2011 年新增 30 家跨国公司地区总部。各区县也要发挥区域优势，吸引各类总部型企业集聚发展。

推动在京内资企业总部快速发展。加强为中央企业服务，依托国家部委和在京中央企业，设立、发展各类大宗商品市场企业总部和进出口企业地区总部。促进国内百强商贸企业与本市商业地产商对接，吸引国内有实力的民营商贸企业来京投资和设立地区总部。鼓励本地大型商贸集团兼并重组，探索与金融部门合作，加快推动我市大型零售连锁企业与金融资本进一步结合，上市融资，实现扩张发展。支持有实力的大型商贸流通企业“走出去”，参与国际市场竞争。

推动本市商业企业可持续发展。在餐饮、商场超市、沐浴、洗染等行业实施节能改造；推广先进节能技术和产品，加快推行合同能源管理；加强商场超市节能降耗监测，推动流通企业绿色运营。选择10家以上沐浴企业开展节能试点工作。引导企业适应绿色低碳发展趋势，增加绿色节能产品的销售。

——加快培育引进知名品牌

加大北京品牌培育和推广力度。发挥商贸流通的先导带动作用，深化与文化创意、科技研发等关联产业的融合互动，创新推出商贸企业品牌。助力“北京创造”的价值实现，支持本地商贸企业加大对电子消费、医疗器械、动漫软件等优势产业“双自主”产品的营销力度。充分利用广交会等境内外展会资源，优先向“双自主”产品倾斜。组织北京侨商洽谈会，推动北京品牌企业与世界各地侨商合作。制定鼓励“双自主”产品出口的政策措施，支持有实力的企业海外推介自主品牌，重点开拓新兴市场，力争自主品牌产品的出口比重提高到5%以上。举办“北京老字号—文化国门”展示、开展“老字号”创新成果大比武等系列活动，鼓励社会资本参与“老字号”发展，引导“老字号”企业积极开拓国内外市场。

加快国内外品牌引进步伐。加强与国内品牌企业对接，让“各地商品大集”的更多品牌商品落地北京市场。举办“台湾名品博览会”，推进“台湾名品城”建设。依托中心商业区和多功能购物中心，举办国外品牌引进活动。以在京举办的国际展会为依托，打造“进口商品展览季”。培育专业化品牌代理商，带动国际知名品牌引进。鼓励国际知名品牌企业来京设立代理总部和地区总部。

（三）服务全国，辐射世界

充分发挥首都优势，塑造“北京服务”品牌，在服务全国中不断壮大和发展首都商贸产业，进一步提高辐射力和影响力。

——强化大宗商品交易市场优势地位

制定行业发展规划，保持棉花、化工、钢铁、木材等市场在国内优势地位，规范、发展千亿元规模大宗商品电子交易市场，增强大宗商品定价权和交易规则制定话语权。推进拍卖市场的国际化发展，培育2—3家国际知名的文物艺术品拍卖企业；强化拍卖季服务平台，进一步确立北京作为全球中国文物艺术品交易中心地位。

——增强首都对外经贸的辐射功能

进一步强化北京中枢型贸易的优势地位。加快推进天竺综合保税区航空维修、医疗器械配送等业务的开展，打造以跨国公司国际分拨中心为特征的贸易型基地。支持电子产品加工贸易、汽车、新能源、乐器等出口基地建设，推动石景山动漫产业区、广播电视设备产业等出口基地认定。落实国家鼓励建设外贸公共服务平台相关政策，帮助企业开拓国际市场。进一步推进跨境贸易人民币结算试点相关工作，继续加大对中小企业投保出口信用保险的支持力度，新增100家企业列入支持范围。利用国际性专业展会平台，优化出口产品结构，重点推介北京“双自主”品牌出口百强企业和出口潜力百强企业。积极应对贸易摩擦，努力为企业争取公平贸易环境。落实国家进口促进政策，引导企业积极进口高新技术设备、关键零部件和新能源材料。2011年机电产品进出口增长15%左右，进出口总额接近1 200亿美元。加强口岸建设，推动北京经济技术开发区保税物流中心（B型）建设和平谷国际陆港发展，加快朝阳口岸平移至马驹桥物流基地进程，推进北京西客站口岸正式开放，继续提升通关便利水平。

巩固服务贸易在国内的领先优势。完善服务贸易促进体系，利用北京产业发展优势，吸引国外高端客户在北京落户、交付。重点促进设计产业、电影产业、演艺产业和动漫游戏产业等增长潜力较大的行业出口，保持技术贸易稳步增长。做好2011年度文化出口重点企业和重点项目推荐工作，办好第三届中国服务贸易大会，充分利用大连软交会、生物技术大会、软件高峰会等各类展会平台，加强服务贸易领域的国际国内合作。推动服务外包示范区建设，按照“规模化、高端化和国际化”发展思路，支持企业开拓国际市场，重点推进业务流程服务外包的开展，承接国际服务外包规模力争增长25%，培训服务外包人才5 000人。

加快外资增量结构调整和存量质量提升。继续采取小规模、专业化、定向海外招商、利用中介和国际展会招商等方式，优化引资结构，重点围绕国际知名品牌、商务服务业、物流业、电子商务等开展引资工作，扩大文化创意、生物医药、新能源等新兴战略产业利用外资，推进医疗卫生、教育、体育及服务业领域利用外资。继续鼓励外资更多投向非绿地、附加值高的生产性服务业，带动本市产业结构升级。进一步利用科博会、京港洽谈会、京台科技论坛等国内知名展会平台，做好投资促进工作。落实与澳门的经贸合作备忘录，积极开展对澳门经贸合作。引进创新平台和高端人才，为外资内涵式发展创造基础条件。

支持优势企业加快“走出去”步伐。积极促进金融资本与产业资本的合作，鼓励企业通过新设、并购等多种方式增加境外投资。支持民营企业参与实施“走出去”战略。进一步扩大对外工程承包和劳务合作的市场范围，加大东南亚等新兴市场的业务拓展力度。利用巴西筹办2014年世界杯和2016年奥运会的机会，积极开拓巴西建筑市场，并向南美其他地区拓展。组织开展境外工程承包市场巡查和境外投资促进，推动本市“走出去”工作平稳较快增长。力促境外投资企业数量增长5%，对外承包工程和劳务合作营业额达到27亿美元。

——推动商务领域新兴产业加快发展

协调促进商务服务业发展。加强商务服务业行业发展运行监测；支持组建商务服务业产业联盟；市区联动，打造主题商务楼宇，引导商务服务业企业集聚发展，推动建立北京商务指数体系，发挥引领行业发展“风向标”作用。

促进会展业发展。建立会展业发展协调促进机制，出台相关鼓励政策。支持申办国内外高端大型会议和知名品牌展览，培育一批体现北京人文特色的品牌展会，鼓励在京举办的展览申请“国际展览联盟”认证，吸引国际知名会展公司及会展服务类企业在京办展办会，实施会展业发展的“国际推广行动”，推动本市会展业品牌化、国际化发展。

加快现代物流业发展。推进通州马驹桥、顺义空港等物流基地建设，完善提升公共服务功能。大力发展农产品物流、冷链物流和电子商务物流，推动开展共同配送，提高城市运行的物流保障能力。选择电子、医药等行业，继续实施制造企业和物流企业联动工程，促进制造企业和物流企业结成供应链合作伙伴。支持大型物流企业在京开展资金结算、营运控制、信息管理等高端物流业务，积极发展物流总部经济。鼓励第三方物流企业发展物流金融、物流咨询等服务模式。

——深化与兄弟省市的区域商务合作

落实区域商务合作机制，巩固、扩大与四川什邡合作成果，深化与新疆和田、内蒙古赤峰、乌兰察布的对接，推动两地企业合作取得实质性进展。不断拓宽区域间商务合作领域，在推动外省市农产品进京的基础上，鼓励本市商贸企业向兄弟省市发展，在全方位合作中实现共赢。

打造国际商贸中心，要求我们以更高的标准、严谨的作风加强自身建设。商务部门要进一步转变政府职能，改进工作作风，提高工作效率，推进政务公开和办事公开，增加工作透明度，提升公共服务水平，深化行政审批制度改革。稳步推进总投资3亿美元以下的非限制类外资项目和17类服务业领域外商投资企业设立及其变更事项审批权的下放；启动外资审批和许可事项的格式化和电子化工作。继续推进“三进两促”活动，不断优化商务发展环境。全面落实党风廉政建设责任制，深化“一岗三责”风险防范管理工作，切实推进党风廉政建设。充分发挥协会的行业自律作用，弘扬诚信经营的行风。加强商务领域共青团的建设，发挥青年志愿者队伍活力。商务领域广大干部职工要不断提高自身素质和工作能力，在国际商贸中心建设中锐意进取，奋发有为。

同志们，做好起步之年的各项工作，对于推进“十二五”规划的顺利实施、加快国际商贸中心建设至关重要。我们要在市委、市政府的领导下，进一步开拓创新，汇聚全市之力，推动首都商务科学发展再上新台阶，以更加优异的成绩迎接建党90周年，为建设中国特色世界城市做出更大的贡献！

第二部分

法规、文件选编

2010 年国家制定、修订的部分法律、法规目录

序　号	名　　　称	文　　号
1	中华人民共和国著作权法（2010 修正）	主席令第 26 号
2	中华人民共和国保守国家秘密法（2010 修订）	主席令第 28 号
3	中华人民共和国国家赔偿法（2010 修正）	主席令第 29 号
4	中华人民共和国行政监察法（2010 修正）	主席令第 31 号
5	中华人民共和国预备役军官法（2010 修正）	主席令第 33 号
6	中华人民共和国村民委员会组织法（2010 修订）	主席令第 37 号
7	中华人民共和国水土保持法（2010 修订）	主席令第 39 号
8	中华人民共和国专利法实施细则（2010 修订）	国务院令第 569 号
9	气象灾害防御条例	国务院令第 570 号
10	中华人民共和国审计法实施条例（2010 修订）	国务院令第 571 号
11	中华人民共和国知识产权海关保护条例（2010 修订）	国务院令第 572 号
12	消耗臭氧层物质管理条例	国务院令第 573 号
13	中华人民共和国国境卫生检疫法实施细则（2010 修订）	国务院令第 574 号
14	中华人民共和国外国人入境出境管理法实施细则（2010 修订）	国务院令第 575 号
15	全国人口普查条例	国务院令第 576 号
16	自然灾害救助条例	国务院令第 577 号
17	中华人民共和国海关事务担保条例	国务院令第 581 号
18	外国企业常驻代表机构登记管理条例	国务院令第 584 号
19	价格违法行为行政处罚规定（2010 修订）	国务院令第 585 号
20	工伤保险条例（2010 修订）	国务院令第 586 号
21	中华人民共和国发票管理办法（2010 修订）	国务院令第 587 号

（供稿人：梅　焱）

2010年商务部规章、部分公告目录

序号	名称	文号
1	《外派海员类对外劳务合作经营资格管理规定》补充规定	商务部令2010年第1号
2	商务部决定废止的部门规章目录	商务部令2010年第2号
3	进出口商品许可证发证机构管理办法（2010修改）	商务部令2010年第3号
4	商务部决定废止、宣布失效的部门规章目录	商务部令2010年第4号
5	融资性担保公司管理暂行办法	中国银行业监督管理委员会、国家发展和改革委员会、工业和信息化部、财政部、商务部、中国人民银行、国家工商行政管理总局令2010年第3号
6	中外合资经营旅行社试点经营出境旅游业务监管暂行办法	国家旅游局、商务部令第33号
7	新闻出版总署、商务部关于《外商投资图书、报纸、期刊分销企业管理办法》的补充规定(三)	新闻出版总署、商务部令第48号
8	关于《外商投资图书、报纸、期刊分销企业管理办法》的补充规定（二）	新闻出版总署、商务部令第49号
9	公布6项国内贸易行业标准编号、名称及实施日期及《低温肉制品质量安全要求》、《安全肉制品质量认证评审准则》第1号修改单的公告	商务部公告2010年第28号
10	《沐浴业术语》等8项国内贸易行业标准的公告	商务部公告2010年第67号
11	《黄瓜流通规范》等7项国内贸易行业标准	商务部公告2010年第95号
12	决定废止19个规范性文件，宣布36个规范性文件失效的公告	商务部公告2010年第109号
13	2011年进口许可证管理货物分级发证目录	商务部公告2010年第110号
14	2011年出口许可证管理货物分级发证目录	商务部公告2010年第111号
15	增列入加工贸易禁止类目录的商品	商务部、海关总署公告2010年第63号
16	中国资源综合利用技术政策大纲	国家发展和改革委员会、科学技术部、工业和信息化部、国土资源部、住房城乡建设部、商务部公告2010年第14号
17	2011年出口许可证管理货物目录	商务部、海关总署公告2010年第108号
18	2011年进口许可证管理货物目录	商务部、海关总署、质检总局公告2010年第107号
19	2011年自动进口许可管理货物目录	商务部、海关总署公告2010年第106号
20	两用物项和技术进出口许可证管理目录	商务部、海关总署公告2010年第105号

（供稿人：梅　焱）

2010年其他有关部门规章目录

序　号	名　　称	文　　号
1	中华人民共和国海关《中华人民共和国政府和秘鲁共和国政府自由贸易协定》项下进出口货物原产地管理办法	海关总署令第186号
2	关于修改《中华人民共和国海关对保税物流园区的管理办法》的决定	海关总署令第190号
3	中华人民共和国海关最不发达国家特别优惠关税待遇进口货物原产地管理办法	海关总署令第192号
4	海关总署关于修改《中华人民共和国海关对加工贸易货物监管办法》的决定（二）	海关总署令第195号
5	中华人民共和国海关进出境运输工具监管办法	海关总署令第196号
6	中华人民共和国海关企业分类管理办法	海关总署令第197号
7	中华人民共和国海关《中华人民共和国与东南亚国家联盟全面经济合作框架协议》项下进出口货物原产地管理办法	海关总署令第199号
8	中华人民共和国海关《海峡两岸经济合作框架协议》项下进出口货物原产地管理办法	海关总署令第200号
9	《海关总署关于废止〈中华人民共和国海关对外商投资企业进出口货物监管和征免税办法〉的决定》	海关总署令第201号
10	食品添加剂生产监督管理规定	质监总局令第127号
11	出入境检验检疫代理报检管理规定	质监总局令第128号
12	食品生产许可管理办法	质监总局令第129号
13	国家质量监督检验检疫总局关于修改《中华人民共和国工业产品生产许可证管理条例实施办法》的决定	质监总局令第130号
14	食品检验机构资质认定管理办法	质监总局令第131号
15	能源计量监督管理办法	质监总局令第132号
16	外商投资合伙企业登记管理规定	工商总局令第47号
17	网络商品交易及有关服务行为管理暂行办法	工商总局令第49号
18	商标代理管理办法	工商总局令第50号
19	合同违法行为监督处理办法	工商总局令第51号
20	通信网络安全防护管理办法	工业和信息化部令第11号
21	专利权质押登记办法	知识产权局令第56号
22	餐饮服务食品安全监督管理办法	卫生部令第71号
23	药品类易制毒化学品管理办法	卫生部令第72号

（续）

序 号	名 称	文 号
24	食品安全国家标准管理办法	卫生部令第77号
25	进出口环保用微生物菌剂环境安全管理办法	环境保护部、质监总局令第10号
26	安全生产行政处罚自由裁量适用规则（试行）	安监总局令第31号

（供稿人：梅 焱）

2010年国务院、商务部等有关部委和北京市相关文件目录（部分）

序 号	名 称	文 号
1	国务院关于进一步做好利用外资工作的若干意见	国发〔2010〕9号
2	国务院关于进一步加强企业安全生产工作的通知	国发〔2010〕23号
3	国务院关于加强法治政府建设的意见	国发〔2010〕33号
4	国务院办公厅关于做好政府信息依申请公开工作的意见	国办发〔2010〕5号
5	国务院办公厅关于促进电影产业繁荣发展的指导意见	国办发〔2010〕9号
6	国务院办公厅关于发展家庭服务业的指导意见	国办发〔2010〕43号
7	国务院办公厅关于成立全国打击侵犯知识产权和制售假冒伪劣商品专项行动领导小组的通知	国办发〔2010〕49号
8	国务院办公厅关于鼓励服务外包产业加快发展的复函	国办函〔2010〕69号
9	财政部、商务部关于允许汽车以旧换新补贴与车辆购置税减征政策同时享受的通知	财建〔2010〕1号
10	财政部、商务部、工业和信息化部关于印发《新增家电下乡补贴品种实施方案》及确认新增补贴品种等有关问题的通知	财建〔2010〕62号
11	财政部、商务部、环境保护部关于家电以旧换新推广实施申报工作的通知	财建函〔2010〕6号
12	商务部办公厅关于做好2010年内贸领域会展促消费工作的通知	商办商贸函〔2010〕122号
13	商务部、财政部、海关总署、税务总局关于外资研发中心采购设备免/退税资格审核办法的通知	商资发〔2010〕93号
14	商务部关于下放外商投资审批权限有关问题的通知	商资发〔2010〕209号
15	商务部等十部门关于进一步推进国家文化出口重点企业和项目目录相关工作的指导意见	商服贸发〔2010〕28号
16	商务部关于促进加油站非油品业务发展的指导意见	商商贸发〔2010〕41号
17	商务部关于完善生产资料流通体系的意见	商商贸发〔2010〕115号

（续）

序　号	名　　　称	文　　号
18	商务部关于进一步推进再生资源回收行业发展的指导意见	商商贸发〔2010〕187号
19	商务部关于促进网络购物健康发展的指导意见	商商贸发〔2010〕239号
20	商务部关于规范发展沐浴业的指导意见	商商贸发〔2010〕242号
21	商务部关于促进美容美发业规范发展的指导意见	商商贸发〔2010〕481号
22	商务部办公厅关于建立生产资料流通行业重点企业联系制度的通知	商商贸字〔2010〕427号
23	商务部办公厅关于做好典当业人才培养工作的指导意见	商建字〔2010〕375号
24	商务部关于对外劳务合作经营资格核准有关事宜的通知	商合发〔2010〕375号
25	商务部、交通运输部关于加强外派海员类对外劳务合作管理有关事宜的通知	商合发〔2010〕148号
26	商务部关于做好2010年生猪屠宰行业管理工作的通知	商秩函〔2010〕353号
27	中国家质量监督检验检疫总局、财政部、商务部等关于开展家电下乡质量行活动的通知	国质检执联〔2010〕106号
28	商务部关于进一步加强万村千乡市场工程规范管理的通知	商建发〔2010〕410号
29	财政部、国家税务总局、商务部等关于技术先进型服务企业有关企业所得税政策问题的通知	财税〔2010〕65号
30	中国人民银行、财政部、商务部等关于扩大跨境贸易人民币结算试点有关问题的通知	银发〔2010〕186号
31	工业和信息化部、国家发展和改革委员会、商务部等关于加强工业产品质量信誉建设的指导意见	工信部联科〔2010〕112号
32	人力资源和社会保障部、商务部关于进一步做好促进服务外包产业发展有关工作的通知	人社部发〔2010〕56号
33	国家食品药品监督管理局、商务部关于印发餐饮服务食品安全百千万示范工程建设指导意见的通知	国食药监食〔2010〕235号
34	北京市人民政府关于印发北京市物流业调整和振兴实施方案的通知	京政发〔2010〕2号
35	北京市人民政府关于印发北京市促进软件和信息服务业发展指导意见的通知	京政发〔2010〕4号
36	北京市人民政府关于印发北京市商务服务业振兴发展规划的通知	京政发〔2010〕16号
37	北京市人民政府转发国务院关于进一步加强企业安全生产工作文件的通知	京政发〔2010〕24号
38	北京市人民政府关于进一步加强和改善行政执法工作的意见	京政发〔2010〕27号
39	北京市人民政府办公厅关于印发北京市打击侵犯知识产权和制售假冒伪劣商品专项行动实施方案的通知	京政办发〔2010〕42号
40	北京市人民政府办公厅关于做好本市家电以旧换新推广实施工作的通知	京政办发〔2010〕31号

（供稿人：梅　焱）

2010年北京市部分地方性法规、规章目录

序号	名称	文号
1	北京市实施《中华人民共和国节约能源法》办法	1999年9月16日北京市第十一届人民代表大会常务委员会第十三次会议通过 2010年5月28日北京市第十三届人民代表大会常务委员会第十八次会议修订
2	北京市水污染防治条例	2010年11月19日北京市第十三届人民代表大会常务委员会第二十一次会议通过
3	北京市农业机械化促进条例	2010年12月23日北京市第十三届人民代表大会常务委员会第二十二次会议通过
4	中关村国家自主创新示范区条例	北京市人民代表大会常务委员会公告第12号
5	北京市大型群众性活动安全管理条例	2005年9月9日北京市第十二届人民代表大会常务委员会第二十二次会议通过 2010年7月30日北京市第十三届人民代表大会常务委员会第十九次会议修订
6	北京市物业管理办法	北京市人民政府令第219号
7	北京市储备粮管理办法	北京市人民政府令第221号
8	北京市人民政府关于修改《北京市科学技术奖励办法》的决定	北京市人民政府令第222号
9	北京市民用机场净空保护区域管理若干规定	北京市人民政府令第223号
10	北京市小客车数量调控暂行规定	北京市人民政府令第227号

（供稿人：梅 焱）

2010年市商务委部分规范性文件目录

序号	名称	文号
1	关于对朝阳区等十五个地区开展服装干洗行业开启式干洗机专项治理的通告	京商务交字〔2010〕12号
2	《北京市再生资源回收积分卡管理办法（试行）》的通知	京商务交字〔2010〕47号
3	关于办理外资研发中心采购设备免/退税资格审核的通知	京商务资字〔2010〕314号

（续）

序　号	名　　　称	文　　号
4	北京市商务委员会关于做好节能减排有关工作的通知	京商务秩字〔2010〕6号
5	关于做好财政部、商务部2010年度支持承接国际服务外包业务发展资金申报工作的通知	京商务服贸字〔2010〕13号
6	商务秩序义务监督员管理办法（试行）	京商务秩字〔2010〕10号
7	关于规范食盐市场购销行为的联合通告	京商务调字〔2010〕22号
8	北京市商务委员会、北京市财政局关于鼓励北京地区企业投保短期信用险的通知	京商务外运字〔2010〕34号
9	关于印发《北京市家电以旧换新实施细则》补充规定的通知	京商务交字〔2010〕143号
10	关于印发《北京市早餐经营示范店规范（试行）》的通知	京商务运行字〔2010〕35号
11	北京市商务委员会、北京市总工会关于印发《北京市“家政服务工程”实施细则（修订稿）》的通知	京商务交字〔2010〕201号
12	北京市商务委员会关于进一步做好本市外商投资企业合同章程及其变更事项审批工作的通知	京商务资字〔2010〕969号

（供稿人：梅　焱）

北京市商务委员会关于进一步做好商业零售企业节能减排有关工作的通知

京商务秩字〔2010〕6号

各区（县）商务委，各有关行业协会，各商业零售企业：

为贯彻落实国务院《关于进一步加大工作力度确保实现“十一五”节能减排目标的通知》（国发〔2010〕12号）和北京市电视电话会议精神，加强流通服务业节能减排，各单位、各商业零售企业要采取有效措施，积极开展节能降耗工作，特别是进入“空调季”后，要进一步控制室内温度，节约用能。现就有关事项通知如下：

一、增强做好节能减排工作的紧迫感和责任感。节能减排是落实科学发展观、转变经济发展方式、加快调整产业结构、转变发展方式的重要抓手。抓好商业领域的节能减排工作，不仅有利于首都商务事业自身的可持续发展，也是全市节能减排工作的重要方面。各级商务主管部门要从落实科学发展观、构建和谐社会的高度，增强做好节能减排工作的紧迫感和责任感，完善工作机制，突出工作重点，把国务院和北京市政府的要求落到实处。

二、严格节能标准，加强温度监测。各

商业零售企业要建立健全节能工作管理制度，强化温度控制管理，把控制室内温度作为一项重要节能工作纳入议事日程，加强管理、措施到位。严格控制主要区域室内温度，除特殊用途外，夏季室内空调温度设置不低于26摄氏度；要加大室内温度日常节能监控的力度，有条件的企业要实施室内温度在线监测，其他企业要确定专人，加强室内温度的日常巡查，及时了解和掌握各监测点的实时温度，提高节能监督管理的时效性和针对性；要合理调整室内布局，适当开启卖场演示电器数量。

三、开展能源审计，加大节能改造力度。各商业零售企业要建立能耗台账，积极开展用能系统分项计量工作，掌握系统能耗状况，了解各设备能效水平；开展能源审计工作，提出节能降耗的关键环节，挖掘节能降耗的潜力。要根据各自实际情况，积极开展节能技术改造，采用节能设备，运用节能技术，提高用能水平。开展合同能源管理试点工作，加快合同能源管理节能新机制应用，促进全市大型商场、超市等大型公共建筑领域节能改造工作。

四、大力推广节能技术和产品。要贯彻落实《商业服务业节能改造指导目录》（京商秩字〔2009〕4号），大力推进节能技术进步，推广使用空调系统智能控制、变频调速等节能技术与产品，减少电能消耗。继续推广高效照明产品，扩大绿色产品推广应用范围，将推广重点由商场超市转向餐饮业、居民服务业等领域，有条件的企业都要更换使用高效照明产品，基本实现全市商业服务业绿色照明。

五、倡导绿色消费，鼓励开展绿色营销。提倡节俭理性消费，把节能、节水、节材、资源回收利用逐步变成公民的自觉守法行动。鼓励选购绿色建材、绿色家具、高效电器等家居产品。鼓励企业在产品推广宣传、营销模式、售后服务及商品附属资源的回收循环利用等流程中融入绿色理念；提倡企业开展网上交易、目录销售和电子商务，提高无纸化流通、无纸化经营和无纸化管理比重，尽量减少物耗。推动节能环保产品进超市、上专柜；继续开展“限制过度包装”、“绿色北京，限塑活动”等活动。

六、加大监督检查力度。各区（县）商务委要加强与节能行政主管部门的沟通协调，会同节能行政主管部门，加强商场超市空调温度检查，依法开展节能监察和执法，对于违法违规行为，发现一起，查处一起，对有关责任人要严肃追究责任。

七、广泛开展节能减排宣传教育活动。各单位通过组织知识讲座、举行知识竞赛、举办展览展示等多种形式，广泛深入开展节能减排宣传教育，重点普及节能减排知识，解读相关政策，推介新技术、新产品、新工艺。组织开展“拒绝塑料袋、共建绿色家园”主题宣传活动和“适度包装、节约资源”社会倡议活动。及时发现和总结辖区商务系统节能减排工作的新思路、新举措、新进展和新成效，要充分利用广播、电视、网络等媒体，大力宣传先进典型和先进事迹，曝光反面典型，提高商业零售企业领导和全体员工的节能意识，形成弘扬节能的良好氛围。

北京市商务委员会关于印发《北京市早餐经营示范店规范（试行）》的通知

各区（县）商务委，相关行业协会，各相关单位：

为进一步贯彻落实商务部《全国餐饮业发展规划纲要》（商商贸发〔2008〕520号）和《商务部关于进一步做好餐饮业有关工作的通知》（商商贸发〔2010〕95号）精神，推动我市早餐工作，提高居民早餐的便利度，有效带动大众化餐饮发展，经研究制定并印发《北京市早餐经营示范店规范（试行）》。请结合本地区的实际情况，认真组织实施，及时将工作进展情况和出现的问题报市商务委。

附件：北京市早餐经营示范店规范（试行）

二〇一〇年九月十八日

附件：

北京市早餐经营示范店规范（试行）

第一章　总　　则

第一条　为进一步完善本市便民早餐体系，提高社区居民生活便利程度，按照商务部《全国餐饮业发展规划纲要》（商商贸发〔2008〕520号）和《商务部关于进一步做好餐饮业有关工作的通知》（商商贸发〔2010〕95号）要求，加快推进以改善民生为重点的早餐服务体系建设，促进早餐经营规范化、规模化、连锁化发展，为居民提供安全卫生、方便快捷和价廉物美的早餐服务，结合本市实际情况，制定本规范。

第二条　本规范适用于本市行政区域内的早餐经营示范店。

第二章　基本要求

第三条　早餐经营示范店应依法办理营业执照和卫生许可证等相关资质。

第四条　早餐经营示范店应严格遵守《中华人民共和国食品安全法》、《餐饮业食品卫生管理办法》、《北京市餐饮经营单位安全生产规定》等有关法律法规以及商务部《早餐经营规范》等行业标准，自觉维护消费者利益，依法经营。

第五条　早餐经营示范店应诚实守信，恪尽职守。所售产品货真价实，买卖公平；服务人员文明礼貌、服务规范，一切从顾客的需求出发，维护消费者合法权益。

第三章 经营要求

第六条 早餐经营示范店字号和牌匾须醒目、美观。须明示营业时间、供应品种和收费标准。

第七条 早餐经营示范店应提供安全卫生、方便快捷和物有所值的早餐服务，品种以大众化为主，兼顾各类消费者需求。经营品种不低于20种，调味品不低于3种（西餐除外）。早餐经营品种应主食、副食搭配合理，营养均衡。严格成本核算管理，价格合理。

第八条 早餐经营示范店早餐经营时间不少于3小时，且须涵盖早6点30分至9点30分时段。

第九条 早餐经营示范店应做到店堂整洁，环境良好。常设固定座位数不低于50个，就餐的设施应与本门店规模相配套。店堂具备必备的冬季保暖、夏季降温设施；有良好的通风、排油烟设施。

第十条 早餐经营示范店用具清洁，食品卫生。有必备的消毒设施，洗消餐具达标，符合《食品工具、设备用洗涤消毒剂卫生标准》（GB14930.2－1994）和《食（饮）具消毒卫生标准》（GB14934－1994）的要求。有正常的进货渠道，保证早点食品的品质新鲜卫生；食品保存做到冷藏冷冻、生熟分开、保鲜防尘；自制食品和现场加工制作食品须符合相应的卫生要求。

第十一条 早餐经营示范店应亮证照经营，从业人员应持合格证上岗。早餐经营店铺证照齐全，从业人员必须持有符合岗位要求的专业技术证书和健康证明，以保证早餐经营质量和食品卫生。

第十二条 早餐经营示范店在销售食品过程中须做到食品与杂物、食品与钱币分开存放，售卖人员不得用手直接接触食品。

第十三条 早餐经营示范店应使用节能环保设施设备和用品，不提供一次性木筷和不可降解餐具，降低能源与物品消耗，保证各种设施设备符合国家有关规定。

第十四条 早餐经营示范店应具有分类收集垃圾的设施和措施，具有防蝇、防鼠、防虫、防潮设施和措施，上下水条件齐备，饮用水符合卫生标准。

第十五条 早餐经营示范店应有序经营，安全生产。严格执行国家和本市有关消防、用电、电梯安全等法律法规。配备必需的消防设备、器材，按规定存放和更换，防止火灾事故和其他安全事故的发生。

第四章 管理要求

第十六条 早餐经营示范店应有与生产、销售规模相适应的岗位职责、操作规范、卫生制度，认真执行有关食品卫生的各项规章制度。

第十七条 鼓励餐饮经营单位建立信息化智能型能源管理平台，对每个用能点和连锁店的用能状况进行监控。

第十八条 定期委托环保部门对油烟和污水排放、餐厨垃圾处理进行监测，以保证达到排放标准。

第五章 连锁早餐经营示范店要求

第十九条 连锁早餐经营示范店应符合上述早餐经营店铺规范。

第二十条 连锁早餐经营示范店应统一品牌、统一形象、统一管理、统一商品、统一服务、统一价格、统一配送。

第二十一条　连锁网点应不少于20家。

第二十二条　连锁企业具有独立的食品加工配送中心。其加工布局、设施和分拣配送环境应符合相关规定。

第六章　附　　则

第二十三条　本规范自发布之日起30日后施行。

关于印发《〈北京市家电以旧换新实施细则〉补充规定》的通知

各区县商务委、财政局、发展改革委、经济信息化委、环保局、工商分局、质监局，各有关单位：

为进一步规范本市家电以旧换新工作，根据《商务部、财政部、环境保护部关于印发家电以旧换新推广工作方案的函》（商商贸发〔2010〕190号）和商务部等七部门《关于印发〈家电以旧换新实施办法（修订稿）〉的通知》（商商贸发〔2010〕231号）精神，市商务委、市财政局、市发展改革委、市经济信息化委、市环保局、市工商局、市质监局制订了《〈北京市家电以旧换新实施细则〉补充规定》。现印发给你们，请认真遵照执行。

附件：《北京市家电以旧换新实施细则》补充规定

北京市商务委员会
北京市财政局
北京市发展和改革委员会
北京市经济和信息化委员会
北京市环境保护局
北京市工商行政管理局
北京市质量技术监督局
二〇一〇年八月二十五日

附件：

《北京市家电以旧换新实施细则》补充规定

第一章　总　　则

第一条　根据《商务部、财政部、环境保护部关于印发家电以旧换新推广工作方案的函》（商商贸发〔2010〕190号）和商务部等七部门《关于印发〈家电以旧换新实施办法（修订稿）〉的通知》（商商贸发〔2010〕231号）规定，结合本市实际，对《北京市家电以旧换新实施细则》（京商务交字〔2009〕164号）进行补充完善，特制定本规定（以下简称“本规定”）。

第二条 本规定所称“家电以旧换新”是指消费者交售旧家电并购买新家电的行为。

第三条 家电以旧换新政策推广实施期暂定为2010年6月1日至2011年12月31日。期间做好与《废弃电器电子产品回收处理管理条例》（国务院令第551号）规定的从2011年起设立废弃电器电子产品处理基金政策的衔接工作。

第四条 家电以旧换新工作遵循“手续简便、直接补贴、安全高效、节能环保”的原则。

第二章 补贴政策

第五条 政策实施期内，个人购买新家电的，总量不超过5台；单位购买新家电的，总量不超过50台。购买新家电不受交售旧家电品种对应限制。

第六条 运费补贴。根据回收旧家电类型、规格、运输距离分类分档给予定额补贴（具体补贴标准见附件1）。运输距离是指回收企业实际所在地与拆解处理企业实际所在地间的公允距离。

第七条 拆解处理补贴。根据拆解处理企业实际完成的拆解处理以旧换新旧家电数量给予定额补贴。具体补贴标准为：电视机15元/台、电冰箱（含冰柜）20元/台、洗衣机5元/台、电脑15元/台，空调不予补贴。

第三章 家电回收企业

第八条 家电回收企业应当加强回收凭证管理，前一次申领的回收凭证使用率达到85％以上的，方可再次申领新的回收凭证，并应同时提交凭证使用率达到85％以上的证明材料。

第九条 家电回收企业接到旧家电出售人（以下简称“出售人”）交售旧家电的预约时，应当先登陆商务部“家电以旧换新管理信息系统”查验出售人已交售旧家电的数量。当出售人已交售旧家电的数量达到购买新家电总量限制时，应明确告知出售人。

第十条 家电回收企业回收旧家电时，应当先查验出售人的身份证原件，再根据“旧家电主要零部件完整性要求”和参照推广实施期旧家电回收参考价，与出售人协商确定合理的旧家电回收价格。

第十一条 家电回收企业回收旧家电应当场为出售人开具国家统一印制的家电以旧换新凭证，并按要求认真填写家电回收企业的全称、回收日期、旧家电类型及规格型号、序列号、回收价格、出售人姓名及身份证等信息，在“回收地点”栏目后填写回收地点及收购人员姓名，所有信息应当准确无误，填写字迹清晰、规范。回收企业应当建立旧家电回收台账。

第十二条 家电回收企业应当在两天内准确地将家电以旧换新凭证的所有信息，包括回收旧家电的类别、品牌、产品制造商、型号、机身序列号、出售人姓名和身份证件号码、旧家电回收价格、以旧换新凭证序列号等信息录入家电以旧换新管理信息系统，在没有机身序列号的旧家电上粘贴系统生成的机身序列号。

第十三条 家电回收企业可到当地工商行政管理部门申请增加再生资源回收经营范围，并到当地商务主管部门备案，按照《再生资源回收管理办法》的规定规范经营。符合财税〔2008〕157号文件规定条件的回收企业，可以享受有关增值税优惠政策。

第十四条　家电回收企业在严格遵守家电以旧换新政策、操作流程和本市家电以旧换新规定的前提下，应当积极采取措施，改进服务，按照与出售人的约定，及时上门回收旧家电，最大限度地方便出售人交售旧家电。

第四章　家电销售企业

第十五条　购买人凭有效身份证件、家电以旧换新凭证选择中标家电销售企业购买新家电。家电销售企业应首先提示家电购买人（以下简称“购买人”）到服务台查询本人身份证已购买新家电的数量，再登陆商务部“家电以旧换新管理信息系统”查验购买人已购买家电的数量。当购买人购买的家电达到购买家电总量限制时，应明确告知购买人。

第十六条　家电销售企业应当坚持购买人持本人身份证原件到现场申领家电补贴的规定，并对购买人及其所有证件进行全面、认真审核。符合补贴条件的，家电销售企业在销售新家电时直接向购买人垫付补贴资金，并将相关信息录入家电以旧换新管理信息系统。不符合补贴条件的，应立即告知购买人，并按销售价格收取货款。

第十七条　购买人本人确实不能到家电销售企业现场办理家电补贴的，可委托他人代为办理，代办人应提供本人及购买人身份证原件。家电销售企业审核后，应当将代办人身份证复印件作为申领家电补贴资料的附件，一并送区县商务部门审核。

第十八条　家电回收、销售双重资质企业，在送新家电的同时必须将旧家电回收拖走，与消费者核对旧家电相关信息，并当场开具国家统一印制的家电以旧换新凭证。

第十九条　家电销售企业导购人员、业务人员不得违规为购买人提供旧家电、回收凭证或相关信息。

第二十条　家电销售企业在严格遵守家电以旧换新政策、操作流程和本市家电以旧换新规定的前提下，应当积极采取有效措施，改进服务，最大限度地方便消费者参加家电以旧换新。

第五章　拆解处理企业

第二十一条　拆解处理企业要与市环保局签订承诺协议，缴纳履约保证金，并向市商务委提交承诺函，保证不无故拒收家电回收企业交售的旧家电，不将收购的旧家电再次流通，不从事制售以旧充新等违法行为，在环保行政主管部门规定的时限内将旧家电拆解处理完毕。

拆解处理企业原则上应在接收旧家电后30个工作日内拆解处理完毕。

第二十二条　拆解处理企业应当于2010年10月31日前设立视频监管系统，对厂区所有进出口、拆解处理和贮存等重点区域进行24小时不间断监管。拆解处理厂区应当只设一个进口，一个出口。

第二十三条　拆解处理企业应当在厂内显著位置设立标识牌，公开每日旧家电的接收、拆解处理和贮存情况，并按周将接收、拆解处理和贮存情况上报市、区环保行政主管部门备案。相关记录旧家电接收、拆解处理和贮存情况的原始凭证应当妥善保存备查。

第二十四条 拆解处理企业在严格遵守家电以旧换新政策、操作流程和本市家电以旧换新规定的前提下，应当积极改进服务，采取措施加快对回收企业送售旧家电的接收速度。

第二十五条 拆解处理企业定期对家电回收企业的申报资料进行整理，经市环保局审核后，向市财政部门申领运费补贴。

第二十六条 拆解处理企业定期对完成拆解处理的以旧换新家电产品品种、数量进行统计，填写《家电以旧换新拆解处理补贴申报表》，经市环保局审核后，向市财政部门申领补贴资金。

拆解处理企业申报拆解补贴应当提供以下资料：（一）《家电以旧换新拆解处理补贴申报表》；（二）家电以旧换新凭证；（三）家电回收企业开具的旧家电销售发票（附购货清单）；（四）拆解处理企业垫付运费凭证（附运费收据）；（五）拆解记录表及拆解产物销售凭证或处理证明。

第六章 监督管理

第二十七条 市、区县相关部门应当建立联席会议制度和联动工作机制，建立巡查制度和巡查队伍，采取专项检查、抽查、暗访等多种措施，加强对家电以旧换新回收、销售和拆解处理企业的监管力度，督促企业严格执行以旧换新政策、操作流程和相关规定，及时掌握以旧换新动态，发现问题及时处理，切实维护以旧换新市场正常秩序。

第二十八条 市环保行政主管部门应当在政府网站上设立专门栏目，公开拆解处理企业报送的旧家电接收、拆解处理和贮存情况。

第二十九条 区县商务委会同区县财政、环保、工商等有关部门负责本辖区内家电以旧换新的监督管理。通过建立与本辖区内家电回收企业、家电销售企业和拆解处理企业的联系机制，建立顺畅的信息渠道，加强对家电回收、销售企业及其网点和拆解处理企业的监督管理。

第三十条 参与家电以旧换新的回收、销售、拆解处理企业均需与市相关部门签订家电以旧换新推广实施阶段的承诺协议书，并缴纳履约保证金。

第三十一条 家电以旧换新回收、销售和拆解处理企业应当严格遵守法律、法规和相关规定，对违规、骗取财政补贴的行为，一经查实，要采取追回财政补贴资金、扣除履约保证金、取消家电以旧换新资质并向社会曝光等措施进行严肃处理。其他任何单位和个人不得转让、出售家电以旧换新凭证，不得套取财政补贴，情节严重的，将依法处理。

第七章 附 则

第三十二条 《北京市家电以旧换新实施细则》与本补充规定具有同等效力；《北京市家电以旧换新实施细则》与本规定不一致的，以本规定为准。

第三十三条 本规定自发布之日起执行。

附件：1. 家电以旧换新运费补贴标准表

2. 旧家电主要零部件完整性要求

附件 1：

家电以旧换新运费补贴标准表

<table>
<tr><th rowspan="2">品种</th><th rowspan="2" colspan="2">规　格</th><th colspan="2">标准（元）</th></tr>
<tr><th>150 公里以内（含）</th><th>150 公里以上</th></tr>
<tr><td rowspan="4">电视机</td><td rowspan="2">CRT 电视</td><td>显示屏 21 吋及以下</td><td>20</td><td>30</td></tr>
<tr><td>显示屏 21 吋以上</td><td>30</td><td>40</td></tr>
<tr><td rowspan="2">40 平板电视</td><td>显示屏 25 吋及以下</td><td>20</td><td>30</td></tr>
<tr><td>显示屏 25 吋以上</td><td>25</td><td>35</td></tr>
<tr><td rowspan="2">电冰箱（含冰柜）</td><td colspan="2">容积 220 升及以下</td><td>30</td><td>40</td></tr>
<tr><td colspan="2">容积 220 升以上</td><td>40</td><td>50</td></tr>
<tr><td rowspan="2">洗衣机</td><td colspan="2">洗衣量 5 公斤及以下</td><td>30</td><td>40</td></tr>
<tr><td colspan="2">洗衣量 5 公斤以上</td><td>40</td><td>50</td></tr>
<tr><td rowspan="3">空调</td><td colspan="2">窗式空调</td><td>20</td><td>30</td></tr>
<tr><td colspan="2">挂壁式空调</td><td>30</td><td>40</td></tr>
<tr><td colspan="2">柜式空调</td><td>40</td><td>50</td></tr>
<tr><td rowspan="2">电脑</td><td colspan="2">显示屏 14 吋及以下</td><td>20</td><td>30</td></tr>
<tr><td colspan="2">显示屏 14 吋以上</td><td>25</td><td>35</td></tr>
</table>

说明：考虑到单纯回收中标企业（指仅经营再生资源回收、分拣，不参与家电销售或拆解的回收企业）单程往返，运费高，在上述补贴标准基础上每台提高 10 元（不分品种和运距）。

附件 2：

旧家电主要零部件完整性要求

品种	主要部件要求	说明
电视机	机壳、显像部件、线路板等	
空调	机壳、压缩机、冷凝器、蒸发器、线路板等	
冰箱（冰柜）	机壳、压缩机、冷凝器、蒸发器、线路板等	
洗衣机	机壳、内胆（滚筒）、电动机、线路板等	
电脑	显示器、机箱、电源、主板、CPU、硬盘、内存等	显示器主要部件完整性要求参照电视机要求

注：缺少主要零部件的旧家电回收价格由家电回收企业与出售人协商解决。

北京市人民政府关于印发北京市物流业调整和振兴实施方案的通知

京政发〔2010〕2号

各区、县人民政府，市政府各委、办、局，各市属机构：

现将《北京市物流业调整和振兴实施方案》印发给你们，请结合实际，认真贯彻落实。

二〇一〇年一月二十九日

北京市物流业调整和振兴实施方案

物流业是融合运输业、仓储业、货代业和信息业等的复合型服务产业，是首都经济的重要组成部分，在保障城市正常运转、促进产业结构调整、转变经济发展方式和增强产业竞争力等方面发挥着重要作用。为贯彻落实《国务院关于印发物流业调整和振兴规划的通知》（国发〔2009〕8号，以下简称《通知》）精神，促进本市物流业平稳较快发展，特制定本实施方案。本实施方案与本市“十二五”期间物流业发展规划相衔接，侧重于近3年的目标与任务。

一、发展现状

本市物流资源丰富，区位条件优越，是全国重要的交通枢纽和全国性物流节点城市。进入21世纪以来，全市物流业总体规模快速扩张、基础设施日益完善、空间布局不断优化、发展水平显著提高、发展环境明显改善，已基本形成了公路、铁路、航空互为补充的综合立体交通网络和“三环、五带、多中心”的发展空间布局，物流业务网络辐射全国。

（一）总体规模快速扩张

2008年，全市社会物流总额达4.1万亿元，近3年年均增长27%；从业人员45.1万人，占第三产业从业人员的6.2%，占全市从业人员的4.5%。

（二）基础设施日益完善

2006至2008年，本市物流业固定资产投资累计900.5亿元，年均增长27%。截至2008年底，全市公路总里程达20 340公里，其中，高速公路总里程达777公里；铁路运营里程达956公里，电气化线路营业里程达339公里；首都机场通航国家达88个，通航城市187个，货邮吞吐量近137万吨。

（三）空间布局不断优化

按照《北京市“十一五”时期物流业发展规划》（京发改〔2007〕377号）要求，

本市加快顺义空港、通州马驹桥等物流基地以及一批物流中心和配送中心的规划与建设，初步构建了以物流基地为支撑，专业物流为特色的多层次、专业化、规模化节点布局，形成了与交通干线有效衔接的物流网络。

（四）发展水平显著提高

2008年，全市共有限额以上专业化物流企业733家，业务涵盖“海、陆、空”各个领域。在2008年度中国物流百强企业中，前4名均设在北京，前50名中有10家设在北京。“总部＋物流”、“展示交易＋物流”、“电子商务＋物流”等新模式日益成形，现代物流已成为推动本市物流业发展的重要力量。

（五）发展环境明显改善

2007年，本市首次发布实施了物流业发展专项规划，确定了“十一五”时期全市物流业发展目标和各项保障措施。2009年，国务院《通知》明确将本市列入21个全国性物流节点城市，为本市物流业的振兴发展带来了新机遇。

尽管近几年本市物流业取得了较好的发展，但与首都经济社会发展的要求相比，还存在一些突出问题：一是物流基地引导物流资源聚集的作用没有充分发挥；二是以承担社会化物流为主的第三方物流所占比例较低；三是部分物流企业服务能力和服务水平较低，市场竞争力不强；四是促进物流业发展的配套政策尚待完善。

二、指导思想、基本原则和振兴目标

（一）指导思想

深入贯彻落实科学发展观，以加快落实国务院《通知》精神为契机，以服务“人文北京、科技北京、绿色北京”建设为基本立足点，加大物流基础设施建设投入，进一步优化物流业发展环境，大力发展城市物流配送，积极拓展区域物流，着力培育具有市场竞争力的龙头企业，提升物流业的社会化、专业化、信息化水平，降低全社会物流成本，构建符合首都城市功能要求的现代物流体系。

（二）基本原则

1. 加强规划指导，着眼长远发展。结合首都发展要求，针对物流业发展面临的突出问题，做好物流业发展规划，统筹安排大型物流项目建设，完善物流业发展的政策措施，为物流业发展提供有力保障。

2. 完善物流体系，实现协调发展。进一步明确各物流基地、物流中心和配送中心的发展方向和规模，努力实现差异化定位、错位发展。加快物流基地、物流中心的建设，调整城区内传统仓储物流设施布局和功能，形成布局合理、分散与集中相结合的物流节点空间格局。着力培育发展专业化的城市物流配送体系，保障人民群众生产、生活需要和城市的正常运行。

3. 整合资源功能，实现集聚发展。加快城市物流用地、设施装备、信息系统等各种社会物流资源的整合，鼓励物流企业向物流基地聚集，使各类物流资源相互协调、优势互补。

4. 依托科技创新，实现可持续发展。充分利用首都信息化水平高、科技资源丰富等优势，鼓励开展物流业关键技术的研发，推广应用绿色物流技术，促进节能减排，提升物流业整体效率。

5. 优化政策环境，实现高端发展。研究调整价格、交通等政策，为物流业发展创造良好环境，积极引进高端物流服务业务，吸引国内外知名物流企业在京设立总部和营运中心。鼓励创建自主物流服务品牌，培育一批服务水平高、市场竞争力强的现代物流企业。

（三）振兴目标

保持物流业持续快速发展，实现近3年全市社会物流总额年均递增25%左右，到2011年突破7万亿元；物流业增加值年均递增12%左右，到2011年突破600亿元，成为本市的支柱产业。

加快以顺义空港、通州马驹桥、房山良乡、平谷马坊和大兴京南物流基地（以下统称五大物流基地）为重点的物流设施建设，扶持培育一批竞争力较强的现代物流企业，初步建立起比较完善的都市型现代物流体系，进一步提升对城市运行的服务保障能力。

优化物流发展环境，发挥物流枢纽的吸引辐射作用，实现高端物流业务集聚发展，使本市成为具有区域和国际影响力的物流中心城市。

三、主要任务和重点工作

（一）加快基础设施建设，提升物流基地功能

继续推进物流基地道路改造、市政管线、场地平整、配套设施等工程项目建设，完善五大物流基地的基础设施条件，增加政府基础设施建设投入，带动社会投资。

加强分类引导，强化特色功能。加快推进天竺综合保税区建设，充分发挥其政策功能，吸引跨国公司国际分拨中心入驻；顺义空港物流基地要充分发挥北京临空经济区核心区的区位优势，重点发展体现首都特色和优势的航空物流产业；平谷马坊物流基地要在完善设施和功能的基础上，加快与天津港实现口岸直通，通过海陆联运发展国际物流，为本市外向型企业拓展新的海运通道；通州马驹桥物流基地要加紧推进设施建设，为实现朝阳口岸功能平移创造条件；房山良乡物流基地和大兴京南物流基地要充分利用公路铁路联运优势，积极吸引物流企业入驻。

通过完善基地设施及功能，力争近3年内五大物流基地物流业务营业收入总额年均递增30%以上，到2011年达到500亿元。

（二）完善城市配送网络，建立应急物流体系

调整优化城市物流配送设施布局，完善市内一级市场向二级市场的物流配送网络建设。支持发展专业化物流，加快建立食品、药品、农产品、冷链等物流配送体系。到2011年，基本建成比较完备的城市专业化物流网络，进一步提高品牌企业的服务能力和水平，增强城市运行服务保障能力。

加快建立城市应急物流体系。制定应急物流预案，建立和完善覆盖全市的应急物流保障系统，选择和培育一批具有应急能力的物流企业，提高危机状态下的快速反应能力。

（三）引进、培育品牌企业，加快结构优化调整

加快吸引国际知名物流企业和有实力的内资民营物流企业在本市设立总部或分支机构。力争在3年内引进国际知名物流企业8至10家，引进国内百强物流企业15至20家。促进物流总部发展，支持开展资金结算、营运控制、信息管理等高端物流业务，提升本市物流业影响力，强化物流枢纽地位。

实施品牌物流企业培育工程。集成政策资源，加强分类指导，扶持龙头企业。到2011年，重点培育年营业收入百亿元、具有全国辐射力和国际竞争力的大型第三方物流企业3至5家；培育年营业收入超5亿元、以配送为主业、保障城市正常运转的第三方物流企业5至10家；培育年营业收入超亿元的食品、烟草、汽车等特色鲜明、运转高效的专业化物流企业10至15家。通过整合社会物流资源，进一步提高产业集中度，推进行业内部结构优化调整。

（四）推进工商企业和物流企业联动发展，提升物流发展的社会化程度

引导工商企业外包物流业务，扩大社会物流需求。开展制造业和物流业联动试点工程，选择10家具有较大规模和影响力的制造企业和物流企业作为联动示范企业，通过政策引导和资金支持，促成制造企业与物流企业结成供应链合作伙伴，形成联动发展试点组合。适应电子商务和连锁经营发展的需要，实施共同配送工程，发展面向商业流通企业和消费者的社会化共同配送。通过工商企业和物流企业联动发展，力争使试点物流企业增加物流业务收入30亿元。

（五）强化区域深度合作，拓展物流业发展空间

发挥首都的综合优势，加强与周边地区的区域物流合作，建立政府、企业、中介组织等多层次紧密合作机制，创办环渤海区域物流合作论坛。加强协调，推进区域间口岸合作，加快“大通关”建设，积极探索公、铁、海、空联合运输的新模式，提升物流基地口岸服务功能。发挥本市产业高端化优势，对于参与外埠市场竞争、输出技术和管理并取得良好经营业绩的企业给予政策和资金支持，帮助企业拓展发展空间。

（六）打造三大平台，建立物流业发展的支撑体系

建立政策支撑平台。按照国家税务总局《关于试点物流企业有关税收政策问题的通知》（国税发〔2005〕208号）要求，帮助企业解决重复纳税问题；研究制定扶持政策，逐步实现物流企业用气与工业企业同价；认真梳理针对物流企业的各项收费，切实减轻企业负担；完善现行交通管理政策，借鉴奥运期间的经验，推动组建城市生活必需品绿色运输车队，使保障城市正常运转的物流系统实现常态化运行。

建立科技支撑平台。加大科技投入力度，组织实施北京现代物流关键技术支撑专项，开展现代物流关键技术、管理技术和绿色物流技术的研究开发；培育一批在物流技术及管理模式上具有示范效应的园区和企业；推广应用先进适用的物流技术、物流装备、信息系统及管理方法，提高企业信息化、自动化、标准化水平；支持“电子商务＋物流”新模式，推进电子商务与物流共同发展；建立具有首都特色的物流科技支撑体系，保持本市物流企业整体技术水平在国内的领先地位。

建立信息支撑平台。支持建立北京公共物流信息服务平台，实现区域间、区域内物流节点及物流企业之间的信息资源共享和无缝衔接；健全本市物流统计监测体系及行业发展评价体系，为政府部门决策、引导物流企业发展提供信息支持。

四、保障措施

（一）加强组织协调

充分发挥本市现代物流工作联席会议的作用，加强对现代物流业发展的组织和协

调，研究解决全市物流业发展的有关重大问题。

（二）编制本市“十二五”期间物流业发展规划及专项规划

认真编制好本市“十二五”期间物流业发展规划，确立“十二五”期间本市物流业的发展目标和重点任务。以“高端、专业、冷链、绿色、应急”等物流为重点，编制专项物流规划，明确关键突破点、责任分工和需要采取的政策措施。

（三）加大政府对物流业调整、振兴、创新的资金支持

加大资金扶持力度，对纳入本方案的重点项目给予资金补助或银行贷款贴息支持，大力引导社会资金投资物流业，支持金融、担保机构为物流产业发展提供融资服务。

（四）加快物流人才培养和引进

充分发挥首都科技、教育资源优势，加大人才培养和培训的力度。制定物流人才激励政策，引进国内外优秀物流专业人才，尤其是熟悉国际物流业务运作的高级人才，为物流业的快速发展提供人力资源保障。

（五）发挥行业中介组织的桥梁纽带作用

充分发挥北京物流协会等中介组织的作用，履行行业自律和服务协调职能，发挥在政策建议、企业行为规范、区域交流与合作、社会化咨询服务等方面的作用，成为政府与企业联系的桥梁和纽带。

北京市人民政府关于印发北京市商务服务业振兴发展规划的通知

京政发〔2010〕16号

各区、县人民政府，市政府各委、办、局，各市属机构：

现将《北京市商务服务业振兴发展规划》印发给你们，请结合实际，认真贯彻落实。

二〇一〇年五月三十一日

北京市商务服务业振兴发展规划

为贯彻落实《中共北京市委、北京市人民政府关于进一步促进服务业发展的意见》（京发〔2007〕25号）等文件精神，推动本市商务服务业的振兴发展，特制定本规划。本规划与本市“十二五”期间国际商贸中心发展规划相衔接，侧重于近2年的目标与任务。

一、发展现状

商务服务业是主要服务于商贸、商务等

经济活动的产业群，是生产性服务业的重要组成部分，也是营造城市良好发展环境的支撑条件之一。商务服务业兼具知识密集型、资金密集型和劳动密集型特征，其中多数行业以提供专业知识服务或专业技能服务为主，属于低耗、高效的绿色产业，符合首都服务业的发展方向。

（一）商务服务业已成为首都经济的支柱产业

近年来，本市商务服务业迅速发展，战略地位日渐凸显，成为全市服务业发展的重要增长点。2004 年至 2008 年，本市商务服务业增加值年均增长 21.7%，高于第三产业增加值年均增速 7.8 个百分点；限额以上企业单位数年均增长 15.2%，主营业务收入年均增长 31.1%。2008 年，本市商务服务业实现增加值 748.7 亿元，占全市地区生产总值的 6.7%；限额以上企业实现主营业务收入2 884亿元，纳税合计 137.8 亿元；在全市城镇单位从业人员中，商务服务业占 10.9%，达 62.3 万人，居各行业之首。

（二）综合实力达到全国领先水平

一是行业发展国际化程度全国领先。全球 50 大咨询公司中，已有 35 家进入北京；世界十大会计师事务所中，已有 6 家进入北京，其中德勤、安永、普华永道、毕马威等排名前 4 位的会计师事务所都已进入北京。二是企业实力与市场竞争力全国领先。在本市商务服务业中，法律服务、咨询与调查服务、知识产权服务等行业的实力均处于国内领先地位。在全国百强管理咨询公司中，北京有 57 家；在全国 30 强律师事务所中，北京有 22 家；在全国综合排名前 20 位的会计师事务所中，北京有 14 家；北京市职业律师占全国的 11.9%；北京知识产权代理机构约占全国的四分之一，代理专利申请量占全国的 28%，其中代理境外向我国申请的专利量占全国的 71%。

（三）总部经济优势日益明显

企业管理服务是商务服务业的重要组成部分，属总部经济型行业，主要包括企业总部、投资性公司、资产管理公司等。2008 年，在全市商务服务业法人单位中，企业管理服务行业以 13.6% 的法人单位数，20.7%的从业人员，占有 95.7% 的资产，实现 45.4% 的业务收入，缴纳 50.3% 的税金。

尽管本市商务服务业得到长足发展，但与发达国家同类城市相比，与新世纪、新阶段首都经济社会发展的新要求相比，仍存在明显差距：一是商务服务需求的社会化、市场化程度偏低，大量潜在需求有待进一步释放；二是内资企业绝大多数为中小企业，专业服务水平不高，高端服务能力不强，国内外市场开拓能力较弱；三是企业发展的集聚效应、品牌效应低；四是缺乏统筹促进产业整体发展的机制，政府发挥规划引导作用的手段不足。2009 年以来，受国际金融危机影响，本市商务服务业企业的业务收入和经营效益出现大幅下滑，发展面临较大困难。

二、指导思想、工作原则和发展目标

（一）指导思想

深入贯彻落实科学发展观，按照建设“人文北京、科技北京、绿色北京”的要求，依托首都优势，加强统筹协调，实行分类指导，带动重点突破，推动商务服务业实现振兴发展。

（二）工作原则

1. 以规划为先导，带动发展格局优化。针对商务服务业的发展现状及当前面临的突出问题，统筹规划，确定优先发展的领域，通过重点突破带动行业内部结构调整，促进商务服务业快速、健康发展。

2. 以支持龙头企业为着力点，带动高端发展。重点支持具有明显竞争优势的行业龙头企业，带动专业服务水平和高端服务能力的提升。积极培育自主品牌，扩大品牌知名度，提升市场竞争力。

3. 以商务楼宇为载体，带动集聚发展。依托商务楼宇资源，积极打造商务服务业集聚区、商务服务主题楼宇，形成有利于商务服务企业发展的配套环境。借助楼宇品牌，增强集聚效应，方便企业与客户对接，促进商务服务业企业发展。

4. 以继续扩大对外开放为发展推动力，带动产业升级。继续引进国际知名商务服务业企业，优化本市商务服务业产业结构。通过国际知名企业的高端服务示范效应，带动全市商务服务业产业升级。

5. 以强有力的组织协调为保障，带动发展环境优化。强化部门协调，建立健全产业发展统筹促进体系，整合多方资源，大力优化发展环境，为商务服务业振兴发展创造有利条件。

（三）发展目标

1. 商务服务业保持快速、健康发展，支柱产业地位进一步强化。2010 年至 2011 年，商务服务业增加值年均增长 20%左右，2011 年达1 000亿元；限额以上商务服务业企业法人单位主营业务收入年均增长 20%左右，2011 年超过4 000亿元。2012 年至 2015 年，商务服务业增加值年均增长 15%左右，2015 年超过1 700亿元；限额以上商务服务业企业法人单位主营业务收入年均增长 15%左右，2015 年超过7 000亿元。

2. 行业发展的国际化程度继续提升，国内领先优势进一步增强。到 2011 年，全市新引进国际知名商务服务业企业 20 家左右；在国内同行业居于领先地位的本市企业新增 20 家。

3. 商务服务业企业的楼宇集聚效应更加明显。到 2011 年，形成商务服务业主题楼宇 30 个左右。

4. 初步建立比较完善的商务服务业发展促进体系。

三、主要任务

通过实施 4 项工程，进一步增强商务服务业对首都经济社会发展的战略支撑作用，打造具有更强市场竞争力和广泛国际影响力的商务服务业中心城市。

（一）市场需求释放工程

加强引导，采取有力措施，加快政府、企业业务外包，推进商务服务业分工的社会化、市场化进程，着力扩大商务服务业市场的有效需求。

1. 积极引导本市有关单位和中央在京单位外包商务服务业务。促进政府部门、公共机构转变工作方式，加大对商务服务的采购力度，重点向咨询与调查、旅行社、会议及展览服务、办公服务、公益活动策划服务等行业的市场释放需求。

2. 引导、鼓励在京生产、流通企业外包商务服务业务。搭建商务服务业务对接平台，组织本市咨询与调查、广告业和知识产权服务等商务服务业企业与生产、流通企业开展业务对接活动，充分挖掘潜在市场需求。对于向外发包商务服务业务的先进企业给予表彰奖励。

（二）企业扶持壮大工程

1. 积极吸引国际知名商务服务业企业进入北京。参照本市鼓励跨国公司在京设立地区总部等政策，大力引进企业管理服务等行业的总部型企业，支持知识密集型境外商务服务业企业在京设立分支机构。

2. 提高本市商务服务业企业市场竞争力。实施品牌建设工程，对商务服务业内资龙头企业自有品牌建设给予支持，打造本市内资商务服务业百强企业。创办北京商务服务业发展论坛，扩大本市商务服务业的知名度和市场影响力。依托国内外大型展会平台，展示、推介本市商务服务业企业，为企业发展创造商机。引导企业开拓外部市场，通过服务京津冀、环渤海等区域，树立区域龙头地位，进而辐射全国。对外部市场营业收入业绩突出的企业，给予政策扶持，进一步提高企业外部市场占有率。

3. 大力扶持商务服务业中小企业发展。落实本市关于促进生产性服务业发展的政策措施，为中小企业创业发展营造良好环境。推动组建本市商务服务业中小企业联盟，整合资源，形成发展合力。

（三）商务楼宇提升工程

引导商务服务业企业提高综合集聚、专业集聚程度，提升行业配套水平、专业服务能力和客户便利程度。

1. 打造本市商务服务业主题示范楼宇。开展主题示范楼宇认定工作。市、区县联动，研究制定扶持措施，发挥主题示范楼宇的集聚带动作用，重点促进知识密集型商务服务业企业发展。

2. 增强商务服务业企业的楼宇集聚效应。鼓励楼宇经营管理主体单位升级改造楼宇内部及周边配套设施、提升管理服务水平；以贷款贴息等方式，重点支持总部经济特征明显、高端业务集中、行业集聚度高的商务楼宇形成集聚效应；对新建市级地标性商务服务业主题楼宇，按照相关规定纳入重大项目绿色审批通道，在土地规划、年度土地供应、土地使用审批等环节和投资贷款贴息补助方面给予政策支持。

3. 支持商务服务业中小企业在商务楼宇集聚发展。对入驻经认定为主题示范楼宇的中小企业，市财政安排部分资金按一定比例给予租金补贴。

（四）促进体系建设工程

面向政府部门、行业协会和企业，搭建商务服务业公共服务平台，为商务服务业振兴发展发挥保障、支持作用。

1. 完善商务服务业发展政策。研究相应政策，促进公共机构对商务服务增加采购，重点加大政府部门对商务服务的采购力度；研究制订鼓励生产、流通企业释放商务服务需求的优惠政策，促进商务服务业加快发展；集成促进高新技术产业、文化创意产业发展的现有优惠政策，将知识密集型商务服务业纳入支持范围。

2. 加强商务服务业发展的整体推进力度。搭建促进商务服务业发展的服务平台，建立健全商务服务业市场运行和行业发展监测体系，为相关政府部门、行业协会、企业提供全方位服务。

四、保障措施

（一）建立统筹协调机制

1. 建立本市商务服务业振兴发展协调机制，负责对本规划实施过程中的重大问题进行研究决策，加强对商务服务业振兴发展的宏观指导

2. 由市商务委承担协调机制的日常工作，并会同有关部门，具体落实分类指导，组织实施商务服务业振兴发展规划。

（二）统一规划，分行业实施

1. 在统筹协调的基础上，加强部门联动，整体推进与分行业实施相结合，形成横纵结合的规划推进机制。

2. 分解振兴发展任务，落实部门责任，由各相关部门对相应行业的规划实施承担主要责任。

3. 发挥行业协会在服务企业、诚信自律、标准制定、人才培训等方面的作用，健全社会化、专业化促进网络。

（三）加大资金投入力度

集成政策资源，发挥政府投入的引导作用，带动更多社会资金投向商务服务业。

第三部分

主　要　业　务

一、依法行政

概　述

2010 年，在市委市政府的正确领导下，市商务委认真贯彻落实《北京市人民政府关于全面推进依法行政的实施意见》和《北京市 2010 年全面推进依法行政工作要点》精神，结合首都商务工作实际，扎实推进依法行政工作，取得了良好成效。

一、领导班子高度重视依法行政工作

市商务委领导班子高度重视推进依法行政工作，明确推进依法行政工作由一把手负总责，重大事项由主任办公会研究决定。以创建法制型、服务型、效能型机关为目标，不断加强组织领导，健全体制机制，把推进依法行政工作贯穿于全委各项工作之中。2010 年，结合商务工作实际，研究制定了《北京市商务委员会 2010 年度依法行政工作要点》，主任办公会分别讨论了行政许可案卷评查、行政审批制度改革、行政执法监督等依法行政议题。按照《北京市商务委员会依法行政评议考核制度（试行）》，继续将依法行政评议纳入公务员年度考核。

二、不断建立健全科学民主决策机制

完善重要决策法律分析和论证制度，凡提请市政府讨论的重大决策事项、重大制度制定、规范性文件起草、法律文件审核及疑难案件处理等方面均事前进行合法性审查。认真执行重大决策集体讨论制度，对涉及商务事业发展全局的重大事项，广泛征求被管理对象及相关部门意见。不断畅通公众参与渠道，增强决策的民主性、科学性。充分发挥内外部监督制约机制。自觉接受人大监督和政协的民主监督，认真接受新闻舆论监督。

三、深入落实行政执法责任制

召开全市商务系统贯彻落实执法责任制专题会议，通报 2009 年全市商务行政处罚案卷评查结果，介绍市商务委制定的行政执法协调、执法资格管理等执法责任六项配套制度以及《北京市商业零售经营单位安全生产规定》、《北京市餐饮经营单位安全生产规定》行政处罚自由裁量权实施细则。按照自查和重点抽查相结合的方式，精心组织行政处罚和行政许可案卷评查工作。强化行政执法监督工作，不断健全和完善行政执法监督机制，制定了《北京市商务委员会行政执法监督相关制度》，建立行政执法信息通报、行政执法会商和例会制度，并重申了执法信息新闻发布和执法责任追究制度。加强行政处罚执法资格管理工作，精心组织全市商务系统执法人员资格考试。不断完善行政复议各项制度，畅通行政复议渠道。积极做好行政诉讼案件应诉工作。

四、加强规范性文件管理

按照《北京市行政规范性文件备案监督办法》，认真做好全委规范性文件的审核和备案工作。2010 年，共办理规范性文件备案 12 件。按照《北京市人民政府办公厅关于开展本市规章清理工作的通知》要求，深入开展规章规范性文件清理工作，其中共涉及规范性文件103件，保留了74件，废止、失效29件，并及时向社会公布。

五、扎实开展法制宣传培训工作

研究制定《北京市商务委员会2010年普法学法计划》，明确了年度学习目标、内容和方式。坚持委党组中心组集体学法制度，结合年度公务员培训，分别邀请市政府法制办、法院领导和法律专家开展依法行政专题讲座，切实增强全体公务员的法律意识，不断提高其依法行政的能力和水平。制定《北京市商务委员会关于落实“五五”普法检查验收工作方案》，总结近五年普法成果。充分利用各种媒体资源，积极开展普法宣传活动。

（闫小彦）

【继续深化商务行政审批制度改革】2010年，按照市委、市政府关于“加快、简化、下放、取消、协调”精神，市商务委继续深化商务行政审批制度改革，共采取了取消、下放、合并等9项审批改革措施，共减少6个审批事项、缩短办理时限100个工作日。同时，根据《国务院关于第五批取消和下放管理层级行政审批项目的决定》要求，对决定中涉及商务部门的审批事项逐项进行了认真研究，并提出了具体的落实和衔接措施。

（佟广军）

【认真开展行政许可案卷评查工作】为进一步提高行政许可事项的办理质量和水平，有效预防行政纠纷的发生，市商务委组织开展了行政许可案卷评查工作，成立了由法制主管领导为组长，相关处室为成员的案卷评查小组。评查小组随机抽取了3个许可事项的4个案卷进行了认真评查。评查结果表明，市商务委行政许可案卷的制作质量和水平明显提高。

（佟广军）

【开展商务系统行政处罚案卷评查工作】根据《北京市行政处罚案卷评查办法》，市商务委组织了全市商务系统行政处罚案卷评查工作，印发了《关于开展2010年度全市商务系统行政处罚案卷评查工作通知》，明确了处罚案卷评查范围、评查标准、评查机构以及评查工作安排。为便于各区县相互学习、借鉴，增加了互查互评环节。评查小组根据各单位报送的行政处罚案卷目录，选取了6家单位进行了现场检查。通过评查未发现执法主体及执法依据错误等方面的问题。

（佟广军）

【制定行政处罚自由裁量权实施细则】为贯彻落实《北京市人民政府关于规范行政处罚自由裁量权的若干规定》，市商务委对商务领域涉及行政处罚的34部法规规章进行了逐项梳理，结合商务执法工作实际，按照先易后难的原则，研究制定了生猪屠宰、食盐和促销行政处罚自由裁量权细则。

（佟广军）

【组织行政处罚执法资格考试】2010年，为贯彻落实《北京市行政处罚执法资格管理办法》，加强全市商务系统行政处罚工作人员执法资格管理工作，确保从事商务行政处罚工作人员持证上岗，市商务委组织了全市商务系统行政处罚执法资格考试。市商务执法监察大队和有关区县商务委执法人员共80余人参加了考试，成绩均合格。

（佟广军）

【不断加大依法行政培训力度】为贯彻落实《北京市2010年度依法行政工作要点》，市商务委研究制定了《北京市商务委员会2010年度依法行政工作要点》和《北京市商务委员会2010年普法学法计划》，明确了年度学习目标、内容和方式。坚持委党组中心组集体学法制度，组织开展了《中华人民共和国保守国家秘密法》专题法制讲座。结合年度公务员培训，分别邀请市二中院领导和法律专家开展依法行政专题讲座，收到了良好效果。

（佟广军）

【加强对商务领域相关法律问题研究】2010年，针对商务部部分规章在执行中遇到的有关法律问题，市商务委加大了对商务领域相关法律问题研究力度。在充分征求意见的基础上，向商务部上报了《关于执行商务部规章中有关问题的请示》及《关于对涉及典当年审相关部门规章予以解释的请示》，因反映问题具有普遍性受到商务部关注。

（佟广军）

【开展商务领域知识产权保护】2010年，按照《实施首都知识产权战略任务分工》要求，市商务委扎实开展"老字号"保护、支持"双自主"产品出口、境外展会知识产权保护和美国337案件应对等有关商务领域知识产权保护工作，积极参加首都知识产权战略工作联席会，并配合市知识产权局出台了"北京市大型商业零售经营单位知识产权保护合同示范文本"。

（佟广军）

【做好经营者集中案件调查工作】2010年，市商务委按照商务部有关要求，配合开展了经营者集中有关案件调查工作。在办理案件过程中，市商务委认真征求市政府相关部门、行业协会及相关企业的意见，多方面收集信息和资料，并及时向商务部反馈，为案件的最终审查决定提供参考。

（佟广军）

【召开北京商贸企业商标海外注册研讨会】2010年9月13日，由市商务委和市工商局、市知识产权局共同主办，北京WTO事务中心、北京品牌协会、北京老字号协会和北京高默克知识产权代理有限公司承办的"北京商贸企业商标海外注册研讨会"召开。世界知识产权组织副总干事王彬颖、北京市人民政府副秘书长刘志出席会议并致辞。作为第一届王府井国际品牌节的组成部分，本次研讨会紧紧围绕"如何帮助企业将自己的品牌打到海外市场"进行了研讨。本市商业企业、外贸出口企业、高科技企业和相关行业协会负责人共约120人参会。

（梅　焱）

【清理商务领域政府规章和规范性文件】按照《北京市人民政府办公厅关于开展本市规章清理工作的通知》（京政办发〔2010〕20号）要求，按时完成了2010年12月31日前商务领域政府规章和2009年12月31日以市商务委名义制发规范性文件的清理工作，并以公告形式在市商务委网站予以公布。

（李威、梅焱、邵丽）

【做好商务领域执法检查工作】2010年，全市商务部门累计出动执法检查人员5.3万人次，检查单位3.7万家次，做出行政处罚685件，没收违法盐产品153 611公斤，罚款121 725.26元。安全生产方面，发现并整改安全问题和隐患3 526个，实现规模以上商业零售和餐饮经营单位安全生产检查全覆盖，问题整改率达100%。

（郭明学、陈孝晋）

【开展大型连锁企业安全生产专项检查】2010年，市商务执法监察大队检查眉州东坡、湘鄂情、俏江南、麻辣诱惑、大鸭梨、郭林、汉拿山、便宜坊、全聚德、东来顺、京客隆、美廉美、顺天府 13 个大型连锁企业的 350 余家门店，督促连锁企业生产安全隐患排查治理到位，防范措施落实到位。

（郭明学、陈孝晋）

【做好商业会展活动的保障工作】 2010 年精心安排、组织保障了 18 期“全国商品大集”、1 期“加拿大商品大集”、1 期“中国中华老字号博览会”等商业会展活动。保障时间长达 200 多天，涉及 40 余个双休日。

（郭明学、陈孝晋）

【加强食品安全执法检查】 一是全面加强对盐业市场的执法检查。2010 年市商务执法监察大队共检查农贸市场 164 家次，检查摊位2 319户，查处私盐窝点 11 处，检查用盐单位1 058家次。对进口食盐进行了专项检查，重点检查了朝阳、丰台、顺义、海淀 4 个区的 11 家进口食盐经销企业和“婕妮璐”12 家连锁超市。二是深入抓好生猪屠宰的执法检查。检查定点屠宰企业 107 家次。对 13 家定点屠宰企业生猪宰前停食静养情况进行了专题调研。配合区县取缔私屠滥宰和注水窝点 18 个。此外，还开展酒类流通专项整治 3 次，对全市 16 个区县 979 家酒类经营商户进行了检查。

（郭明学、陈孝晋）

【行政执法取得新突破】 2010 年立案调查商业特许经营案件 4 起，做出行政处罚 2 起，取得了对商业特许经营违法行为行政处罚“零”的突破。

（郭明学、陈孝晋）

【修改升级网上办公系统】 2010 年市商务执法监察大队修改升级了业务管理及 OA 系统，并与市商业企业安全生产管理系统进行了对接，实现了信息共享。全年通过 OA 系统报送数据 192 份，提高了工作效率。

（郭明学、陈孝晋）

【推广商务综合执法试点工作经验】 2010 年，市商务执法监察大队指导了昌平区、通州区商务综合执法的规范化、程序化、制度化建设，统一和规范了试点单位的执法文书、执法日志、统计数据、工作记录等基础工作。根据上级要求，完成了对两个试点单位考核评估工作材料的审核与上报。总结交流商务综合行政执法工作经验。

（郭明学、陈孝晋）

【积极推动协作联动机制】 2010 年组织召开了“远郊区县盐政执法分析会”，分析了远郊区县食盐市场存在的问题，交流了做法与体会。组织召开了“京冀盐政执法联席会”，实现了京冀相邻区县盐政协调执法工作的对接，为远郊区县开展盐政执法工作拓宽了渠道。

（郭明学、陈孝晋）

二、商业流通规划与发展

商业流通规划概述

2010 年作为“十一五”规划收官之年，“十二五”规划启始之年，同时也是北京打造国际商贸中心的开局之年。围绕提高“市民生活便利度、市场品牌丰富度、特色企业集中度、商务服务完善度、总部经济聚集度、国际排名美誉度”，创新发展思路，优化增长方式，促进商业设施科学发展，大力推进国际商贸中心建设。

——强化规划引导作用，研究制定“十二五”规划

研究制定了《北京市“十二五”时期商业服务业发展规划》（2011—2015）。在《北京市城市总体规划（2004年—2020年）》的框架下，结合全市“十二五”规划的编制和北京市《促进城市南部地区加快发展行动计划》，以及北京打造国际商贸中心的目标，调整区域布局，明确发展方向，加快南城建设，发展新城商业，强化特色经营，会同发改、规划等有关部门，采取“政府主导，专家领衔”的原则，与科研院校合作，提出全市商业服务业规划。通过培训、座谈会、专家指导等方式指导区（县）制定区（县）“十二五”商业网点规划，形成市区两级商业规划体系。

——研究出台专项规划，明确“十二五”期间本市农产品流通体系建设发展思路

按照《国务院关于进一步促进蔬菜生产保障市场供应和价格基本稳定的通知》（国发〔2010〕26号）、《国务院关于稳定消费价格总水平保障群众基本生活的通知》（国发〔2010〕40号）以及《北京市人民政府关于统筹推进本市“菜篮子”系统工程建设保障市场供应和价格基本稳定的意见》（京政发〔2010〕37号）、《北京市人民政府关于切实做好稳定消费价格水平保障群众基本生活有关工作的通知》（京政发〔2010〕39号）等一系列文件要求，牵头研究制定了《北京市“十二五”时期农产品流通体系发展规划》。

——继续培育发展特色商业街区和特色市场，发展特色商务

根据市领导关于特色商业街“现代化、规范化、特色化和国际化”发展的要求和全市商务工作安排，继续推动北京特色商业街的培育和发展。2010年通过各区（县）上报特色街提升改造项目27个，将东城区五道营文化休闲街、鲜鱼口民俗餐饮街、朝阳区北京古玩城二期、蓝色港湾、石景山区北京台湾街等6条商业街列为2010年特色商业街提升改造重点项目；将房山区大石窝汉白玉工艺品街区列为区域特色街改造项目。同时将进行二次提升的东城区南锣鼓巷、南新仓文化休闲街、红桥市场、西城区马连道茶叶街及区域特色街项目通州区宋庄小堡画家村工艺品商街列入特色商业街提升改造预备项目计划。

——继续推动无障碍设施和停车引导系统改造，进一步提升商业配套水平

一是继续推动大中型商场超市和餐饮经营单位无障碍设施改造。按照创建全国无障碍建设城市的要求，2010年继续以大中型商场超市和500平方米以上的餐饮企业为重点，推动无障碍设施改造。二是继续实施大型商业设施停车引导系统改造。在继续改造中心城内大型商业设施停车引导系统的基础上，推动通州、顺义等重点新城主要商业街区内存在停车问题的大型商业设施停车引导系统改造，进一步提高二环以内具备改造条件的大型商业设施停车引导系统改造率。

——进一步完善农产品流通设施建设改造，保障城市供应，方便百姓生活

一是继续提高居民生活便利度，发展规范化菜市场；二是使“一乡一集市”工程基本覆盖乡镇，农村交易条件得到改善；三是着眼农产品流通体系提升，推动农产品批发市场的改造，提升农产品流通基础设施水平，推动农产品批发市场完善公共功能。

——加快推进大中型商业设施建设，探索商业设施科学发展的新机制

一是推动设施增量拉动消费增长；二是引导大型品牌商业到新城发展促进郊区商业结构调整；三是启动“知名零售企业区县行”系列活动；四是建立商业设施促进机制；五是建设了大中型商业设施项目数据库；六是推动轨道交通站点周边商业设施的可持续科学发展。

——大力引进国际知名品牌和国际新型商业业态，提升市场品牌丰富度

一是增强北京投资吸引力，使零售外资发展迅速。北京建设世界城市、打造国际商贸中心目标的确定，提升了外资零售企业在北京发展的信心。同时委内继续采取措施简化内部审核程序、实行委内并联审批、加强处室联动、搭建平台协助招商、加大对企业服务力度等有效措施，推动零售外资店铺在京发展。二是成立了北京品牌协会，搭建起首都品牌研究、推进平台。标志着北京市品牌促进工作进入了一个新的历史阶段，对北京打造国际商贸中心、建设世界城市将发挥积极的推动作用。三是组织召开京港品牌对接交流会，推动了京港品牌合作交流。

（王德奇）

【特色街成为节日新亮点】“十一”期间本市各大特色商业街游人如织，节日购销旺盛。据不完全统计，“十一”7天，全市19条特色商业街共接待游客近700万人次，实现销售收入近1亿元，与2009年同期相比增幅均在10%以上。南锣鼓巷“十一”期间客流量预计达到20万人次，比上年同期增长28.6%，商家销售收入预计实现301万元，比上年同期增长36.2%。前门大街客流量210万人次，平均每天30万人次。实现销售额1 540万元，平均每天220万元。北京台湾街接待游客16万人次，实现销售额187万元。红桥市场接待游客50万人次，实现销售额676万元。

（李家旭）

【继续实施大型商业设施停车引导系统改造】2010年，全市12个区24家大型商业设施完成了停车场升级改造，共改造停车场面积46.94万平方米，改造停车位11 103个，新增停车位562个，设置无障碍停车位113个。截至2010年底，全市74家大型商业设施实施了停车场升级改造，共改造停车场面积136.94万平方米，改造停车场位32 457个，新增停车位2 672个。其中二环路以内具备改造条件的30家大型商业设施停车场除1家关闭、1家正在改造外，已改造28家，改造率由80%提高到了93%。

（李家旭）

【“一乡一集市”工程基本覆盖乡镇】通过对未完成“一乡一集市”的区县重点攻关，在地域面积大、人口居住分散的乡镇，加密改造的农村集贸市场布局，2010年北京市完成36家农村集贸市场改造工程，硬化市场地面超过24.88万平方米，建设交易厅棚和商业用房近5.96万平方米。填补“一乡一集市”空白的项目共有12个，全市“一乡一集市”覆盖率提高8个百分点，达到80%。

（杨　烨）

【大型品牌商业助力新城发展】2010年有12家大型商贸企业入驻全市10个郊区县，其中菜市口百货入驻房山区，华联（BHG）

入驻通州区武夷花园购物中心，西单商场三期、新世界百货商城、美廉美超市入驻顺义区，物美大卖场、王府井百货、乐购超市入驻大兴区，苏宁电器入驻平谷区，环球新意百货店入驻延庆县金锣湾商贸中心，国泰百货、华联（BHG）入驻昌平区。

（李轶鼎）

【大力发展规范化菜市场】2010年，重点在朝阳区、海淀区、丰台区的乡镇区域和城市化建设较快的新城区域做好规范化菜市场推广发展工作。全年北京市十区（县）共发展规范化菜市场36家，建筑面积达9.32万平方米，营业面积6.5万平方米，售菜面积2.92万平方米。

（杨　烨）

【北京品牌协会成立】2010年9月12日，在“第一届北京王府井国际品牌节”上，北京品牌协会正式成立。北京品牌协会是经北京市社会团体登记管理机关核准登记、北京市商务委员会主管的非营利性社会团体法人组织。由北京一商集团有限责任公司、北京粮食集团有限责任公司、王府井百货大楼等北京市知名品牌企业及相关单位自愿联合发起成立。目前，110家企业和机构正式加入协会，其中包括国内外知名零售企业、老字号企业、品牌代理商、著名生产企业、商业地产企业、商业街以及知名机构等，行业多，覆盖面广，具有广泛的代表性。标志着北京市品牌促进工作进入了一个新的历史阶段，对北京打造国际商贸中心、建设世界城市将发挥积极的推动作用。

（李轶鼎）

【召开京港品牌对接交流会】第十四届“京港经济合作研讨洽谈会”专项活动“京港品牌对接交流会”作为重要活动板块之一，于2010年11月24日至25日举行。此次对接会以“强化京港品牌战略合作，提升两地品牌国际竞争力”为主题，通过加大对接交流，使京港两地品牌企业在优势互补、共同发展的框架下，进一步强化京港两地市场与品牌的合作。京港两地众多知名商业企业、老字号企业、高新科技企业、商业地产企业、品牌代理商及部分世界知名品牌企业代表约80余人参加了此次对接会。

（李轶鼎）

【启动“场店对接”工作】北京市于2010年12月10日正式启动农产品批发市场与社区菜市场“场店对接”工作。先期在10个城区对接市民日常生活所需的大白菜、圆白菜、白萝卜、黄瓜和西红柿5个重点品种。对接工作通过4项措施保障本市蔬菜市场供应：1、组织新发地、大洋路、顺鑫石门、八里桥等本市大型农产品批发市场与东城、西城、朝阳、海淀等10个区的重点规范化菜市场进行“场店对接”，在蔬菜流通“最后一公里”实现场店无缝对接，最大限度减少中间流通环节和流通费用；2、建立绿色车队，统一明示专用标识，压缩蔬菜运输“最后一公里”在途时间，开辟快捷、通畅的蔬菜运输“绿色通道”；3、设立由菜市场直接经营的“保本菜”摊位，每天固定时段为低收入群体供应“保本菜”，同时发挥保本菜摊对稳定菜价的示范引导作用；4、建立场店对接监测日报制度，为政府部门保障蔬菜市场供应提供第一手信息。

（杨　烨）

现代商业流通发展概述

2010年，围绕商务工作总体安排，以提高居民生活满意度、市场品牌丰富度、特色企业集中度、总部经济聚集度、商务服务完善度和国际排名美誉度为目标，紧密结合业务实际，抓重点、抓落实、抓实效，团结一致、务实创新，较好地完成了各项工作任务，共承担“六大折子工程”18个项目，主要工作可概括为“一保三促”。

一保：确保“农超对接”为民办实事任务的完成

6家大型连锁超市企业已与全国110多家农业合作社建立了合作关系，其中京郊农业合作社50多家。采购基地主要分布在河北、山东、天津、新疆、内蒙古、海南、福建、甘肃、广西、江西等地区。2010年，果蔬销售额达到9亿元，销售量超过14万吨，为稳定市场供应、稳定菜价作出了积极努力。采取的主要工作措施：

一是高度重视，部门联动，认真制定“农超对接”工作方案，建立长效合作机制。相关部门积极沟通协商，明确推进工作目标、建立合作机制、制定工作计划、方案和标准，以及财政资金支持方向。

二是及时沟通信息，增加农超合作机会。积极搭建信息沟通平台，组织超市与农民合作组织进行见面洽谈、实地考察。收集、整理了本市主要连锁企业情况及农产品需求信息，印发了《北京市“农超对接”工作信息手册》，进一步充实了对接信息平台。

三是搭建对接平台。全年共主办、支持和参与了十场“农超对接”活动。主要形式：一是市级行业主管部门搭建信息沟通平台，做全市性的对接宣传活动；二是区县政府部门针对本区域农产品生产特点，开展对接活动；三是超市企业与本市和外省市农产品基地直接对接；四是通过区域合作推进农超对接工作。北京市商务委与河北、新疆等省区市通过区域合作渠道，介绍北京消费市场的需求情况，逐步把当地的优质农产品引到了北京市场。

三促：主要体现在促消费增长、促“老字号”创新提升、促电子商务产业发展

一促消费增长：2010年内共开展四项大型促消费活动。

第一，开展“点击消费·2010”促销活动。组织北京网络零售企业近50家，开展“点击消费，放心实惠，快乐网购，低碳生活”大型联合网上营销活动。活动共设计推出386个专题促销活动，参与企业销售额总计达到17.4亿人民币，同比增长110%。

第二，开展“刷银联卡，赢取惊喜好礼——2010年北京市银行卡联合促销活动”。活动内容包括每月一期抽奖，重大节日的现场抽奖活动，在远郊区（县）举办现场活动，加大对农村地区银行卡支付环境建设的宣传和推动。共安排16 000个抽奖奖项。当前，在银行卡受理环境进一步完善的基础上，刷卡消费渐成主流消费方式。2010年，新发展银行卡特约商户2.3万户，累计达18万户，刷卡消费额6 864亿元，按可比口径计算占社会消费品零售额65%以上。

第三，组织中华老字号博览会（2010北京）。在各级领导高度重视和关心支持下，经过精心组织，各承办单位密切配合、积极筹办、扎实工作，首次在北京举办的大型全国性的老字号博览会取得圆满成功，基本实现了市领导“要办出北京特色、首都水平”的工作要求。博览会呈现四大特点：一是形式多样。聚合了展（展示）、销（销售）、会（论坛）、演（非遗表演）、谈（洽谈推介）等功能。二是展览覆盖广。16个省区市和港澳台地区的143个知名老字号和品牌汇聚展会，覆盖食品、工艺品、文化用品、中药、服装、鞋帽等众多行业。三是企业层次高。参展企业大多有悠久的历史和辉煌的业绩，文化积淀深厚，众多参展企业拥有被认定为国家级或省、市级的非物质文化遗产。四是展会成果丰硕，实现销售额近5 000万元。200多家代理及供应商与参展企业洽谈了合作意向，意向金额约1.5亿元，受到参展企业和广大市民的好评。

第四，举办“第十五届商业科技周”。组织以“倡导科学消费、享受低碳生活”为主题的第十五届北京商业科技周。期间城八区近1 700个社区张贴科普宣传海报，宣传低碳生活方式和常识。26家商业服务业企业和卓越网、凡客诚品4家电子商务企业，在活动期间开展形式多样的科普宣传活动。

二促“老字号”创新提升。全市“老字号”继续保持较快的发展速度。与去年同期相比，2010年，北京重点监测的20家“老字号”企业的销售额、利润额和缴税额同比分别增长32%、21%和26%，较2008年平均实现50%以上增长。连锁店新开速度加快，16家连锁经营企业新开店铺170个，总数达到2 364家，其中1 100多家在外埠。主要工作措施：

一是整合资源创新“老字号”营销平台。以“老字号”网店和“京城老字号信用卡”为平台，加大营销推广力度，采取多项措施促进“老字号”品牌宣传和文化传播。招商银行为加入“京城老字号信用卡”特约商户的“老字号”企业，提供短信、账单、手册、E-mail等渠道宣传营销信息，并联手开展多项营销活动。编印“老字号”故事，将“老字号”纳入旅游线路和印制“老字号”明信片等工作在协调推进中。

二是举办“老字号”非遗进校园活动。围绕2010年“文化遗产日”“非遗保护，人人参与”的主题，推进“老字号”非物质文化遗产的保护与传承，增加年轻一代对传统商业和历史文化的了解，与中国人民大学商学院联合举办“北京老字号非物质文化遗产进校园”活动。包括“北京老字号非物质文化遗产图片展”、发布老字号非物质文化遗产年度发展报告、专家演讲、“老字号实习基地”揭牌、传统文化表演等内容。目前已有大学生联系“老字号”企业，咨询实习事宜。

三是支持企业参与分享世博商机。与上海世博会特许产品经营办公室共同举办世博特许产品零售商、生产商招募会议，介绍有关程序和注意事项。及时协调解决“老字号”企业在参与世博过程中遇到的问题和困难。通过努力，吴裕泰成为世博特许产品生产商和零售商，张一元茉莉花茶成为联合国馆“十大名茶”，全聚德成为世博餐饮服务商之一，荣宝斋等多家“老字号”企业参加世博北京周活动等。

四是组织“老字号”走出去。组织22家北京“老字号”企业于6月28日—7月2日赴天津，参加第十七届津洽会老字号精品博览会，在5天的展会中，北京老字号展区共接待参观市民和中外客商近20余万人次，现场销售商品近40万元。9月份，北京14家“老字号”赴上海参加老字号博览会，企业将参展作为进一步宣传推介和市场开拓的机会，重点展示“老字号”形象和商务洽谈。

三促电子商务产业发展。在培育扶持电子商务聚集区发展、营造宣传和政策环境、培育示范企业等方面积极开展工作。

一是建设“北京市电子商务聚集区”。与相关部门共同授予通州区商务园为“北京市电子商务聚集区”。与行业协会通过工作渠道，积极向本市和外埠的电子商务企业介绍通州“聚集区”的区位优势和环境政策优势，吸引乐天、百度等23家企业入驻“聚集区”。二是搭建平台扩大宣传。支持举办“首都商网·服务中国”北京2010电子商务B2B高峰论坛及“2010网络零售行业峰会”两场大型宣传活动，展示中国及北京电子商务发展现状，为中小企业开展电子商务培训。成立电子商务专家委员会、开展电子商务专项调查。三是与市财政局研究制定鼓励北京市电子商务企业发展的扶植政策，明确鼓励方向。四是积极鼓励传统商业服务业企业开展电子商务，对企业开展电子商务在业务流程及方案设计给予帮助。指导本市电子商务行业协会与兄弟省市协会的联系和沟通，加强合作和相互学习。五是组织推荐电子商务示范企业。组织北京市电子商务专家委员会评审，共向商务部推荐24家电子商务示范企业。

创新供应链金融服务模式，目前，已有试点供应商通过银行的资格审核，供应商覆盖百货大楼、双安商场、长安商场。另外有60余家供应商在咨询此项服务。

（张沙宁）

【农超对接工作取得成效】 2010年内，承担市政府为民办实事“完成6家以上大型连锁超市与京郊农产品生产基地（农业合作组织）的对接任务，方便城乡居民生活”任务。全市6家大型连锁超市企业已与全国110多个农业生产基地建立了合作关系，其中50%以上在外埠，主要分布在河北、山东、天津、新疆、内蒙古、海南、福建、甘肃、广西、江西等地区。北京市超市连锁企业通过“农超对接”渠道直接采购果蔬额占超市果蔬总采购额的45%，降低果蔬经营成本10%～15%；超市“农超对接”蔬菜平均售价比城区菜市场平均售价低近15%。2010年6家超市果蔬销售额达到9亿元，销售量超过14万吨。

（张沙宁）

【全国农超对接现场会在北京举行】 12月份，国家商务部、农业部在北京共同主办了全国农超对接现场会。全国商务和农业部门以及企业代表共同考察了北京物美方庄大卖场和家乐福双井卖场。北京市商务委员会在会上做了经验介绍。

（张沙宁）

【为中小商贸企业提供融资服务】 利用国家对中小商贸企业的融资担保支持政策，支持中小企业融资担保工作，全市主要开展中小商贸企业融资贷款担保业务的10家担保公司为700余家中小商贸企业，提供了大约30亿元的融资贷款，满足了中小商贸企业的融资需求，带动了中小商贸企业近100亿元的间接投资，吸收就业人员7.7万，产值达400多亿元，实现税收20亿元，产生了较好的社会效益。通过政策和资金的引导作用，银行、担保公司等金融机构已对北京市传统商场、超市集中的商圈、特色商业街区、专业市场产业链集中区域加大融资支持力度，以传统商业圈、高科技产业圈、专业市场链商业圈集中度和繁荣度不断增加。

（张　爽）

【举办中国中华老字号博览会（2010北京）】 2010年11月2日至7日，由国家商务部、北京市政府支持，北京市商务委员会和中国商业联合会在北京农展馆共同主办了中国中华老字号博览会（2010 北京）。博览会取得了圆满成功，基本实现了市领导“要办出北京特色、首都水平”的工作要求，呈现出四大特点：一是形式多样，聚合了展（展示）、销（销售）、会（论坛）、演（非遗表演）、谈（洽谈推介）等功能；二是展览覆盖广，16 个省区市和港澳台地区的 143 个知名“老字号”品牌汇聚首都，覆盖食品、工艺品、文化用品、中药、服装等众多行业；三是企业层次高，参展企业文化大多有悠久的历史和辉煌的业绩，文化积淀深厚，众多参展企业拥有被认定为国家级或省、市级的非物质文化遗产；四是展会成果丰硕，5 天实现销售额近5 000万元，200 多家代理及供应商与参展企业洽谈了合作意向，意向金额约 1.5 亿元，显示出北京消费市场潜在购买能力较高，受到参展企业和广大市民的好评。

（康 凯）

【举办老字号非物质文化遗产进校园活动】 围绕 2010 年“文化遗产日”的“非遗保护，人人参与”主题，为进一步推进“老字号”非物质文化遗产的保护与传承，弘扬“老字号”蕴含的民族优秀传统文化，增加年轻一代对传统商业和历史文化的了解，北京市商务委员会与中国人民大学商学院联合举办了“北京老字号非物质文化遗产进校园”活动。活动包括“北京老字号非物质文化遗产图片展”、发布老字号非物质文化遗产年度发展报告、专家演讲、“老字号实习基地”揭牌、传统文化表演等内容。

（康 凯）

【支持“老字号”企业参与分享世博商机】 2010 年 6 月，第 41 届世博会在上海举办。为支持“老字号”企业参与分享世博商机，1 月 16 日，北京市商务委员会与上海世博会特许产品经营办公室共同举办世博特许产品零售商、生产商招募会议，向北京“老字号”企业介绍有关程序和注意事项，及时协调解决“老字号”企业在参与世博过程中遇到的问题和困难。通过努力，吴裕泰成为世博特许产品生产商和零售商，张一元茉莉花茶成为联合国馆“十大名茶”，全聚德成为世博餐饮服务商之一，荣宝斋等多家“老字号”企业参加世博北京周活动等。

（康 凯）

【整合资源创新“老字号”营销平台】 以“老字号”网店和“京城老字号信用卡”为平台，进一步整合营销资源、加大营销推广力度，采取多项措施促进“老字号”品牌宣传和文化传播。“老字号”网店将充实入驻品牌数量，开发适用于各传统节日和消费层次的“老字号”产品组合，建立“老字号”网上文化社区，针对网购对产品包装、规格的要求探索产品定制。

（康 凯）

【开展“点击消费，放心实惠”促销活动】 2010 年 5 月 28 日至 8 月 31 日期间，组织北京网络零售企业近 50 家，开展“点击消费，放心实惠，快乐网购，低碳生活”大型联合网上营销活动。活动期间，组织京东商城、当当网、凡客诚品、卓越亚马逊、红孩子、金像网等 50 多家会员企业参与，各参与企业累计组织促销活动1 800多个。20 家冠名周企业累计销售 53.1 亿元，同比增长 160%。其中，京东商城销售突破 30 亿元，订单量3 678万张，同比增长 102%。

（赵旗舟）

【组织“2010 年北京市银行卡联合促销活动”】 活动内容包括每月一期抽奖，重大节日的现场抽奖活动，在远郊区（县）举办现场活动，加大对农村地区银行卡支付环境建设的宣传和推动。共安排16 000个抽奖奖项。在银行卡受理环境进一步完善的基础上，刷卡消费渐成主流消费方式。2010 年，全市累计发展银行卡特约商户 18 万户，新增 2.3 万户；累计布放 POS 机具 29 万台，新增 4 万台；刷卡消费额6 864亿元，同比增长 40%，按可比口径计算，刷卡消费额占社会消费品零售总额的比例稳步提升，超过 65%。

（赵旗舟）

【北京市电子商务行业发展全国领先】据市统计局数据显示，2010 年，北京电子商务企业实现网络在京销售额 157 亿元，同比增长 1.2 倍。据艾瑞咨询数据显示，全国 B2C 销售规模排名前 10 的企业中，北京企业有 7 家，全国 B2C 行业中北京企业交易规模占比过半，达到 63.4%。

（赵旗舟）

【举办电子商务行业大型论坛】2010 年 7 月，组织以“发展电子商务，构建中小企业产业生态圈”为主题的“首都商网·服务中国”北京 2010 电子商务 B2B 高峰论坛，发布行业数据，B2B 品牌企业高层领袖以及专家学者共同探讨如何利用电子商务提升品牌形象，为中小企业开展电子商务培训。8 月，举办“首都商网服务中国，诚信创新责任——2010 网络零售行业峰会”。探讨中国电子商务网络零售业将如何更快地发展，同时对在发展过程中可能遇见的难点进行探讨，以进一步支持中国网上零售领军品牌以更高品质快速发展。

（赵旗舟）

【成立本市电子商务专家委员会】2010 年内，成立“北京市电子商务专家委员会”，为政府在行业管理和促进方面提供智力支持。专家委员会成员有：清华大学教授、博导柴跃廷，中国社会科学院财贸所副所长、教授、博导荆林波，中国科学院研究生院管理学院副院长、博导吕本富，对外经济贸易大学信息学院院长、教授、博导陈进，德法智诚公司总经理阿拉木斯，中国人民大学商学院院长、教授伊志宏，亿邦动力网 CEO 郑敏，艾瑞咨询董事长杨伟庆。

（赵旗舟）

【第十五届北京商业科技周】第十五届北京商业科技周以“倡导科学消费、享受低碳生活”为主题，提倡绿色消费、节能环保和网络购物。活动期间，近1 700个社区张贴科普宣传海报，宣传低碳生活方式和常识。同时，西单商场、吴裕泰、国华商场、同仁堂、京客隆、海龙大厦、物美、贵友大厦等 26 家商业服务业企业和卓越网、凡客诚品、乐友网、千纸鹤 4 家电子商务企业，充分发挥科普示范店、科普示范橱窗和网站的宣传作用，在活动期间开展了形式多样的科普宣传和节能环保产品的促销活动。

（赵旗舟）

物流发展概述

2010 年物流发展工作紧紧围绕建设世界城市、打造国际商贸中心的目标，以加快贯彻落实《北京市物流业调整和振兴实施方案》为契机，进一步优化物流业发展环境，完善物流基础设施条件，扶持培育具有市场竞争力的龙头企业，提升物流业的社会化、专业化、信息化水平。2010 年本市物流业克服金融危机影响，运营状况持续好转，主要经济指标实现较快增长，对全市经济的良性运行发挥了重要的支撑作用。

——物流基地加快完善设施条件，提升功能，积极吸引物流企业集聚

空港、马驹桥、京南物流基地完成了年初下达的经营指标，共实现税收21.5亿元，同比增长11.4%。2010年，物流基地共吸引114家企业入驻，包括美国强生、德国敦豪（DHL）、中国中铁、中航集团等世界500强关联企业，项目涉及物流、金融、租赁等多种行业。基地内企业在建项目顺利推进，重大项目落地进程加快推动。马坊物流基地联检大楼基础设施建设已经基本完成，基地管委会、检验检疫、海关等单位已入驻。

——与国际物流有关的设施建设加快推动，口岸建设成果显著

一是天竺综合保税区建设全面推进，一期建设基本完成，包括“一主两辅三通道”卡口建设，口岸操作区及保税功能区的海关、检验检疫现场监管查验设施建设以及水、电、气、热、道路、通讯、网络等基础设施建设；与首都机场航空港实现真正意义的区港一体、无缝对接，使企业能够享受更快捷的通关模式，降低物流成本。二是平谷马坊国际陆港与天津港实现直通。2010年3月12日，平谷国际陆港启动运营，为本市外向型企业开拓了第二条海运货物进出口通道。在京津两地有关部门协调下，对平谷马坊至天津港集装箱运输车高速路通行实行优惠政策，并确定了第一批享受优惠的集装箱运输车。2010年7月，京津两地海关签署了《北京海关、天津海关关于平谷马坊国际物流中心转关监管业务配合办法》，标志着平谷马坊国际物流中心业务全面展开。三是通州马驹桥物流基地加紧推进口岸设施建设，为实现朝阳口岸功能平移创造条件。

——物流对城市运行保障能力进一步增强，物流专业化、社会化程度进一步提高

一是食品、农产品冷链物流配送体系更加完善，提升了食品、农产品流通质量，保障了居民消费安全。冷链物流基础设施不断完善，根据8个重点跟踪服务的冷链物流项目统计，共新建、改扩建冷库10万立方米，购置冷藏运输车辆70余辆，建设相关信息化管理系统以及购置相关加工、检测、包装等设备80余台（套），企业冷链物流运作能力和水平得到提升。二是电子商务物流体系加快建设。鼓励民营快递企业发展，开展快递业发展现状调研，协调相关部门解决快递物流发展中的问题；支持京东商城、凡客诚品等大型电子商务企业进行物流配送网络建设，扩大仓储规模，积极吸引亚马逊网、新蛋网、1号店等电子商务企业在京建设仓储基地。三是制造业与物流业联动发展示范工作有效推进。按照《全国现代物流工作部际联席会议办公室关于开展制造业与物流业联动发展示范工作的通知》精神，积极组织北京京城工业物流有限公司与北京北重汽轮电机有限公司、北京长久物流有限公司与北京现代汽车有限公司等申报联动发展示范企业。

——品牌物流企业得到培育和发展，物流总部经济职能凸显

2010年，本市新增11家A级物流企业，本市A级物流企业数量增至34家。2010年10月，根据国家税务总局《关于发布试点物流企业名单（第六批）的公告》（国家税务总局公告2010年第18号），本市新增两家税收试点物流企业，分别是北京中远物流有限公司和中铁特货汽车物流有限责任公司。在中国物流与采购联合会评选的

"2010年度中国物流企业50强"中，北京有19家企业入选，其中前10名中有4家设在北京。优势物流企业在京集聚发展，特别是国有大型物流企业总部、大型央企大宗商品物流总部进一步强化其运营组织和管理控制等职能，凸显了本市物流业总部经济特征。

——物流新技术应用广度和深度进一步提高，行业技术水平加快进步

一是结合"科技北京"行动计划，支持开展现代物流关键技术的研发应用，努力提升首都物流业技术水平。组织实施食品冷链物流关键技术研发与示范项目，顺利推进基于物联网技术的食品冷链物流可视化系统研发工作。二是推广应用先进物流装备技术、信息技术和管理技术。支持朝批、菜蔬公司、北郎中、宝供福田等企业应用先进物流技术，提升企业物流自动化和信息化水平。三是北京公共物流信息平台功能逐步完善。平台二期将进行企业间多协议异构数据交换功能的完善。

——物流业发展环境进一步优化

一是2010年1月，市政府出台了《北京市物流业调整和振兴实施方案》，为本市物流业发展创造了前所未有的良好政策环境。为贯彻落实《实施方案》，本市现代物流工作联席会议办公室研究制定了任务分工方案，并督促各区（县）和有关委办局着手推进工作，加快落实任务。二是物流企业用水、用电、用气、用热已全部实现与工业企业同价。2010年9月，经市政府批准，本市在调整非居民天然气销售价格过程中，实现了工商业用气同价，至此本市商业（包括物流业）水、电、气、热全部与工业实现同价。三是建立了物流业季度统计监测与评价机制。对于规模以上物流企业，可按季度采集企业财务状况数据，按照已掌握的物流企业名录，定期汇总规模以上专业物流企业季度运营数据，实现了对物流业运营情况的监测与评价。

（卓海静）

【首次发布物流基地发展评价指数】初步建立了物流基地运行发展指标体系，包括4个一级指标、11个二级指标。2010年4月，对顺义空港、通州马驹桥和大兴京南物流基地的发展进行了首次评价，将基地发展初步评价情况上报市领导，并通报相关部门和区（县），指导物流基地发挥区位优势，实现错位发展。

（卓海静）

【北京市被评为流通领域现代物流示范城市】根据商务部《关于公布全国流通领域现代物流示范城市名单的通知》（商商贸函〔2010〕85号），经过申报材料审核、专家评审、实地考察和网上公示，北京等46个城市被商务部确定为流通领域现代物流示范城市。北京市的示范内容为：城市统一配送、农产品冷链物流、电子商务物流、医药物流、国际物流和保税物流、绿色物流。

（卓海静）

【召开联动发展对接会】为促进本市物流业与制造业联动发展，以汽车物流为试点，市商务委和市经济信息化委于2010年8月13日联合召开汽车制造企业与物流企业联动发展对接会。会议邀请了北汽福田、北京现代、北京奔驰、北汽有限4家汽车制造企业，以及宝供福田、长久物流、祥龙物流等9家物流企业参会。物流企业承接汽车制造企业的物流业务，对于增强汽车制造企业和物流企业的核心竞争力均有重要作用。

（卓海静）

【参与举办第六届中国国际物流节】2010年11月10日至12日，第六届中国国际物流节在京举办。北京市商务委作为协办单位积极协调有关事宜，参与举办了相关活动。在本届物流节期间，举办了第九届中国国际物流与运输博览会。为向中外客商展示北京市物流业整体形象，市商务委协调组织和众奥顺达、宝供福田等14家企业，以“建设世界城市，发展绿色物流”为主题，集中整体布局，分类组合，组建了北京展区。博览会上，北京展区被组委会评为“最佳展区金奖”，北京市获评“2010物流中心城市杰出成就奖”。

（卓海静）

【设立“北京物流研究基地”】为了充分发挥高校的人才科技优势，研究解决北京市物流业发展中的关键问题，为本市物流业实现创新发展提供智力支持，市商务委与北京物资学院协商，决定在北京物资学院设立“北京物流研究基地”。研究基地定位为以支持现代物流业发展为主题，“政、产、学、研”相结合的研究平台。

（卓海静）

【搭建校企合作平台】2010年10月20日，市商务委召集北京快递协会、冠捷、CCES、申通等部分快递企业和市商务委教育中心负责人，就快递物流人才培训需求、教学合作模式等问题进行探讨和交流，实现学校办学和企业发展的“双赢”。北京快递协会和教育中心在定单式人才培养、快递物流员工培训、协助学校相关专业建设和改造等方面达成合作共识，并签定了合作意向书。

（卓海静）

【启动“十二五”时期物流业发展规划及专项规划编制工作】协调市发改委等部门，认真做好编制北京市“十二五”物流发展规划和专项物流规划的前期工作，研究“十二五”期间北京市物流业发展的目标、思路和措施，以冷链专项物流规划为重点，开展前期课题研究，在此基础上，制定“十二五”时期冷链物流发展专项规划。

（卓海静）

【新增国际货运代理企业备案68家】2010年共完成国际货运代理经营资格备案71个，变更83个。其中，新备案的内资总公司59个，外商投资总公司2个，内资分公司10个；办理变更的内资总公司71个，外商投资总公司2个，内资分公司10个。另外，办理国际货代经营资格注销3个。

（卓海静）

三、市场运行与管理

消费流通市场概述

2010年，按照中央“调结构、扩内需、惠民生”的要求和市委、市政府的工作部署，商务部门与各方共同努力，积极应对国际金融危机影响，采取有效措施，北京市消费市场保持良好发展态势。“十一五”期间，本市社会消费品零售额年均增长16.4%，高于同期地区生产总值平均增速5个百分点，5年内跨过3 000、4 000、5 000、6 000

亿元大关。2010年全市社会消费品零售额达到6 229.3亿元，是“十五”末年的2.1倍，连续三年成为国内最大的城市消费市场。北京被评为世界第六大购物之都、第八大美食之都。

一、北京市消费品市场加速增长

2010年，北京共实现社会消费品零售总额6 229.3亿元，同比增长17.3%。其中，12月单月实现社会消费品零售额首次突破600亿，为618.4亿元，比上年同期增长19.8%。从各季度增速看，总体呈现持续稳定增长态势，特别是第四季度同比增幅达20.1%，高于全年2.8个百分点。按商品用途分吃、穿、用和烧类商品全面增长，分别实现零售额1 331亿元、548.4亿元、3 884亿元和465.9亿元，同比分别增长12.8%、15.8%、18.5%和23.3%；按消费形态分，商品零售和餐饮收入分别为5 562.7亿元和666.6亿元，同比分别增长17.9%和12.9%。

2010年，市场消费热点集中在汽车、石油、金银珠宝、电子出版物及音像制品、通讯器材、家具类和服装鞋帽类七大领域。据限额以上批零企业零售额统计，汽车类、石油及制品类零售额分别增长33.9%和25.8%，对限额以上企业零售额增长的贡献率达51.7%；金银珠宝类、电子出版物及音像制品类、通讯器材、家具类及服装鞋帽、针、纺织类零售额分别增长61.2%、55.0%、33.9%、29.0%和21.6%，其中金银珠宝类和服装鞋帽、针、纺织类增长贡献率合计为17.0%。

2010年北京市共销售机动车143.2万辆，比上年增长24.7%。其中新车91.6万辆，增长30.4%；旧车51.6万辆，增长15.7%。年末车市受政策影响销售集中放量，11月、12月机动车销售量分别达到15.1万辆和23.6万辆，超过前10个月平均销量10万辆的水平。

二、系列主题促消费活动促进消费增长

2010年共举办市级促消费活动54项，区（县）和协会举办的促消费活动百余项，取得了良好的经济和社会效益。

（一）2010北京“各地商品大集”系列活动从3月持续到12月，每期邀请一个省（市、自治区）参加。共举办了江西、贵州、浙江、福建、海南、广东（潮州）、山西、甘肃、吉林、河北、云南、宁夏、陕西、重庆、黑龙江、青海、广西、台湾等18期，实现了消费者、参展商、采购商、承办商场、主办方五方共赢。据统计，18期大集共有1 169家企业参展，展示产品多达9 240种，累计现场销售金额1.16亿元，企业洽谈5 300家次，签约洽谈金额高达16.27亿元，共有289个品牌通过大集平台进入北京市场，取得了良好的经济效益和社会效益。

（二）“2010京城美食年”系列促消费活动包括“品经典美食，过京味大年”、“京郊踏青美食行”、“北京国际美食盛典”和“2010北京食尚大典——中国国际食尚潮流发布会”等8个主题，22项餐饮促消费活动，参加企业共有1 539家，接待人次270多万人，发放优惠券22万张，推出名菜1 000道，推出创新菜400道。2010年2月份，市商务委与旅游局共同举办了“2010北京请您来过年——春节十大系列群众评选”活动，全聚德、金鼎轩、雅玛等100家餐馆获得“最受欢迎的年夜饭”称号，簋街、好运街等10条餐饮街被评为“最受喜爱的十大餐饮街区”。

（三）主题为“绿色消费创造美好生活”的“2010北京购物季”活动于2010年9月16日至12月26举办，通过举办品牌消费节、国庆家电购物节、汽车消费节、新婚消费推广等系列主题活动，加强了商旅结合，引导了绿色消费，实现了行业互动，调动了广大商业企业的积极性，吸引了消费者的广泛参与，达到了繁荣活跃市场，促进消费的目的。据市统计局统计数据显示，2010北京购物季举办期间的9、10、11月份，全市社会消费品零售额同比增长19.1％，成为全年零售额增长最高的季节。据数据显示，参加购物季活动的各商业企业，购物季期间销售额均有较大幅度的增长。“国庆家电购物节”期间，国美、苏宁、大中、中复、金飞鸿五家大型家电、电讯连锁企业，共347个门店，销售额达24.4亿元，同比增长43.3％。参加“美好的祝福”活动的菜百公司、翠微大厦、当代商城、中青旅等单位，活动期间销售额同比增长均超过20％。“海淀品牌消费节”期间，18家参节企业，80个门店，共实现销售额18.2亿元，同比增长19.6％。“2010北京购物季——汽车消费节”共销售汽车26 643辆，销售金额51.1亿元，平均增长超过30％。

（万薇薇）

【加强市场运行监测和分析工作】2010年重点流通监测系统样本企业数量达到739家，比年初增加了196家。监测样本企业零售额占全市社会消费品零售额的比重提高到27.8％，上升2.2个百分点。按照商务部要求，每月开展市场运行分析，每季度进行较全面的市场运行综合分析，在黄金周及传统节假日开展节日市场分析，为政府决策及企业经营提供依据。继续发布《北京消费品市场运行监测月报》，向样本企业、各级商务主管部门等发放。从3月份开始，按旬撰写《商情快报》和《企业动态》，2010年全年共撰写《商情快报》37期、《企业动态》19期，监测范围包括百货、连锁、餐饮、专业市场共61家945个店铺，及时反映北京消费品市场及企业的动向和变化。在商务部对各省市评比中，北京市监测工作排名保持在前五名，在四个直辖市中排名第一。

（万薇薇）

【家电下乡工作稳步推进】2010年以来，家电下乡政策发生了很大变化：家电下乡补贴品种从六种增加到十种；产品限价均有不同程度提高；扩大了补贴对象的范围；限购政策从一台提高到两台；补贴兑付流程简化等。在4个直辖市中，北京市家电下乡工作一直名列前茅。截止2010年12月31日，全市家电下乡产品销售量为45.3万台，销售额为9.9亿元，其中2010年销售量为28万台，销售额为6.5亿元，销售量和销售额分别为2009年的1.6倍和1.9倍；补贴家电下乡产品36.9万台，补贴额为1.02亿元；备案销售网点735家。

（殷　亮）

【有效保障重要区域商务合作活动】圆满完成了市领导出席中国·廊坊国际经济贸易洽谈会和中国·天津第十七届投资贸易洽谈会的各项协调、联络和保障任务；完成银川商务代表团来京参观考察的接待服务任务；先后组织举办了长春市名优产品进京对接会、京承商贸物流企业对接会，组织翠微大厦、蓝岛大厦、物美集团、超市发集团等30多家北京大型商贸流通企业参加对接活动；组织企业参加了全国名特优新商品暨外贸产品推介会和中国西部采购商大会；承办2010

年新疆特色优质农产品（北京）交易会，组织近20家北京大型农产品批发市场、连锁超市和食品生产加工企业，积极开展产销对接活动，帮助新疆特色优质农产品拓展北京市场，丰富北京市场。

（张永祥）

【对口支援工作成效显著】2010年10月10日—12日、14日—15日，市商务委分别带领包含百货、超市、批发市场等多种业态在内的北京多家大型商贸流通企业组成的商务代表团赴新疆和田、内蒙赤峰就加强两地商务合作进行考察。在考察当地特色企业的基础上，市商务委分别与和田地区行署、新疆农十四师、赤峰市人民政府签署了商务合作协议书。北京商务代表团中的代表企业也与当地特色企业一对一地签订了合作意向书。

（万薇薇）

规范流通秩序概述

2010年，按照全市商务工作部署，流通秩序规范工作以健全市场秩序机制为重点，进一步加大监管力度，促进首都市场经济秩序进一步规范。

——加大监管力度，规范企业促销行为

为加强对本市商业零售经营单位促销活动的规范和监管，各级商务部门和企业按照“统一思想、广泛宣传、突出重点、规范行为、强化监督、促进消费”的原则，积极开展工作，取得了较好的成效。一是建立促销活动监管信息平台，实行了重大促销活动网上报告和公示制度，既方便企业报告，又使市区商务部门能够及时了解重大促销活动情况，同时加强市区商务部门联动，提高监管效率；二是聘请监督员，探索建立流通秩序社会监督机制，聘请了首批16名商务秩序义务监督员，明确了监督员义务和权利，以及工作例会、学习交流和通报反馈等制度；各监督员积极开展工作，及时反馈情况，取得较好效果；三是为打造首都商业诚信营销的品牌，组织召开了规范商业零售企业促销行为专题会，对企业在促销活动中存在的问题，特别是部分商场超市返券或变相返券现象进行了通报；召开诚信促销座谈会，围绕诚信促销、规范促销，对如何提升商业零售企业促销品质、如何创造符合世界城市、国际商贸中心的商业道德和促销智慧典范，如何营造健康良好的商业消费环境等内容进行了座谈讨论，引导企业增强诚信促销意识，进一步维护市场经济秩序；四是加强大型连锁超市企业和重点人员的培训工作，会同相关处室先后组织开展大型连锁超市集团总部负责人和所属门店经理的轮训。

——整顿规范市场经济秩序，妥善应对突发事件

开展商业服务业城市街面环境秩序百日整治工作，召开了市商务系统城市街面环境秩序“百日专项整治”动员会，印发了《北京市商业服务业城市街面环境秩序“百日整治行动”方案》，提出了整治工作的重点，确定了工作安排与步骤；同时，进一步加强对商业、餐饮网点等单位巡查，对于购物返券等市场秩序情况进行重点检查。加强知识产权保护，打击制售假冒伪劣商品违法行为；牵头成立由30个政府部门组成的北京市打击侵犯知识产权和制售假冒伪劣商品专项行动领导小组，起草了《北京市打击侵犯知识产权和制售假冒伪劣商品专项行动实施方案》，对全市工作进行全面部署；同时，积极推进商务系统的保护知识产权和打击制售假冒伪劣商品专项工作，印发《市商务系统打击侵犯知识产权和制售假冒伪劣商品专项行动实施方案的通知》，召开专题会议对工作进行部署并要求做好重点查处出口假冒侵权产品；对商贸流通企业加强规范和管理，防止侵权商品进入流通领域最终流向消费者；保护本市“老字号”企业知识产权；加大对新出厂计算机预装正版操作系统软件的监督力度等六方面的工作。开展加强管制刀具管理工作，配合公安部门做好2010年全国两会安全保障工作，要求各商业零售企业要严格落实“三禁两报告制度”；对行为异常、精神异常等两种人购买刀具要实行报告制度，要及时向当地派出所或110报告；各级商务部门广泛宣传管制刀具管理规定和销售管制刀具的危害性，加大对辖区内商业零售企业的检查力度，全国两会期间未出现涉刀安全事故。开展整顿规范大宗商品中远期交易市场工作。成立21家成员单位组成的整顿规范工作领导小组，制定《北京市开展整顿规范大宗商品中远期交易市场工作方案》，提出8项重点任务，明确8项部门职责和9项属地职责，落实各项任务的牵头和协办单位；紧紧抓住资金监管关键环节，制定了《北京市大宗商品中远期交易市场资金监管制度》，从交易市场、交易商、交易市场结算银行和政府监管等四方面对交易资金的监管工作做出了相应的规定；国务院督查组本市积极推进整顿规范工作给予充分肯定；尤其是对制定了《北京市大宗商品中远期交易市场资金监管制度》等多项整顿规范政策和措施、全面落实国务院整顿规范工作的六条要求、未产生不稳定因素、整顿规范工作走在全国前列给予了表扬。

——积极推进本市信用销售健康发展

按照商务部等五部委《关于推动信用销售健康发展的意见》的部署，市商务委会同相关部门积极推动商业服务业企业的信用销售工作，一是建立信用销售重点联系企业制度。选取了24家具备一定经济规模和影响力、在信用销售和信用中介服务方面有特色和代表性的重点企业，其中信用销售企业14家，信用服务机构10家；二是举办信用销售发展论坛。为进一步推动信用销售，促进国内贸易信用保险补助政策的宣传推广，与商务部共同举办“2010信用销售发展论坛”。通过广泛宣传，增强消费者即期消费能力、扩大销售规模、刺激消费增长。

——强化节能管理，推进节能减排工作

按照国务院和北京市节能减排电视电话会议精神，部署商业零售业节能减排工作。一是加强温控工作，确保供热低温运行。冬季供热期间加大监督检查力度，全市商务部门出动约150人，检查规模以上的商业服务业企业500家。召开商场超市节能控温专家座谈会，对商场超市等大型公共建筑节能提出建议，并设计具体节能方案；二是开展商场超市合同能源管理和节能改造工作。召开了商场超市节能改造和合同能源管理试点工作专题会，对2010年合同能源管理工作进行了部署，介绍了《北京市合同能源管理项目扶持办法》和《北京市商场超市节能改造资金管理实施办法》的主要内容，讲解了在资金申报过程中需注意的重点事项，解答了各企业在开展节能工作过程中遇到的有关问题；三是继续开展节能改造工作。2010年度15家商场超市的30个门店完成节能改造工作，并通过了节能量验收和项目评估；四是积极推进节能产品进超市工作。市商务委与市发展改革委和北京节能环保中心开展了“节能产品进超市”工作，建立起商业企业、厂家和消费者三方平台，解决节能产品推广难题，确保“节能产品进超市”工作的长效有序进行。

——加强市场调研，开展药品流通行业管理工作

组织各区县商务委参加全国药品流通行业管理工作会议，了解和掌握有关药品流通行业管理的关键环节。密切跟踪了解实施国家基本药物制度对药品流通行业的影响，积极研究解决办法，对全市药品流通企业的情况进行摸底调查，初步掌握了企业数量、销售额、员工人数等部分基础数据，为下一步促进药品流通产业发展奠定了一定的基础。组织召开区（县）商务部门会议，部署全市药品流通行业管理工作，向各区县商务部门传达了医疗卫生制度改革工作的相关文件精神，对工作进行了部署安排。

（褚庆丰）

【开展“做文明有礼的北京人”主题活动】 2010年本市商业服务业广泛开展了以普及服务知识，提升行业服务品质；推广节能项目改造，倡导低碳生活；加强安全促销管理，维护市场经济秩序为主要内容的“做文明有礼的北京人”的主题活动。通过活动的开展，进一步提高了服务水平和服务质量，提升了行业文明程度，展示了首都商业服务业的良好精神风貌。

（庄秋凤）

【开展商业服务业外语服务创优活动】 为进一步提高首都商业服务业外语服务水平，推进国际化发展需要的国际语言环境建设，市商务委在商业服务业企业中广泛开展了以加强一线员工的外语学习培训、强化员工外语继续教育为基础的外语服务创优活动。企业通过组织英语和手语服务志愿团队，开展多样化、专业化的文明引导服务、英语和手语服务、特殊人群关爱服务等活动，展现了首都商业服务业的良好精神风貌。在“2010年首都窗口行业及外事干部外语展示大赛”中获得“最佳风采奖”。

（庄秋凤）

【开展垃圾减量暨绿色包装月宣传活动】 2010年9月，市商务委配合有关部门联合主办了本市第21个和22个“周四垃圾减量暨绿色包装月”走进企业的活动。通过绿色包装宣传，使生产企业不过度包装产品，力求简约，流通企业抵制销售过度包装商品，引领消费者树立环保低碳理念，构建绿色生产生活方式。

（庄秋凤）

【荣获节能减排先进单位和先进个人称号】 2010年，市商务委流通秩序处、翠微大厦荣获市发展和改革委、市财政局、市环保局、市人力社保局授予的“北京市节能减排先进集体”称号，8名个人获得“北京市节能减排先进个人”光荣称号。

（褚庆丰、谭成海）

【开展“限塑令”实施两周年专项检查】 重点检查了大型商场和超市，大部分商场超市能够按照规定，规范进货渠道，实行明码价格。同时，积极采取措施引导消费者合理使用、减少使用塑料购物袋。据调查，“限塑令”实施两年来，商场超市塑料购物袋销售量大幅度递减，一般在75%～85%之间。

（褚庆丰、谭成海）

【举办2010信用销售发展论坛】 2010年11月26日，市商务委与商务部市场秩序司共同举办了“2010信用销售发展论坛”。介绍了企业信用销售及信用管理知识，讲解了国内贸易信用险业务，政府、商贸企业、银行、专家共同探讨了如何发展信用销售以及如何加强信用风险管理等问题，北京市商贸流通企业、保险、银行、担保机构负责人等200余人参加了会议。

（褚庆丰、谭成海）

【制定《商务秩序义务监督员管理办法（试行)》】《办法》界定了监督员的聘请范围，明确了监督员的基本职责，提出了监督员的基本要求、义务和权利；监督员负责收集规模以上商业零售企业在促销活动和服务质量等方面存在的问题，及时向市商务委反馈和通报。根据《办法》，聘请了首批16名商务秩序义务监督员，各监督员积极开展工作，及时反馈情况，取得较好效果。

（褚庆丰、谭成海）

【加强企业促销行为规范检查】2010年，商务部门加强对企业促销行为的检查，据统计，共检查了近900余家零售企业，发现32起利用生活必需品进行促销活动，返券5起，接到零售企业促销举报和领导批示43件。

（褚庆丰、谭成海）

【成立全国棉花交易市场监督管理委员会】根据商务部有关要求，2010年11月，成立了全国棉花交易市场监督管理委员会，成员单位包括中华全国供销合作总社、市商务委、市公安局、市工商局、市金融局和中国人民银行营业管理部、北京银监局、北京证监局以及西城区政府。制定了工作方案，确定了工作职责，明确了工作分工，完善交易资金第三方托管和银行监管制度，加强日常监管工作，确保市场规范安全运行。

（褚庆丰、谭成海）

【开展商场超市节能改造工作】2010年度15家商场超市的30个门店完成节能改造工作，涉及中央空调系统、照明系统、电梯系统共计28项节能改造项目。根据节能量验收测算，改造项目年节电总量1 270.61万度，折合减少标准煤消耗1 561.60吨，平均节电率达到26.48%。

（褚庆丰、谭成海）

储备调控工作概述

2010年围绕全市商务工作中心，充分发挥储备调控工作服务保障功能，结合实际工作需要，脚踏实地做好生活必需品市场监测、政府储备和应急调控工作，强化生猪屠宰、盐务、成品油行业管理，认真细致、踏实努力，完成重大会议重要活动供应保障工作，确保了北京市生活必需品市场平稳运行、有关行业规范有序、特供服务安全顺畅。

一、立足本职工作，结合实际需要，做好生活必需品市场监测、政府储备和应急调控工作，确保生活必需品市场供应稳定

（一）进一步完善生活必需品市场监测体系

1. 进一步完善优化监测系统。将本市粮油经销大户北京盛华宏林粮油批发市场纳入生活必需品监测体系，使生活必需品监测的样本企业达到了98家。调整完善了监测系统，增加了蔬菜的上市量、销售量等相关数据，加强了对本市生活必需品市场供应量数据的监测和分析。

2. 密切关注市场走势，及时预报异常波动。加强市场监测，形成生活必需品市场监测日报、周报。定期上报市场供应信息，撰写生活必需品市场季度运行报告，分析运行特点和市场走势，为政府促进采取调控措施提供决策参考。

（二）政府储备更加科学合理，切实发挥政府储备应急保障的作用

1. 发挥蔬菜储备轮换机制作用，稳定市场供应。2010年年初，为降低极端恶劣天气对蔬菜市场供应的影响，确保春节和全国“两会”期间市场供应稳定，发挥好蔬菜储备的轮换机制的作用，储备执行期间常规储备周转3.25次，临时储备周转1.5次。特别是元旦期间出现极端恶劣天气的情况下，及时地向市场轮出储备蔬菜，缓解了市场货源压力，稳定了市场供应。温家宝总理来北京考察工作时，专门视察了北京市蔬菜政府储备库。

2. 落实政府储备工作。续签了活猪、牛羊肉、鸡蛋、食糖等政府储备协议。国庆前按时完成蔬菜政府储备任务，年底对冻猪肉进行了公开招投标，确定新一期冻猪肉政府储备的承储企业。

3. 严格储备检查，确保储备商品质量可靠。为了确保乳粉质量安全，对储备奶粉进行了多次检查；委托第三方检测机构对猪肉、牛肉、羊肉等储备商品进行了检测，确保储备商品质量合格。通过实地实时监控，确保储备商品数量到位。

（三）完善生活必需品应急保障体系，确保应急调控工作及时、高效、有序

1. 制定《关于进一步加强本市“菜篮子”系统工程建设保障蔬菜市场供应和价格基本稳定的意见》（以下简称《意见》）。按照国务院及市领导关于研究加强本市“菜篮子”系统工程及蔬菜流通体系建设的要求，市商务委会同相关部门起草并由市政府发布，作为今后一个时期促进本市蔬菜生产，做好保障市场供应和价格基本稳定工作的指导性文件。

2. 建立应急商品数据库，提供应急物资保障。在完善政府储备制度的同时，建立应急商品数据库，加强对货源生产企业的了解，并纳入应急商品数据库。

3. 完善应急商品投放网络，确保投放商品顺畅有序。重新梳理了城区生活必需品应急供应体系，确定了6个区商务部门、12个应急投放集散地、236个应急投放网点的联系人和联系方式，对投放网络进行了抽查，对发现的问题督促区县进行整改，确保在应急状态下，北京市生活必需品应急供应迅速、顺畅、到位。

二、强化行业监管，服务企业发展

（一）规范生猪定点屠宰企业行为，做好生鲜猪肉食品安全工作，推进“放心肉”服务体系建设试点工作

1. 大力推进“放心肉”服务体系建设。按照商务部关于开展“放心肉”服务体系建设试点工作的有关要求，大力推进“放心肉”服务体系建设试点工作。科学高效地完成大型屠宰试点企业肉品冷链建设。

2. 强化生猪屠宰监管，促进行业良性发展。制定了北京市猪肉肉品品质检验合格证章发放管理办法，统一发放了肉品品质检验合格证，备案猪肉销售流向，健全肉品流通体系。进一步完善了病害猪无害化处理实时监控系统，为区县商务委安装了视频监控终端。

3. 加大整治力度，健全猪肉肉品的食品安全体系。设立了市商务委食品安全领导小组。领导小组13个有关处室（单位）按照《商务部关于做好流通领域食品安全工作的通知》的精神各自履行职责，推进食品安全相关工作。积极开展强化畜禽屠宰监管确保肉品质量安全专项整治活动，组织对本区

县生猪定点屠宰企业进行检查，层层落实责任。结合专项整治工作，采取公布举报电话、实行派驻驻厂监督员制度等有效措施，建立屠宰行业长效监管机制，强化监管力度，严打生猪屠宰中的违法行为，健全猪肉肉品的食品安全体系。

（二）加强盐务管理，大力推广食用低钠盐

全面完成市政府在2010年直接关系群众生活方面拟办重要实事中确定的“大力宣传健康用盐理念，完成‘一、十、百’工作，即：在小包装食盐中配发一把定量盐勺，小包装食盐中低钠盐比例达到10%（7 000吨），食盐专营企业向市场供应100%合格碘盐”的工作任务。

（三）认真履职，依法审批，规范成品油企业经营行为

1. 严格依法行政，确保行政许可质量。按照“一岗三责”工作要求，重新梳理岗位职责及工作流程，严格履行许可审批程序，确保审批质量。

2. 积极准备，认真做好年审换证工作。按照商务部统一部署，结合成品油年检工作换发新的《成品油零售经营批准证书》。

3. 加强成品油市场监测，提高市场预警能力。严格执行商务部成品油批发监测企业周报、月报制度，认真审核企业数据，按时上报商务部。做好本市121家重点加油站监测月报和18家重点加油站实时监控工作。

4. 积极促进加油站非油品业务发展。宣传贯彻商务部有关文件精神，因地制宜、因站制宜，有计划、有步骤地推进加油站非油品业务发展。

5. 加强部门协作，促进行业发展。成品油管理工作涉及政府多个部门，在工作中注重部门间的沟通协作，各司其职，相互配合、齐抓共管，形成合力。

三、认真细致，踏实努力，做好各项重要会议重大活动供应保障及物资应急调拨等服务保障，有关工作得到中央机关高度评价

为全国“两会”、全国劳模大会、北京首届世界武搏运动会、21世纪论坛、中共中央十七届五中全会等11次重要会议重大活动进行了供应服务保障，并做好中央及市委市政府要求的物资紧急调拨供应工作。全国人大办公厅机关事务管理局和国务院机关事务管理还就市商务委圆满完成各项服务保障工作发来感谢信。

（赵卫东）

【大米、面粉和食用油交易量增加】北京盛华宏林和锦绣大地玉泉路粮油批发市场粮油交易量约占全市交易总量的70%。两家批发市场2010年大米交易总量为97.94万吨，较2009年增加11.17万吨，增幅12.88%。全年面粉交易总量为19.85万吨，较2009年增加1.70万吨，增幅9.36%。2010年食用油交易总量为12.23万吨，较2009年增加2.08万吨，增幅20.50%。

（杨世巍）

【蔬菜供应充足】2010年，监测的主要批发市场全年蔬菜上市量达95.35亿公斤，比2009年增加11.11亿公斤，蔬菜月均上市7.95亿公斤，日均2 612万公斤，比2009年日均增加304万公斤，供应充足。

（杨世巍）

【生猪屠宰量略有减少】监测的14家定点屠宰企业2010年生猪屠宰总量968万头，较2009年减少38万头，日均屠宰2.65万头，较2009年日均减少1 050头，降幅为3.81%。

（杨世巍）

【优化生活必需品市场监测系统】2010年，将北京市粮油经销大户北京盛华宏林粮油批发市场纳入生活必需品监测体系，使生活必需品监测的样本企业保持在98家，包括：14家生猪屠宰加工企业、12家批发市场、20家零售企业及52家社区菜市场。

（叶卫东）

【完善商务部应急商品数据库】为进一步做好应急保障工作，提升应对自然灾害、公共卫生事件、社会安全事件等突发公共事件应急水平，新增了9家样本企业，使本市在商务部应急商品数据库系统登记注册的样本企业到达了39家。应急物资商品涉及饼干、棉被、洗涤等18种。

（叶卫东）

【重新梳理了应急商品投放网络】针对北京市城区合并调整情况和应急工作的需要，重新梳理了应急商品投放网络。确定了6个区商务部门、12个应急投放集散地、236个应急投放网点的联系人和联系方式，做到“责任到人、响应及时”。

（叶卫东）

【推进“生活必需品市场供应风险管理体系”建设】根据市应急委公共安全风险管理重点工作安排，密切联系市应急办、市经信委和市财政局，全力推进“活必需品市场供应风险管理体系”建设工作。由北京工商大学科研团队作为支撑，已完成了前期研究及相关准备工作。

（叶卫东）

【调整成品油零售经营行政许可受理环节】将成品油零售经营资格、成品油零售经营批准证书变更两项行政许可事项由市商务委向符合条件的申请企业发放行政许可受理通知书，调整为由受理区（县）商务委向符合条件的申请企业发放行政许可受理通知书。

（李洪臣）

【完成原油、成品油经营企业年检换证工作】2010年，全市共有1 020家原油、成品油经营企业通过了年度资格检查，其中成品油零售企业954家，成品油批发企业55家，成品油仓储企业2家，原油经营企业9家。对年检合格企业同时换发了新版原油、成品油经营批准证书。

（李洪臣）

【全市成品油销售量增加】2010年，全市成品油表观销售量为690万吨，同比增加16%。其中：汽油308.58万吨，同比增加3.7%；柴油381.42万吨，同比增加28%。

（李洪臣）

【制定《北京市加油站审批管理程序的规定》】2010年12月1日，为规范本市新建、迁建及改建加油站的建设审批管理程序，市政市容委、市商务委等十三个政府相关部门联合发布了《北京市加油站审批管理程序的规定》，该规定于2011年1月1日起实施。

（李洪臣）

【大力推进“放心肉”服务体系建设】按照商务部关于开展“放心肉”服务体系建设试点工作的有关要求，完成了生猪屠宰监管技术系统和肉品品质可追溯系统平台建设的调研，制定出建设方案，并通过市经信委电子政务和市财政评审。试点企业已经开展了肉品品质信息可追溯试验性工作。

（赵虹珍）

【畜禽屠宰专项整治取得明显成效】积极开展强化畜禽屠宰监管确保肉品质量安全专项整治活动，建立屠宰行业长效监管机制，强化监管力度，严打生猪屠宰中的违法行为，健全猪肉肉品的食品安全体系。

（赵虹珍）

【圆满完成重要会议的供应服务保障工作】 2011年圆满完成全国“两会”、中央全会、中央专项工作会、全国“劳模”表彰会、“世博”表彰会、“武搏会”等17次重要会议的供应服务保障工作，受到主办方的普遍好评和表扬。

（邵　兵）

【发布《关于规范食盐市场购销行为的联合通告》】 为有效加强食盐市场管理，规范食盐市场的经营秩序，维护广大经营者和消费者的合法权益，保障北京市合格碘盐供应工作，确保公民身体健康和生命安全，根据《中华人民共和国食品安全法》、《盐业管理条例》、《食盐专营办法》及《北京市盐业管理若干规定》等法律法规的规定，联合市卫生局、市工商局就规范食盐市场购销行为发布《关于规范食盐市场购销行为的联合通告》。

（邵　兵）

酒类流通管理概述

2010年酒类流通管理工作以科学发展观为指导，以《酒类流通管理办法》为依据，按照市商务委“建设世界城市、打造国际商贸中心”和“转变增长方式”的总体工作要求，围绕营造安全放心酒类消费环境的工作目标，以酒类备案登记、酒类流通溯源制度和酒类流通市场信息监测工作为重点，推动酒类流通管理工作不断发展。

——酒类流通备案登记取得新进展

一是以社区为重点推动备案登记工作。4至6月，市商务委组织对全市2 000户以上部分大中型社区酒类备案登记情况进行了专项检查，共检查463个社区，新增酒类备案登记1 000余户。二是强化批发企业索表管理。通过指导酒类批发企业向进货方索要酒类流通备案登记表复印件等形式，督促下游经销商办理备案，推进了备案登记的开展。三是实行了酒类备案登记指标管理。年初，将全市备案登记任务指标分解到区县商务委，区县将任务分解到月，市商务委每季度通报进展情况。四是酒类备案登记管理进一步规范。年初，市商务委制定了《酒类流通备案登记管理有关工作说明》和《酒类流通备案登记、变更、注销、遗失补办工作程序》，下发各区县执行，进一步规范了酒类流通备案登记管理工作。五是以服务促管理，推进备案管理工作。一方面，积极协调工商、卫生等部门，为区县提供酒类经营及注、吊销营业执照的企业信息，为推进酒类备案工作提供有利条件。另一方面，为解决偏远地区酒类经营者备案登记不方便的问题，市商务委还联合怀柔区商务委到偏远地区农村开展了上门向酒类经营者宣传法规，现场办理酒类备案登记。2010年全市新增备案登记10 985户，超额完成了全年新增1万户备案登记的工作任务。

——酒类流通随附单溯源制度逐步落实

一是全面推进随附单制度落实。年初，对全市1 800余户未购用随附单的酒类企业进行了核查，并分类进行了整改，督促164户批发企业按规定购用了随附单。二是继续推进机打随附单试点工作。为进一步落实好酒类流通溯源制度，在区（县）商务部门推荐的基础上，市商务委选择了30家规模较大的酒类批发企业推广了机打随附单试点工作。三是逐步规范随附单管理工作。针对随附单使用管理中存在的问题，市商务委制定了《酒类流通随附单管理工作有关说明》，明确了随附单的购买、使用、保管等环节的管理工作及责任。2010年全市酒类企业购用随附单132万份，完成推广机打随附单试点企业30户。

——酒类流通市场信息监测工作进展顺利

一是完善了酒类流通市场信息监测制度。在2009年酒类信息监测工作的基础上，市商务委制定了《2010－2011年酒类流通市场信息监测报表制度》，增加了零售和餐饮样本企业，样本企业数量增至59个，样本品种数量增至138个，并升级了酒类流通市场信息监测系统。二是按月、年、节假日定期收集、分析、发布监测信息，累计核查数据18万余条，形成酒类市场分析信息20篇，为主管部门及酒类企业了解掌握北京市酒类市场运行情况提供了参考依据。三是根据商务部《酒类流通行业信息监测统计报表制度》（商运字〔2010〕17号）要求，确定本市20家酒类批发、零售企业作为商务部在本市的监测样本，并组织企业定期上报监测数据。本市酒类监测工作受到商务部的肯定和好评。

——加强了酒类管理法规的宣传培训

市、区商务部门以“3·15”消费者权益保护日为契机，积极宣传酒类流通管理法规，各区（县）商务委也会同食品办、工商等部门开展了形式多样的宣传活动。全市共发放各类宣传材料20余万份，接待各类咨询1.9万余人次，发放不向未成年人售酒标识牌1.2万余块。加强了对酒类管理干部和重点酒类流通企业负责人的培训。市、区商务部门以《酒类流通管理办法》和酒类知识为主要内容，共举办酒类培训班22期，培训1 000余人次，酒类管理干部业务素质和酒类企业管理水平得到了进一步提高。

——积极开展酒类流通市场检查执法工作

一是组织了重大节日酒类流通市场集中检查活动。先后组织开展了“元旦·春节”、“五一”、“国庆·中秋”等节日酒类流通市场集中检查活动。二是组织了大中型社区酒类流通管理专项整治。4至6月集中对部分大中型社区的酒类流通管理工作进行专项整治。三是组织了重点区域、市场、企业的专项整治。8至10月，以落实随附单制度为重点，对重点酒类经营场所进行了专项整治。

全年共组织市场检查3 700余次，出动检查人员11 000余人次，检查酒类经营网点18 000余户，整改酒类经营网点6 600余户，发放限期整改通知书4 000份，行政处罚酒类经营者8户，罚款4 250元，较好地保障了酒类商品消费安全。

（蒙　洁）

【20家酒类企业被列为流通监测样本】2010年，商务部制定了《酒类流通行业信息监测统计报表制度》（商运字〔2010〕17号），并于3月份正式在全国范围启动了信息监测工作。按照有关要求，市商务委推荐了北京市糖业烟酒公司等20家酒类批发、零售企业和红星二锅头等8个地产酒类品牌（品种）作为商务部的监测样本，并负责监测样本企业组织协调和监测数据催报工作。

（徐凤武）

【开展“3·15”酒类流通管理宣传咨询活动】为加强酒类流通管理法规和酒类知识宣传，创建安全放心的酒类消费环境，市商务委会同怀柔区商务委以“3·15”消费者权益保护日为契机开展了酒类流通管理宣传咨询活动，现场向消费者发放了《北京市酒类流通管理告知单》、《真假酒鉴别方法》等宣传材料，北京红星股份有限公司酒类打假人员现场讲解了红星二锅头酒的真假识别方法，受到了消费者的欢迎。同时，各区（县）商务委积极协同工商、质检等有关部门，开展了形式多样的酒类法规宣传咨询活动。据统计，此次宣传咨询活动，全市商务部门共发放酒类法规宣传材料8 500余份，接待消费者咨询1 400余人次。

（胡敬轩）

【新增使用机打酒类流通随附单企业 30 户】 根据市商务工作会要求，2010 年全市新增使用机打随附单企业 30 户。3 月中旬，酒类管理处对 2010 年推广使用机打酒类流通随附单工作进行了安排。具体分为工作部署、选定企业、实操培训、系统运行、总结验收五个阶段。机打随附单企业重点选择酒类商品销量大、随附单使用量大的酒类批发企业。为确保机打随附单推广工作顺利进行，市商务委要求区县商务部门明确专人负责组织协调；加强对机打随附单企业的检查指导；充分发挥机打随附单企业的示范作用，进一步提高酒类流通随附单使用率，促进全市酒类流通随附单溯源制度的落实。

（彭 峰）

【支持举办“北京酒·品牌”高峰论坛】 12 月 18 日，由北京酒类流通行业协会、北京酿酒协会主办的“北京酒品牌”高峰论坛在北京龙泉宾馆举行。此次论坛旨在研讨本市地产酒品牌面临的挑战与机遇，促进北京酒类生产、流通企业品牌建设和品牌产品的创新发展。中国酒类流通协会负责人、大中型酒类生产、流通企业负责人参加了论坛。北京酒类流通行业协会、北京红星股份有限公司、北京顺鑫农业股份有限公司牛栏山酒厂、北京朝批商贸有限公司、东方酒业杂志社等单位围绕打造京韵京味酒类品牌、推动地产酒品牌发展等主题进行了演讲。论坛上，北京酒类流通行业协会、北京酿酒协会与参会酒类生产、流通企业联合发布了《北京酒类行业诚信宣言》，共同承诺诚信经营、尊重消费者、不制售假冒伪劣，共建规范有序、健康和谐的酒类市场环境。

（胡敬轩）

粮食流通管理概述

2010 年，北京市粮食流通行业深入学习实践科学发展观，认真贯彻落实党和国家的粮食方针政策，围绕推动“人文北京、科技北京、绿色北京”建设，深化粮食流通体制改革，不断完善首都粮食安全保障体系，积极应对复杂多变的市场形势，始终保持了充足的粮油供应，保持了粮食市场平稳运行，为首都经济社会发展做出了重要贡献。2010 年，全市粮食年消费量约 500 万吨，年产量约 116 万吨，粮食产销缺口依然较大。在市场机制和政府宏观调控的共同作用下，实现了粮食供需基本平衡，保持了粮食市场平稳运行。国有粮食企业发挥了粮食流通的主渠道作用，外埠粮源采购基地迅速发展，本市粮源掌握能力不断增强。多元化市场主体活跃，丰富了粮食品种供应，全行业充分发挥了保民生、促和谐、稳物价的基础作用。

（焦洪文）

【保供稳价工作成效显著】 按照国家发展改革委等五部门保供稳价的工作要求，本市成立了由主管副市长挂帅的“粮油市场保供稳价工作小组”，每月向本市加工企业定向销售市储备稻谷，共销售稻谷19万吨。认真组织本市加工企业参与国家临时存储粳稻竞价交易，共采购稻谷57万吨，加工的大米限价出厂、限地销售，有效地稳定了北京市大米市场。根据市政府办公厅《关于做好本市秋粮收购和当前粮食市场调控工作的通知》精神，全面开展了秋粮收购监督检查工作，核查了91家企业的最高库存量和235家企业的收储资格，有力地保障了粮油市场供应，维护了粮价基本稳定。

（王　玲）

【粮食流通体制改革进一步深化】粮食行政管理部门职能进一步转变。粮食流通体制改革不断深化，政策措施不断完善，理顺政府宏观调控与企业自主经营之间的关系，推进国有粮食企业改革。市与区（县）粮食行政管理部门，加快工作重心向市场调控、监督管理、行业指导和协调服务转变。认真落实储备粮承储企业税收减免政策和东北粳稻入关运费补贴政策，支持企业改革与发展。

（任昌坤）

【政府宏观调控能力明显增强】粮食信息监测预警和应急保障体系进一步完善，能够及时、准确掌握市场动态。市与区（县）粮食储备进一步充实，市级粮食储备和食用油储备规模分别达到全市城乡居民6个月和60天的正常消费量，成品粮油储备规模达到全市城乡居民10天的正常消费量，落实了10家粮食应急加工企业和335个应急投放网点。加强应急演练，落实应急投放网点，进一步提高应急反应能力。

（冯兰敏）

【粮食流通产业稳健发展】巩固粮油仓储主业，各级财政和企业积极投资建设和维修粮食仓房，储粮设施设备明显改善。“十一五”期间累计完成投资约9.17亿元。截止2010年末，全市有效粮食仓容达到415万吨，比2005年增长12%；油脂罐容达到14.6万吨，比2005年增长26%。粮油加工业稳步发展，小麦年处理能力达到100万吨，稻谷年处理能力达到138.4万吨，加工能力趋于合理、均衡、稳定。食用植物油加工能力逐步向本市周边地区和天津港转移，玉米加工、饲料生产企业结构进一步优化。

（杜亚丽）

【粮食市场体系进一步健全】本市基本形成了以北京国家粮食交易中心为龙头，重点粮食批发市场为骨干，大卖场、超市、便利店为居民粮油消费主渠道，“万村千乡”农村连锁销售网点为补充，统一开放、竞争有序的粮食市场体系。北京国家粮油交易中心发挥竞价交易平台的作用，带动了大宗粮油贸易的开展。重点粮食批发市场发挥成品粮油集散中心的作用，丰富了成品粮油的市场供应。大卖场、超市、便利店和社区菜市场普遍经销粮油商品，满足和方便了城乡居民的日常消费。

（于燕麟）

【国有粮食企业步入健康发展轨道】京粮集团构建起“一链两翼多支撑”的发展格局，取得了跨越式发展。区（县）粮油总公司仓储、经营、资产运营三大板块互为支撑，均衡发展。2010年，全市国有粮食购销企业实现利润3 081万元，比2005年增长42%。企业改革稳步推进，经营机制进一步健全，国有粮食企业全行业连续5年保持盈利，国有粮食购销企业连续9年保持盈利。

（孔令文）

【市储备粮规范化管理取得新进展】推广科

学储粮和绿色储粮，圆满完成了稻谷储存3年的试验，启动了糙米储存试验。加快储粮远程监控系统建设，仓储信息化管理水平进一步提高。加强市储备粮规范化管理工作，全面开展规范化“千分制”评价工作，促进了市储备粮规范化管理水平的提高。2010年，本市6家企业被国家粮食局授予“先进企业”，20家企业被市粮食局评为“优秀企业”。

（石红兵）

【《北京市储备粮管理办法》修订工作完成】解决了成品粮油储备、异地储存、仓储设施保护、费用调整机制、损耗处理、轮换方式等难点问题。制定了相关配套文件，初步构建起新的法规和制度体系。合理调整市储备稻谷存费标准和市储备粮损耗标准，调动了承储企业科学储粮积极性，为在新的起点上管好、用好市储备粮创造了有利条件。

（赵　红）

【粮食法制建设进一步加强】完成粮食“五五”普法总结验收工作。开展了《粮食流通管理条例》颁布实施6周年宣传活动。贯彻实施国家发展改革委出台的《粮油仓储管理办法》，制定《粮油仓储单位备案管理办法》，依法加强对社会粮油仓储的管理。

（赵　红）

【军粮供应保障能力进一步提高】严格执行军粮供应政策，积极筹措粮源，完善统一采购办法，保证了军粮的质量和数量。节日期间调供精制大米、饺子粉、红小豆、绿豆，丰富优质军粮供应。完善规章制度和业务流程，实行销售系统网络化、财务管理电算化和进货远程控制，规范化、信息化管理水平稳步提高。以“跟进保障、延伸保障、全天候保障”为内容，制定军粮应急保障预案，应急保障能力进一步提高。

（姜学华）

【粮食部门监督检查工作有序推进】开展粮食库存检查工作，确保首都粮食安全的物质基础真实可靠。开展对国家临时储备稻谷和本市储备稻谷购销情况的检查，监督北京市中标企业履行协议。开展对国家政策性小麦销售出库情况的检查，确保出库工作顺利进行。2010年市与区县粮食行政管理部门共开展监督检查1 105次，出动执法人员3 407人次，进一步维护了首都粮食市场正常秩序。

（张继红）

【粮食行业教育培训工作取得好成绩】加强对一线从业人员的技能培训和考评工作，共培训177人次，145人取得了国家职业资格等级证书。认真开展考评员继续教育，3人取得了高级考评员资格，5人取得了考评员资格。积极参加第二届全国粮食行业职业技能竞赛，1人获得粮油质量检验员职业（粮油质检机构组）优秀个人三等奖，北京市粮食局代表队获得优秀组织奖。

（阎竞新）

安全监管概述

2010年全市商务行业安全生产监管工作在委领导的正确领导下，在市区商务部门的共同努力下，以“夯基础、固成果、求突破”为工作目标，紧紧围绕“建设世界城市、打造国际商贸中心”的工作要求，认真履行行业安全监管职责，各项安全生产工作进展顺利，确保了全年商务行业未发生较大以上生产安全事故。

2010年市、区两级商务部门共出动执法检查人员19 814人次，检查经营单位9 154

家次，发现并整改安全问题和隐患4 491个；对行业安全生产违法行为立案18起，行政处罚18起，罚款157 000元。向相关部门移送企业安全生产违法行为25起。

——完成重要节假日和重大活动的安全保障工作

一是对元旦、春节、十一等重要节假日提前进行部署和安排，制定安保工作方案，认真落实重要节假日委领导带队检查安全生产和促销秩序的工作机制，保障了节日安全。二是全力做好全国“两会”期间安全保障工作，对代表和委员驻地周边200米范围内商业零售和餐饮经营单位，严格落实反复查、查反复，为与会代表、委员提供安全的生活和工作环境。三是圆满完成了北京首届世界武搏运动会商务行业安全生产保障工作。四是做好重大商务活动和新开业企业的安全生产保障工作。

——积极推动行业安全生产监管责任的落实

一是年初与市安监局、首都综治办共同印发了《关于加强二〇一〇年商务行业安全生产工作的指导意见》，明确了全年商务行业安全生产工作的指导思想、工作方针和主要任务。二是根据国务院2010年继续开展安全生产年活动的要求，及时制定实施方案。明确了商务行业落实安全生产年活动要做到“三个突出”和“三个加强”。三是进一步理顺行业安全生产监管的体制和机制。

——深入组织开展安全生产检查和隐患排查治理工作

一是根据《北京市安全生产委员会转发国务院安委会关于立即开展全国安全生产大检查有关文件的通知》要求，制定了商务行业安全生产大检查实施方案。二是按照市政府安全生产隐患排查治理工作要求，印发了《2010年度商务行业安全生产隐患排查治理工作方案》。三是根据市防火委火灾隐患排查治理行动的工作部署，研究制定了《北京市商务委员会关于印发商务行业火灾隐患排查整治专项行动方案的通知》，并通过视频会议向区（县）商务委做出部署。

——加强安全生产宣传教育培训工作

一是年初分别召开全市大型商业零售和餐饮企业集团负责人和安保部门负责人会议，就做好春节和全国“两会”期间的安全生产工作进行了部署，并请市安监局和消防局的有关处室负责人进行了培训指导。二是继续对大型商业零售和餐饮企业集团开展安全生产管理分类培训指导。2010年完成了对全聚德、天客隆、东来顺、眉州东坡、大鸭梨、郭林家常菜、金百万7家大型企业集团的分类培训指导工作，培训企业主要负责人、各门店经理和安全生产负责人1 000余人。三是积极加强与企业的沟通和联动，建立快速反应机制。建立了商务行业安全生产手机信息平台，将44家大型商业零售餐饮企业集团纳入信息平台，2010年通过手机信息平台向企业发送加强安全管理的指导性信息26条。四是认真贯彻落实国务院《关于进一步加强企业安全生产工作的通知》精神。五是编辑、印发了《北京市餐饮经营单位员工安全生产教育读本》、消防安全“四个能力”建设宣传画等安全生产宣传材料。

——扎实推进社会消防安全“防火墙”工程

根据首都综治委和市防火委联合印发的《关于深入开展平安北京建设全面构筑社会消防安全“防火墙”工程三年规划的实施意见》，印发了商务行业推进社会消防安全

“防火墙”工程三年规划实施意见。明确了此项工作的组织领导、总体目标、规划项目、项目实施规划和工作要求。

——积极推进企业安全生产标准化活动

根据国家安全生产监督管理总局发布的《企业安全生产标准化基本规范》和《北京市安全生产委员会办公室关于在全市深入开展安全生产标准化活动的意见》，研究制定《北京市商务委员会关于印发商业零售、餐饮经营单位安全生产标准化活动方案的通知》，把加快推进生产经营单位标准化建设作为落实安全生产的基础性工作和重要环节，加大宣传推动力度，通过开展生产经营单位安全生产标准化活动，进一步推动和落实安全生产标准化管理，促进经营单位建立运转有效的安全生产保障体系，提升安全生产标准化建设整体水平。

（许　鑫）

【组织开展安全生产规定周年宣传活动】为进一步深化行业安全生产宣传教育工作，市商务委制定了《〈北京市商业零售经营单位安全生产规定〉和〈北京市餐饮经营单位安全生产规定〉施行三周年宣传教育活动方案的通知》（京商务安字〔2010〕7号），并对宣传教育活动进行部署，明确要开展好“四个一”行动：一是区（县）商务部门要与重点经营单位联合进行一次宣传活动；二是区（县）商务部门要组织经营单位负责人进行一次培训；三是区（县）商务部门要针对“两个规定”的普及率进行一次专项检查；四是区（县）商务部门和经营单位要以不同形式开展一次以商务行业事故案例为主要内容的安全生产教育活动。

（许　鑫）

【完成“五一”期间行业安全生产保障工作】根据《北京市安全生产委员会关于开展人员密集场所安全生产检查的通知》，为全力做好“五一”期间商务行业安全生产保障工作，市商务委专门制定了《“五一”期间商务行业安全生产检查工作计划》，启动了节假日商务行业安全生产保障工作机制，形成了市、区联动的行业安保氛围。从4月30日至5月3日，市商务委每天由委领导带队开展安全生产检查，共出动执法检查人员28人次，检查经营单位12家，下达行政执法文书2份，发现并整改问题10起，圆满完成了“五一”期间行业安全生产保障工作。

（许　鑫）

【组织参加全市安全生产大检查活动】4月至5月根据市安委会的统一部署，市商务委按照行动有部署、过程有监督、结果有验收的工作要求，认真制定商务行业安全生产大检查工作方案，市、区联动，扎实推进安全生产检查工作有序开展。市商务委主管领导还带队赴部分区（县）商务部门和经营单位进行督查。大检查活动期间，市商务委共出动检查和督查人员342人次，检查经营单位118家次，下达行政执法文书32份，发现并整改安全问题131起，行业安全生产大检查行动取得了明显效果。

（许　鑫）

【签订消防、综治工作责任书】2010年6月18日，市商务委召开13个直属单位负责人会议。传达了市防火委、首都综治委关于深入开展平安北京建设全面构筑社会消防安全“防火墙”工程三年规划的实施意见和2010年综治工作各项要求，对直属单位做好单位内部消防安全和综治工作进行了部署。委主管领导与各直属单位签订了《市商务委构筑社会消防安全“防火墙”工程责任状》和《北京市商务委员会二〇一〇年度综治工作责任书》。

（许　鑫）

【完成“武搏会”商务行业安全生产保障工作】首届世界武搏运动会（以下简称“武搏会”）于2010年8月28日至9月4日在北京召开。为保障“武搏会”期间商务行业安全生产形势稳定，市商务委集中力量开展了为期10天的商务行业安全生产及专项执法检查。重点对涉及“武搏会”的4个体育场馆和6家宾馆饭店周边200米范围内规模以上商业零售和餐饮经营单位开展安全生产检查，此次专项执法检查，出动执法人员81人次，检查经营单位36家，对存在的问题隐患及时进行了整改。圆满完成了“武搏会”期间商务行业安全生产保障工作。

（许　鑫）

【针对外埠火灾事故开展隐患排查】针对“3·28”长春天元商厦火灾事故、“11·5”吉林市商业大厦重大火灾事故、“11·15”上海市特大火灾事故，市商务委迅速通过商务行业安全生产手机信息平台，第一时间向各区（县）商务部门和大型商业零售和餐饮企业集团通报事故情况，要求各单位认真吸取事故教训，严格落实安全生产责任制，立即组织开展安全自查，消除安全生产隐患，维护商务行业安全稳定，并印发了《关于认真吸取长春天元商厦“3·28”火灾事故教训加强首都商务行业安全防范的通知》和《商务行业2010至2011年度冬春季火灾防控专项行动方案》，要求区（县）商务部门加强对商业零售和餐饮经营单位的安全生产检查和隐患排查治理工作。同时市和有关区（县）商务部门密切跟踪、积极督促延庆妫川购物中心、平谷国泰百货两起市级挂账火灾隐患单位完成了隐患整改和销账工作。

（许　鑫）

【组织开展安全生产月活动】根据市安委会关于开展安全生产月活动的要求，制定了《2010年商务行业安全生产月活动方案》，以落实“安全生产年”各项工作为重点，对商务行业开展安全生产月活动进行部署和安排。“安全生产月”期间，市、区两级商务部门共出动执法检查人员1 670人次，检查经营单位682家次，发现并整改安全生产问题307起；组织开展应急演练909次，全市商务行业参与安全生产月活动总人数达121 075人次，创下了历年活动新高。

（许　鑫）

四、生活服务业和特殊流通行业

概　述

2010年生活服务业和特殊流通行业坚持实践科学发展观，紧紧围绕市委、市政府的中心工作和市商务委的重点工作，按照突出重点、兼顾全面的工作原则，狠抓落实，积极推进各项工作任务的完成。

一、全面完成市政府折子工程任务和市商务委的重点工作

2010年，服务交易处承担市政府促消

费、垃圾分类、大气污染治理、新农村建设、重点改革任务等折子任务共 18 项，承担市商务委重点工作 8 项。截至 2010 年底，已全面完成各项任务。

（一）家电以旧换新工作稳步推进，销售、回收量均突破 200 万台

截至 2010 年 12 月 31 日，本市家电以旧换新共回收旧家电 227.4 万台，销售新家电 218.2 万万台，销售金额 86.3 亿元。其中，2010 年以来，本市回收旧家电 179 万台，销售新家电 176.1 万台，销售金额 69.6 亿元，占旧家电回收量、新家电销售量和销售额总数的 78.7%、80.7% 和 80.6%。根据国家《家电以旧换新实施办法》相关要求，本市于 2009 年 8 月 10 日在全国九个试点省市中率先启动家电以旧换新工作。2010 年 6 月份，在总结试点工作经验的基础上，本市继续实施家电以旧换新政策。2010 年在推进家电以旧换新工作方面所做的主要工作是：一是完成了两批家电以旧换新参与企业的招标工作，全市共确定家电以旧换新中标企业 30 家，共设有旧家电回收网点 441 个，新家电销售网点 2 135 个，回收和销售网点遍布全市 16 个区县。同时，确定了 2 家拆解处理企业。二是为稳步推进推广实施期家电以旧换新工作，先后制发了《北京市人民政府办公厅关于做好本市家电以旧换新推广实施工作的通知》和《〈北京市家电以旧换新实施细则〉补充规定》等文件。三是完善监督管理机制，发挥属地管理的优势，加强对回收、销售、拆解等各环节的管理，确保家电以旧换新政策落到实处。

（二）完成垃圾分类和再生资源回收折子任务

一是按照《北京市 2010 年推进生活垃圾处理工作折子工程》要求，2010 年将新建再生资源回收分拣中心 2 个、回收站点 300 个。截止到 10 月底，已建设完成 2 个再生资源分拣中心和 339 个回收站点，提前 2 个月完成生活垃圾处理折子工作任务。2010 年全市再生资源回收量达到 467 万吨，同比增长 6.7%。

二是深入开展“再生资源回收日”活动。根据市委、市政府《关于全面推进生活垃圾处理工作的意见》，2010 年 1—12 月，以“参与资源回收、传播低碳理念、共建绿色北京”为主题的“再生资源回收日”活动，共开展了 12 次，300 个社区再生资源回收站点参与了活动，共有 10 万名市民前来咨询，发放宣传材料近 9.7 万份，回收再生资源 890 余吨，回收旧家电 1 800 余台。

三是启动再生资源回收产业化试点。经过四年多的努力，本市再生资源回收体系建设取得明显成效，初步形成了覆盖 16 个区（县），由 21 家主体回收企业、15 个分拣中心、3 997 个社区回收站点构成的再生资源回收网络体系。

四是建设“北京市再生资源回收体系管理信息系统”，制定发布《北京市再生资源回收体系建设考核办法（试行）》，加强对已建成分拣中心和回收站点的监督管理。考核办法主要围绕各区（县）再生资源回收体系建设规划及年度计划、年度目标的完成情况、监督管理、保障措施和日常工作沟通机制等五个方面进行重点考核。考核结果将作为市对区（县）再生资源回收体系建设支持的重要依据。

（三）落实市政府大气污染治理折子，全面推动服装干洗行业污染治理

2010 年在朝阳区等十四个区县全面推

进服装开启式干洗机污染治理工作。针对各区（县）反映居民楼底商干洗机数量多、治理难度大的实际情况，积极与市环保局、工商局、财政局沟通协调，研究相关政策，市商务委、市环保局联合下发了《关于本市居民楼底商服装开启式干洗机污染治理有关问题的通知》。据统计，符合更新改造条件的干洗店487家，截至年底，14个区（县）已完成更新改造并经验收合格的干洗机151台，转行经营的干洗店336家，更新改造率达到100%，已发放补助资金424.528万元。

（四）积极推进市商务委重点工作

1、着力提高家政、美容美发等生活服务行业的居民生活便利度和市场品牌丰富度。按照打造国际商贸中心的要求，为提高市场品牌丰富度和居民生活便利度，根据北京市地方标准《家政服务组织等级评定与划分》要求，从2010年开始在全市范围内开展家政服务等级评定与划分，2010年共有50家家政服务组织申报等级评定，经初审后有18家符合条件的家政服务组织参评，其中，北京华夏中青家政服务有限公司分钟寺店等4家单位被评为四星级家政服务组织，11家、3家单位分别被评为三星级、二星级家政服务。美容美发行业，2010年4月初，美容美发协会召开了年度品牌企业颁奖盛典，26家最具影响力品牌企业、45家放心消费企业、62位优秀企业家和77位服务明星受到表彰；5月份，开展了“四美国际”杯第24届发型、化妆决赛，全市18个区（县）的189名选手就发型、化妆等9个项目进行了激烈角逐，131名选手获奖，为引导行业品牌化发展发挥了较好的示范作用。

2、拍卖市场繁荣活跃，“北京拍卖季”品牌影响进一步扩大。2010年北京拍卖市场保持了稳步增长态势。企业数量增长快，行业规模不断扩大，拍卖成交额稳定上升。截至2010年11月底，本市取得拍卖经营批准证书的企业335家；2010年1－11月拍卖成交额329亿元，比2009年全年增长92亿元。北京文物艺术品拍卖中心位置凸显。2010年1—9月北京文物艺术品拍卖成交额达到152亿元，占北京拍卖成交额的46.2%，在全国文物艺术品拍卖成交额排名第一。品牌化程度逐渐提高。目前，北京具有3A级资质拍卖企业12家，2A级资质拍卖企业26家，A级资质拍卖企业21家，分别占全国的13.64%、5.81%和2.67%。北京拍卖季品牌度进一步提升。2010年北京拍卖季于2010年10月18日开幕，共有83家企业参与。北京拍卖季活动品牌效应已初步形成，促进北京拍卖市场整体向好，首都拍卖行业影响力进一步提升。

二、行业发展与规范管理工作进展情况

（一）继续推进家政信息网络平台建设和家政服务员培训工作

按照《商务部、财政部关于推进家政服务网络体系建设的通知》要求，本市顺利开展了家政服务网络平台承建单位的招标、系统开发和网络中心运行工作，并与北京市社区服务中心96156公共信息平台合作，2010年12月31日覆盖全市的“北京家政服务网”正式开通。建设了家政网络平台，较好地缓解了家政服务存在的供需信息不对称、服务不诚信的问题，促进了家政服务行业整体服务水平提高。

为进一步促进外地来京务工人员就业和家政服务行业的规范化发展，提高家政服务员队伍的整体素质，市商务委与市总工会于

2010年上半年共同举办了《北京市职工技能大赛2010年“和谐杯”家政服务知识竞赛》；在总结2009年培训经验的基础上，结合本市实际，逐步扩大培训规模，新增了11家“家政服务工程”的培训单位，制订了《北京市家政服务工程的实施细则（修订稿）》，计划到年底培训家政服务人员11 000名，截至目前，已经培训家政服务员7 000余人，实际合格培训人数6 432人（自主培训的5 450人，专业培训的982人），已发放补助资金625.5万元。

（二）积极扶持家政、再生资源等行业规范化、规模化、品牌化发展

市商务委高度重视，认真进行筛选，积极组织推荐申报了北京华夏中青家政服务有限公司等4家家政企业发展连锁经营项目、北京市家政服务网络中心项目以及北京天龙天天洁再生资源回收利用有限公司等5家分拣中心建设项目、北京市汽车解体厂有限公司4家报废汽车拆解厂升级改造等14个项目作为落实商务部、财政部城市试点建设项目，着力提升行业的整体形象。

（三）进一步加强典当行业监管，行业稳步发展

截止到2010年12月，本市取得商务部《典当经营许可证》的企业165家，典当行分支机构43家。截止到12月底，全市典当企业注册资本总额30.62亿元，同比增长43.5%；典当总额70.03亿元，同比增长89.7%；业务笔数7.5万笔，同比增长15.3%；典当余额达到23.05亿元，同比增长62.4%；提供就业岗位1 796个，同比增长38.6%。

建立完善监管工作机制，依法开展有效监管。通过不断总结典当监管工作经验，逐步建立了以区（县）日常监管为基础，以全市年度典当核查为重点，以公安等政府部门监管为配合、以行业自律建设为补充的市、区（县）商务和公安部门、行业协会密切协作、相互促进的联动监督管理工作机制，为不断提高北京市典当行业监管水平奠定了良好的制度基础。

（四）有效推进汽车流通和报废汽车回收拆解相关工作

1、加强报废汽车回收拆解企业监管。2010年3月，组织市公安（治安、交管）、环保、工商等部门对9家报废汽车解体厂进行联合检查。为提升拆解企业的拆解和管理水平，重点支持2家企业进行升级改造。截至11月底，2家汽车均按照升级改造均已完成，企业的环保水平、安全生产和回收利用情况有了较大改善。

2、积极配合市环保局做好黄标车淘汰、汽车以旧换新工作。一是2010年以来，市商务委利用多个渠道、组织多种活动开展鼓励黄标车淘汰的政策宣传，同时要求报废汽车回收拆解企业利用企业网站、车主来电咨询、发放宣传资料等方式进行宣传。二是开发北京市报废黄标车以旧换新补差管理系统，方便报废黄标车的车主参加汽车以旧换新，享受补贴政策。截止到2010年11月26日，全市共报废淘汰黄标车40 621辆（其中报废黄标车33 948辆），办理北京市报废黄标车以旧换新资金补差手续1 814起（累计），办理国家以旧换新手续9 585起，补贴资金12 455.8万元，为拉动汽车消费和2010年实现淘汰黄标车4万辆目标做出了突出贡献。

3、积极配合市农委开展汽车摩托车下乡工作。一是汽车摩托车下乡政策延长后，

市商务委下发了《关于进一步做好汽车摩托车下乡经销商备案和数据统计工作的通知》，要求提高认识，加强宣传，做好协调，进一步加强备案和数据统计工作，推动汽车摩托车下乡的销售，强化企业销售服务意识。二是指导各区（县）做好备案工作。三是做好备案网点销售数据的统计工作。据对全市150家备案的汽车摩托车下乡销售服务指定店统计，截至2010年底共销售汽车摩托车36 403辆（汽车35 197辆、摩托车1 639辆），销售额达14.75亿元，有力地拉动了汽车摩托车消费。

4、圆满完成商务部二手车交易市场升级改造示范工程试点工作。北京市旧机动车交易市场、北辰亚运村汽车交易市场、中联旧机动车市场是商务部支持的“二手车交易市场升级改造示范工程试点”项目，3家企业按照《二手车交易市场升级改造建设规范》要求认真组织实施，在消费环境、交易便捷安全、信息发布等方面进行了升级改造。

（五）简化程序，方便企业，依法开展行政许可

根据深化行政许可改革的要求，梳理拍卖设立、二手车鉴定评估机构设立2项行政许可和典当、品牌车备案等6项办事事项的流程和要求，减少审批时限，简化申报材料，制作材料模板，为企业提供便利服务。2010年1－11月，共审核企业报送各项行政许可及办事事项材料708件，现场核查68家。新批准设立拍卖企业32家，拍卖企业有关变更事项79项，换发拍卖经营批准证书102家；二手车鉴定评估机构变更2家；办理典当行有关变更事项73项，换发典当经营许可证56家；办理二手车经营主体备案1家，旧机动车交易市场备案3项，品牌经销商备案4家。

（六）圆满完成市人大、政协提案工作

2010年服务交易处共办理人大代表建议和政协提案27件。其中，家政17件，再生资源、租赁等行业10件。

（唐永宏、王喜艳）

【北京列入再生资源回收体系建设试点城市】 截至2010年底，全市再生资源回收网络已有21家主体回收企业、15个分拣中心、近4 000个社区回收站点。据统计，2010年全市再生资源回收量约467万吨，日回收量达1.28万吨，同比增长6.1%，从源头上实现垃圾减量，促进了循环经济发展。2010年，北京列入商务部再生资源回收体系建设试点城市之一。

（魏　拓）

【商务委荣获生活垃圾分类社会单位贡献奖】 2010年，市商务委大力推进餐厨垃圾减量、加快再生资源回收体系建设、推广绿色包装，为北京市垃圾减量垃圾分类工作做出了积极贡献，荣获“2010年度生活垃圾分类社会单位贡献奖”。

（魏　拓）

【开发再生资源回收体系管理信息系统】 为加强对本市再生资源回收行业的监督管理，深入推进再生资源回收体系产业化发展，市商务委建设了《北京市再生资源回收体系管理信息系统》。通过信息化网络技术手段，利用数据库技术、地理信息技术、报表管理技术、统计分析技术、图形展示技术等手段，实时监测，以提高行业管理水平与效率，达到实时监管、核查、统计分析行业情况的目的，为行业管理提供决策支持。

（魏　拓）

【新建2个再生资源分拣中心、339个再生

资源回收站点】按照《北京市2010年推进生活垃圾处理工作折子工程》要求，市商务委积极推进再生资源回收体系建设。当年新建2个分拣中心、339个回收站点。

（魏 拓）

【内资融资租赁试点倍受关注】根据商务部、国家税务总局《关于从事融资租赁业务有关问题的通知》精神，自2004年启动内资租赁企业融资租赁试点工作以来，本市已有10家租赁企业经商务部、国家税务总局批准为内资融资租赁试点企业，其中2010年新增中投租赁有限责任公司为内资融资租赁试点企业。目前，内资融资租赁试点引起了业内的广泛关注，尚有多家企业有申报试点意向。

（魏 拓）

【评选20名中华传统技艺技能大师】为加快推进北京市商业服务业中华传统技艺高技能人才队伍建设工程的实施，市商务委会同市人力社保局、市国资委、市总工会联合印发《关于北京市商业服务业中华传统技艺高技能人才队伍建设工程的实施意见》，共同组织大师评审认定工作。2010年共评选认定大师20名，其中商业4名、餐饮业4名、美发美容业2名、钟表修理2名、摄影业2名、茶业2名、洗染业2名、沐浴业2名。

（张瑾、李敏）

【18家家政服务企业被评为首批行业星级企业】按照《家政服务通用要求》和《家政服务组织等级划分与评定》两个地方标准，本市开展了家政服务等级评定，共评出4星级企业3家、3星级企业11家、2星级企业4家。北京是全国率先出台家政服务地方标准并开展家政服务企业等级评定的省市，对规范本市家政服务行业发展，提升企业经营管理水平起到了积极的推动作用。

（张炳词、傅乐衡）

【“北京家政服务网”正式开通】2010年12月31日，由市商务委和市民政局主办，北京商业信息咨询中心和北京市社区服务中心共同运营的“北京家政服务网（www.bj5800.com或www.96156.net.cn）”在京正式开通。

（张炳词、傅乐衡）

【开启式干洗机更新改造工作完成】按照北京市第十六阶段控制大气污染的任务要求，2010年本市在朝阳区等14个区（县）全面启动开启式干洗机更新改造工作。至2010年12月底，开启式干洗机更新为符合排放标准的全封闭式干洗机151台，转行经营的干洗店336个，更新改造完成总数487个，更新改造率达到100%。开启式干洗机更新改造工作全部完成。

（张炳词、傅乐衡）

【美容美发行业引导行业品牌化发展】4月初，北京市美容美发协会召开年度品牌企业颁奖盛典，26家最具影响力品牌企业、45家放心消费企业、62位优秀企业家和77位服务明星受到表彰；5月份，开展了“四美国际”杯第24届发型、化妆决赛，全市18个区(县)的189名选手就发型、化妆等9个项目进行了激烈角逐，131名选手获奖，为引导行业品牌化发展发挥了较好的示范作用。

（张炳词、傅乐衡）

【“家政服务工程”培训万名家政服务员】2010年，北京市通过公开征集，增补“家政服务工程”培训机构11家。家政服务培训机构已达25家，其中，专业培训机构16家，自主培训机构9家。制订了《北京市家政服务工程的实施细则(修订稿)》，预计2010

年全年可完成家政服务员培训11 000人。

（张炳词、傅乐衡）

【4家家政企业成为连锁经营试点建设单位】按照财政部办公厅、商务部办公厅《关于组织申报家政服务体系建设项目等有关问题的通知》的要求，市商务委面向全市公开征集连锁经营项目，经过认真评审筛选，向财政部、商务部推荐上报了北京华夏中青家政服务有限公司、北京市爱依家政服务有限责任公司、北京东方倍优天地教育科技有限公司、北京市三八服务中心等4家家政企业作为连锁经营试点建设单位。

（张炳词、傅乐衡）

【新批准设立拍卖企业38家、二手车鉴定评估机构1家】2010年，批准设立拍卖企业38家，办理拍卖企业变更69家，换发证书108家；批准设立二手车鉴定评估机构1家，办理二手车鉴定评估机构变更2家；办理品牌经销商备案37家；办理旧机动车交易市场备案1家；办理典当行变更58家，换发证书60家。

（赵洁、曾青）

【简化行政许可程序】根据市政府提出的“加快、简化、下放、取消、协调”行政许可要求，2010年梳理行政许可审批流程和要求，进一步优化服务，取消2项非强制性要求申报材料，缩短4项办理事项工作时限，理顺外资拍卖企业（分支机构）、外资二手车鉴定评估机构设立的专项许可与外资审批问题，统一对外受理。

（赵　洁）

【拍卖总成交额突破500亿元】据统计，2010年北京市拍卖总成交额513.5亿元，其中文物艺术品280.4亿元、房地产127.1亿元、股权和债权76.6亿元、土地使用权4.9亿元、机动车3.3亿元、无形资产0.6亿元、农副产品0.1亿元、其他20.5亿元。

（赵　洁）

【拍卖企业核查】根据《中华人民共和国拍卖法》、商务部《拍卖管理办法》的有关规定，北京市商务委开展北京市拍卖企业年度核查，对北京拍卖企业2009年度经营资质、经营情况、拍卖师情况及企业变更事项等进行了核查，共有149家拍卖企业通过了核查。

（赵洁、曾青）

【首次举办拍卖季论坛】2010年北京拍卖季首次举办了“抓住机遇，规范发展”论坛活动，以“加快北京拍卖市场发展，促进国际商贸中心建设”为主题，通过业内专家的交流和研讨，抓住机遇、共谋发展，为规范北京拍卖市场献计献策。此次论坛对建立运作规范、竞争有序、服务优质、与国际接轨、具有北京特色的拍卖市场起到了积极的推动作用。

（赵　洁）

【拍卖季颁发162个奖项】2010北京拍卖季共颁发了162个奖项，其中，北京保利国际拍卖有限公司、中联国际拍卖中心有限公司分别获2010北京拍卖季艺术品类、资产类最高总成交额奖；北京荣宝拍卖有限公司、北京中拓国际拍卖有限公司获2010北京拍卖季优秀组织奖。2011北京拍卖季首次在新浪网开展了网络评选，共评选出2010北京拍卖季十大最受关注拍品。

（赵　洁）

【北京拍卖协会换届】2010年3月18日，北京拍卖行业协会召开会员大会成功换届。大会选举北京翰海拍卖公司、中国嘉德国际拍卖公司、北京亚特兰国际拍卖公司、太平洋国际拍卖公司、东方国际拍卖公司、北京荣宝拍卖公司为会长、副会长单位，选举北京阳光国际拍卖公司、北京中拍在线拍卖公司、北京中贸拍卖行有限公司为监事长、监事单位。

（赵　洁）

【完成二手车交易市场升级改造示范工程试点工作】北京市旧机动车交易市场、北辰亚运村汽车交易市场、中联旧机动车市场是商务部支持的“二手车交易市场升级改造示范工程试点”项目，3 家企业通过升级改造，在消费环境、交易便捷安全、信息发布等方面都有较大的提升，圆满完成了商务部二手车交易市场升级改造示范工程试点工作。

（赵　洁）

【旧车交易量达 56 万辆】2010 年，北京北辰亚运村汽车交易市场中心、北京顺潮东机动车市场有限公司、北京中联旧机动车经营市场、北京新发地汽车交易市场有限公司、北京旧机动车交易市场有限公司等 5 家本市备案的旧机动车交易市场旧机动车交易辆 56.24 万辆，交易额 448.89 亿元。

（赵　洁）

【汽车、摩托车下乡销售近 30 亿元】汽车、摩托车下乡是国务院应对国际金融危机出台的扩内需、保增长的一项重要举措，自 2009 年 3 月 1 日开展以来，市、区商务部门积极做好备案和数据统计工作，加强企业销售服务，推动汽车摩托车下乡的销售，截至 2010 年 12 月 31 日，全市 150 家备案汽车摩托车下乡销售服务指定店共销售汽车摩托车 7.65 万辆，销售金额 29.6 亿元，有效地促进了消费，较好地完成了扩内需、保增长的目标。

（赵　洁）

【汽车以旧换新工作取得良好成效】汽车以旧换新政策自 2009 年 6 月 1 日实施以来，截止到 2010 年 12 月 31 日，全市共办理国家汽车以旧换新 1.39 万辆，补贴金额 1.78 亿元，拉动新车消费 12.4 亿元。其中，办理黄标车以旧换新 1.27 万辆，占以旧换新汽车总量的 91.4%，有效地推动了本市黄标车淘汰进程。

（赵　洁）

【2010 年北京市拆解报废汽车 3.5 万辆】2010 年，北京市 9 家报废汽车回收拆解企业报废汽车总量 3.5 万辆，其中载客车 2.2 万辆、载货车0.6万辆、其他车流量0.7万辆。

（赵　洁）

【开展典当企业核查】根据《典当管理办法》和《商务部办公厅关于进一步做好典当行年审有关工作的通知》（商办建函〔2008〕第 20 号）的有关要求，于 2010 年 3 月 18 日至 6 月 10 日对北京市 2009 年 12 月 31 日前依法设立的 132 家典当机构（包括 2 家外地进京分支机构）进行了 2009 年度核查。123 家典当企业被评为 A 类企业，8 家典当企业评为 B 类企业并限期整改，1 家企业被收回《典当经营许可证书》。

（赵洁、曾青）

【典当规模和经营能力进一步提高】北京典当行业的总体运营呈现稳步发展态势，经营能力进一步提高。2010 年，北京典当行业注册资本总额为人民币 30.5 亿元，同比增长 24.5%；资产总额 40.4 亿元，同比增长 33.2%；从业人数1 658，同比增长 23.5%。截止到 2010 年 12 月 31 日，典当企业典当总额 73.6 亿元，同比增长 36.9%；实现营业收入 4.9 亿元，同比增长 32.2%；上缴税金5 767万元，同比增长 37.8%。

（赵　洁）

五、对外贸易

概 述

2010年是“十一五”规划最后一年，尽管世界经济复苏基础脆弱，外贸发展环境复杂多变，各种不利和不确定因素并存，但全市各部门认真贯彻落实国家政策和市委市政府有关指示精神，积极研究政策措施，加强部门协作，全力帮扶出口企业克服金融危机的影响，北京市货物贸易进出口不仅完成全年份额不下降，力争高于全国水平的目标，同时也超额完成“十一五”规划目标。

据北京海关初步统计：2010年，北京市进出口总额达到3 014.1亿美元，创历史新高，在全国排名第4，同比增长（下同）40.3%，高于全国平均增幅5.6个百分点，较金融危机前的2008年全年水平增长14.8%。其中出口554.7亿美元，增长14.7%，连续12个月两位数增长，较2008年下降3.4%；进口2 459.4亿美元，创年度进口最高值，增长47.8%，较2008年增长14.8%。

机电产品和高新技术产品出口保持增长。手机是首位出口商品手机。原油是全市进口和进口增量最多的商品。2010年，机电产品出口339.6亿美元，增长10.2%，低于全市出口增幅4.5个百分点，占出口总额61.2%；高新技术产品出口193.7亿美元，增长10.6%，低于全市出口增幅4.1个百分点，占出口总额34.9%。首位出口商品手机出口108.3亿美元，占全市出口总额的19.5%，同比下降8.7%。

原油、汽车和铁矿砂及其精矿分列全年进口前三位，其中，原油进口1 098.9亿美元，占全市进口总额的44.7%，增长54.8%，增加进口388.9亿美元，是进口增量最多的商品。

亚洲是北京市主要的出口目的地和进口来源地，同时也是出口和进口增量最多的地区。2010年，北京市对亚洲出口295.7亿美元，占全市出口总额的53.3%，增长11.5%，增加出口30.5亿美元，是全市出口增加最多的地区；对欧洲出口116.2亿美元，增长13.2%，占全市出口总额的21%。2010年，北京市自亚洲进口1 103.2亿美元，占全市进口总额的44.9%，增长45.8%，增加进口346.6亿美元，是全市进口增量最多的地区；自欧洲进口498.2亿美元，增长60.1%。

2010年，沙特阿拉伯、安哥拉、美国、德国和日本是北京市前五大贸易伙伴，贸易额分别达到233.2亿美元、205.2亿美元、199.4亿美元、190.6亿美元和188.8亿美元，分列全市进出口前五位。

一般贸易出口和进口增幅高于全市水平；加工贸易出口和进口增幅低于全市水平。2010年，北京市一般贸易出口249.7亿美元，占全市出口总额的45%，增长23.3%，高于全市出口增幅8.6个百分点。一般贸易进口2 181.8亿美元，占全市进口总额的88.7%，增长52.6%，高于全市进口增幅 4.8 个百分点。

2010 年，北京市加工贸易出口 233.3 亿美元，占全市出口总额的 42.1%，增长 9.1%，低于全市出口增幅 5.6 个百分点。加工贸易进口 146.5 亿美元，占全市进口总额的 6%，增长 12.1%，低于全市进口增幅 35.7 个百分点。

国有企业是进出口主体。2010 年，北京市国有企业出口 284.6 亿美元，占全市出口总额的 51.3%，增长 15%，略高于全市平均水平 0.3 个百分点；外资企业出口 221.6 亿美元，占全市出口总额的 40%，增长 10.3%，低于全市出口增幅 4.4 个百分点。2010 年，北京市国有企业进口 1 771 亿美元，占全市进口总额的 72%，增长 41.2%；外资企业进口 476.8 亿美元，增长 43.4%。

（李　倩）

货物贸易

【贸易超额 500 亿美元完成“十一五”进出口目标】2010 年，北京市进出口总额突破 3 000亿美元，达到3 014.1亿美元，创历史新高，同比增长 40.3%，高于全国进出口增幅 5.6 个百分点，超额 500 亿美元完成“十一五”进出口2 500亿美元的目标。

（李　倩）

【北京市对外贸易对全国的辐射力逐步扩大】2010 年，北京市进口在全国配置资源 1 701.7亿美元，出口带动全国产品出口 262.3 亿美元，占全市进口额和出口额的比重分别比“十五”末期提高 4.8 和 5.3 个百分点，对全国的辐射和带动作用逐步增强。

（李　倩）

【出口呈恢复性增长】2010 年，北京市出口 554.7 亿美元，增长 14.7%，连续 12 个月两位数增长，但较金融危机前的 2008 年水平下降 3.4%。

（李　倩）

【进口创年度进口最高值】2010 年，北京市进口2 459.4亿美元，创年度进口最高值，增长 47.8%，较 2008 年增长 14.8%。

（李　倩）

【机电产品和高新技术产品出口占比均高于全国水平】2010 年，北京市机电产品出口 339.6 亿美元，增长 10.2%，占全市出口总额的 61.2%，高于全国水平 2 个百分点；高新技术产品出口 193.7 亿美元，增长 10.6%，占全市出口总额的 34.9%，高于全国 3.7 个百分点。

（李　倩）

【出口超 10 亿美元的商品有 9 种】2010 年，北京市出口超 10 亿美元的商品有 9 种，比 2009 年增加 1 种，分别是手机、成品油、船舶、钢材、服装及衣着附件、集成电路、肥料、煤和农产品。

（李　倩）

【对前五大出口市场出口额均超过 27 亿美元】2010 年，北京市前五大出口市场分别为美国、香港、日本、印度和新加坡，出口额均超过 27 亿美元，其中对美国出口 42.8 亿美元，同比增长 32.4%。

（李　倩）

【出口大户出口增幅高于全市水平】2010 年，北京市出口前 50 家企业共出口 343.6 亿美元，占全市出口总额的 61.9%，同比增长 15.8%，高于全市出口增幅 1.1 个百分点。

（李　倩）

【出口超亿美元的企业达到 85 家】2010 年，

北京市出口超10亿美元的企业有6家，出口超亿美元的企业有85家，比2009年增加20家。

（李　倩）

【进口额超过100亿美元的来源国有7个】2010年，北京市从沙特阿拉伯、安哥拉、德国、美国、日本、韩国和俄罗斯的进口额均超过100亿美元，其中从沙特阿拉伯进口228.4亿美元，同比增长42.7%。

（李　倩）

【进口额超10亿美元的企业达到33家】2010年，北京市进口额超10亿美元的企业有33家，比2009年增加8家；进口额超20亿美元的企业有13家；进口额超100亿美元的企业有3家。

（李　倩）

【全年审批加工贸易合同5 466份】2010年，北京市商务委办理进出口企业加工贸易业务6 605份。全年加工贸易出口233.3亿美元，增长9.1%，进口146.5亿美元，增长12.1%。

（李　倩）

【天竺综合保税区港区联动全面实现】2010年，首都机场货运口岸平移全面完成，实现了天竺综合保税区和首都机场货运口岸区港一体无缝对接，港区联动推动了首都机场口岸和天竺综合保税区实现大通关。

（李　倩）

【亦庄保税物流中心（B型）获得批复】海关总署、财政部、国家税务总局和国家外汇管理局等四部委正式批复同意设立北京亦庄保税物流中心（B型），亦庄保税物流中心（B型）的规划建设工作正式启动。

（李　倩）

【平谷国际陆港启动运行】2010年3月，北京平谷国际陆港启动运行，宣告北京地区全新的无障碍“出海”通道正式开通。平谷国际陆港是北京市第二条海运货物进出口通道，将建设成集国际中转、国际分拨等多功能为一体的海陆联运枢纽。

（李　倩）

【北京地区跨境贸易人民币结算超1 000亿元】2010年6月，北京正式启动跨境贸易人民币结算试点。据人民银行统计，截至2010年12月底实现跨境贸易人民币结算1 147.8亿元。

（李　倩）

【出口货物跨境贸易人民币结算取得突破】2010年12月，北京市4 681家企业获准开展出口货物跨境贸易人民币结算业务。12月20日，全市出口货物贸易人民币结算取得突破，北京福田国际贸易有限公司通过中国银行北京市分行办理了本市第一笔出口货物贸易人民币结算业务。

（李　倩）

【短期出口信用保险支持出口能力显著提升】2010年，北京市短期出口信用保险支持全市一般贸易出口84.3亿美元，同比增长75.6%，比2004年增加6.8倍；对北京市一般贸易出口的覆盖率达33.8%，比上年提高10.1个百分点，居全国首位。

（刘均环）

服务贸易

【服务外包继续保持高速增长】2010年，北京市共签订离岸服务外包出口合同5 565份，离岸服务外包执行总额15.4亿美元，同比增长46.7%。其中，软件和信息技术服务外包执行额12.0亿美元，占离岸服务外包执行总额的78.1%；业务流程外包执行额

2.2亿美元，占离岸服务外包执行总额的14.4%；生物医药外包执行额1.1亿美元，占执行总额的7.5%；执行额居前五位的发包国和地区是美国、日本、荷兰、芬兰和新加坡。

（巨振乐）

【成立文化贸易专家顾问委员会】为加快文化产业“走出去”的步伐，推动北京市文化对外贸易快速发展，在北京市商务委员会推动下，2010年11月12日筹备成立了北京服务贸易协会文化贸易专家顾问委员会。顾问委员会现有顾问13名，委员27名，将根据北京市文化创意产业对外贸易的发展需要，通过政策建言、资源整合及业务指导等多种方式，搭建文化对外贸易行业管理、信息服务、多渠道沟通的平台，以实现北京市文化对外贸易发展研讨的常规化，为北京市文化对外贸易政策的制定提出合理化建议并提供决策咨询。

（巨振乐）

【参加美国GARTNER服务外包高峰会】2010年9月14日至16日，组织14家企业参加了在美国奥兰多举办的GARTNER服务外包高峰会。其中5家企业举办了8场案例分析闭门会，得到了良好的宣传展示，并建立了有效的国际市场拓展渠道，进而有效地推动全市服务外包产业的发展。

（巨振乐）

【参加第17届生物医药国际大会】北京市商务委员会与北京服务外包企业协会、北京新医药产业促进中心共同组织北京生物医药外包企业参加了2010年5月3日至6日在美国芝加哥举办的第17届生物医药国际大会（BIO大会）。北京展团得到著名生物医药产业集群、一流研究机构的高度关注，与诺华、赛诺菲-安万特等国际领先制药公司和生物技术公司洽谈50余场次，在诊断试剂、医疗器械、研发服务等方面达成一批合作意向。

（巨振乐）

【建立服务外包示范区绩效考评体系】建立北京市服务外包示范区绩效考评体系及评分标准，对海淀区、朝阳区、昌平区、北京经济技术开发区和大兴区五个示范区的工作进行了绩效考评。考评结果显示，各示范区发展态势总体良好，全市已形成了以示范区为核心，各具特色、协调发展的格局。2010年示范区离岸服务外包合同执行额占全市总额的85%以上，集聚效应明显，发挥了示范带动作用。

（巨振乐）

【软通动力控股有限公司在海外上市】美国东部时间2010年12月14日上午，软通动力控股有限公司正式在纽约证券交易所挂牌交易，成为北京市第二家登陆纽约证券交易所的服务外包企业，也是北京市第五家海外上市的服务外包企业，形成了服务外包企业在国际资本市场集体亮相的态势。

（巨振乐）

【搭建服务贸易工作协调机制】与北京市服务贸易相关主管部门、中介组织联系成立了由25家单位组成的服务贸易联系促进机制。通过召开座谈会、实地调研等方式，积极了解会计、咨询、法律等服务贸易重点领域行业以及相关企业情况。服务贸易工作协调机制各成员单位积极配合，共同完成了北京市“十二五”服务贸易规划研究。

（巨振乐）

【推进服务外包人才培训中心建设】2010年北京市服务外包企业及培训机构已培训人员

7 000余人，超额完成2010年全年培训5 000名服务外包人才的目标。北京联合大学等培训机构已向教育部申请服务外包本科新专业和专业硕士点，文思创新等服务外包企业正着手探讨校企合作新方式。

（巨振乐）

【两家服务外包企业人员规模突破万人】2010年文思创新软件技术有限公司和软通动力控股有限公司两家服务外包企业在人员规模上突破万人，标志着北京服务外包产业在人员规模上实现了历史性突破。另外，5家企业被商务部评为“2010年中国服务外包十大领军企业”，17家企业被评为“2010年中国服务外包100强成长型企业”，4人被评为“2010年中国服务外包年度杰出贡献人物”。

（巨振乐）

【组织企业申报国家奖励资金】2010年北京市有11家企业获得中央文化出口奖励资金，118家企业获商务部技术出口贴息，62家服务外包企业及培训机构10 611人获得财政部、商务部2010年度支持承接国际服务外包业务发展专项资金。

（巨振乐）

技术贸易

【地区企业技术进口合同登记1 359项】2010年北京地区技术进口合同登记1 359项，总额30亿美元，同比下降16.5%。其中，技术费23.4亿美元，占合同总额的78%，同比增长18.6%。

（巨振乐）

【地区企业技术出口合同认定登记1 259项】2010年北京市技术市场管理办公室认定登记的技术出口合同1 259项，合同总额86.4亿美元，同比增长57%。其中技术费35.6亿美元，占合同总额41.3%，同比增长10%。

（巨振乐）

贸易管理

【鲜奶等实施自动进口许可和进口报告管理】根据商务部、海关总署公告2009年第45号和商务部公告2009年第50号，自2009年8月1日起对鲜奶、奶粉和乳清实施自动进口许可管理，并将上述品种纳入《实行进口报告管理的大宗农产品目录》，实行进口报告管理。进口鲜奶、奶粉和乳清的企业应按照《大宗农产品进口报告和信息发布管理办法》（商务部令2008年第10号）履行有关进口信息报告义务。

（刘　颖）

【大豆等实施自动进口许可管理】商务部、海关总署公告2009年第109号公布，自2010年1月1日起对大豆、油菜籽、豆粕、猪肉及副产品实施自动进口许可管理。

（刘　颖）

【进口关税配额企业】2010年北京市羊毛、毛条进口关税配额企业13家，化肥进口关税配额企业4家，食糖农产品进口关税配额企业3家。

（谢　江）

【原油、燃料油非国营贸易进口企业】2010年，北京原油非国营贸易进口企业4家，燃料油非国营贸易进口企业12家。

（谢　江）

【对部分轻（重）烧镁产品实行出口许可证管理】根据商务部和海关总署联合发布的2009年第125号公告，自2010年起，对“水镁石”（海关商品编码2530909991）和

“按重量计含氧化镁 70% 以上的混合物”（海关商品编码 3824909200）实行出口许可证管理。

（杨　洋）

【办理各类货物进出口许可证 6.2 万件】 2010 年，北京市商务委员会为北京市进出口企业办理各类货物进出口许可证 6.2 万件，涉证金额共计 469.4 亿美元。

（杨　洋）

【出口配额、出口许可证管理商品出口企业】 2010 年，铁合金出口企业 13 家，柠檬酸出口企业 5 家，焦炭出口企业 3 家，稀土出口企业 1 家，甘草出口配额招标中标企业 2 家，锯材出口 2 家，矾土出口配额招标中标企业 1 家，磷矿石出口企业 1 家。

（杨　洋）

贸易促进

【参加“2010 美国广播电视设备展”】 2010 年 4 月，北京市商务委员会首次组织北京广播电视设备企业参加了美国拉斯维加斯“NAB 全美国广播电视展”。北京 15 家广播电视设备企业参展，共租用 25 个展位。参展期间，北广科技股份有限公司、北京星光影视设备科技股份有限公司、北京同方吉兆科技股份有限公司的调频发射机、影视灯、前端编辑器、光纤传输机等受到客商青睐。北京企业共收到专业客户名片 1 146 张，其中潜在客户名片 366 张，单个企业收到最多的名片约 150 余张。

（吕　娜）

【参加“第 107 届中国进出口商品交易会”】 第 107 届广交会到会采购商和出口成交呈现恢复性增长。北京展团本期展会累计成交首次突破 1 亿美元，达到 1.38 亿美元，比 2009 年秋交会增长 43.9%；收到客商名片 4.6 万多张，比 2009 年秋交会增加 39%。参展企业反映，本届展会上成交价格普遍上涨了约 5%～10%。北京展团的自主品牌产品、生态环保产品和创新、个性化产品是展会亮点，收到外商青睐。

（吕　娜）

【参加“印度孟买国际消费电子家电及家居用品展览会”】 2010 年 5 月，北京市商务委员会组织十家企业参加由商务部主办的“印度孟买国际消费电子家电及家居用品展览会”。展会期间，北京市参展企业现场销售 1.38 万美元，出口成交 109 万美元。其中，美可达电子影像有限公司、北京晋科光技术有限公司和北京市海森医药进出口有限公司找到了代理商。

（吕　娜）

【举办“加拿大进口商品购物节”】 2010 年 6 月，北京市商务委员会、加拿大驻华使馆、加拿大魁北克政府驻京办事处在北京新光天地商场共同主办了“加拿大进口商品购物节暨魁北克特色产品展”。本次购物节为期 9 天，共有 26 家加拿大厂商参加，带来了食品、饮料、玩具、户外用品等 7 大类 300 余种商品。现场销售总额 114 万元。购物节期间不仅现场购买踊跃，同时还吸引了燕莎友谊商城、华联新光百货等 52 家北京商业企业前来采购洽谈；11 家厂商通过本次活动找到了商业合作伙伴，开始进行合作洽谈；3 家从未进入中国市场的加拿大厂商成功地找到了国内代理商和经销商。

（吕　娜）

【参加“第十八届昆明进出口商品交易会”】 2010 年 6 月，北京市商务委组织企业参加了“第十八届昆明进出口商品交易会暨第三届南亚国家商品展”。北京展团共设13个展位，10家企业参加了洽谈会。展会期间，北京交易团成果超预期，收到来自缅甸、越南、印度以及国内采购商的名片共276张，其中多家企业与客商达成具体合作意向。

（吕　娜）

【北京外贸企业与意大利企业在京举行“对接”活动】 2010年6月，北京外贸企业与意大利企业在中国大饭店成功开展了“对接”洽谈活动。意大利组织了有史以来规模最大的访华企业代表团参加此次活动，有160余家企业参加洽谈，涉及机械制造、食品加工、农产品、能源和环保、信息通讯、汽车、物流、旅游等26个行业领域，北京有50余家企业参与活动，双方共计600余人。

（吕　娜）

【参加“巴西圣保罗国际家庭用品及礼品博览会”】 2010年8月，北京市商务委员会组织9家企业参加了巴西圣保罗国际家庭用品及礼品博览会。北京展位进行了整体装修，“北京创造，世界共享”的标牌成为吸引洽谈的亮点。展会期间，北京参展企业共收到名片260余张，其中有效名片63张，合同金额95万美元。北京美可达电子影像公司签下31万美元的订单，北京圣雅诗进出口有限责任公司采购了15万美元的原材料。

（吕　娜）

【参加“第20届东京游戏展”】 2010年9月，北京市商务委员会组织北京游戏动漫和文化创意企业参加了日本第20届东京游戏展。本届游戏展首次设立中国文化贸易展示区，集中国内27家游戏动漫企业，其中包括目标软件（北京）有限公司、金山软件公司、炫美游科技发展有限公司等6家北京游戏动漫企业。日本广播协会（NHK）新闻电视台等多家媒体在第一时间对目标软件（北京）有限公司推出的游戏产品做了专访。

（吕　娜）

【参加“第六届中国吉林·东北亚投资贸易博览会”】 2010年9月，北京市代表团参加了第六届中国吉林东北亚投资贸易博览会并举办了“北京商务日”活动。北京代表团由11家企业组成，涉及高新技术、电子电器、食品饮料等多个行业。博览会期间，北京代表团首次举办了“北京商务日”。会上北京市企业代表做了宣传企业形象及产品的演讲，并与吉林省50余家次的企业进行了洽谈，洽谈项目涉及吉林森林保护领域、水陆联运物流领域及IT产业合作领域。

（吕　娜）

【参加“2010年荷兰广播电视设备展”】 2010年10月，北京市商务委员会组织13家企业参加了“2010年荷兰广播电视设备展”，共租用展位面积达216平方米，展品全部为自主品牌。展会期间，北京企业共收到客户名片900余张，其中潜在客户名片380张，意向成交金额约为132万美元，直接成交15.6万美元。

（吕　娜）

【参加“第七届中国－东盟博览会”】 2010年10月，北京市代表团参加了第七届中国一东盟博览会。中国一东盟博览会是促进中国一东盟自贸区之间经贸和多领域合作的重要平台，北京市代表团已连续7届参会，本次参会的北京企业共有32家，涉及高新技术、电子电器、农业、建筑材料等多个行业，部分产品在展会上反响强烈，深受采购商和消费者的欢迎。

（吕　娜）

【参加“第108届中国进出口商品交易会”】

第108届广交会北京交易团共有291家企业参展，其中新参展企业13家，累计成交1.45亿美元，比107届增长5.01%，成交产品仍以机电、轻工产品为主，鞋类和日用品成交下降明显，主要是由于劳动密集型产业受劳动力价格和原材料价格上涨等因素影响较大。展会期间，北京展团具有高科技含量、高附加值、新颖独特的创新型产品受到客商青睐，如新能源产品等是洽谈成交的重点，累计成交1 224.39万美元，占一期121家企业总成交的25%。本次展会，北京参展企业共收到名片3.8万张，其中有效名片约占30%。

（吕 娜）

【参加萨尔瓦多“中华人民共和国贸易展览会”】2010年12月，北京市商务委员会组织了18家企业参加了萨尔瓦多“中华人民共和国贸易展览会”。参展商品涉及小型机械设备、五金物品、纺织品等。北京美可达电子影像有限公司与当地一家公司签订了独家代理协议，每年至少向该代理商出口20万美元的电子转印产品及设备。北京水木润和进出口公司现场签订了3.3万美元铁钉和铁丝网等五金产品出口合同，另有10万美元的意向成交。其他参展企业或将产品销售一空或与当地一些客商建立了联系，为进一步开拓该市场奠定了基础。

（吕 娜）

【2010年北京市主要场馆举办大型国际展增长40%】2010年北京市主要场馆举办各类展览呈增长趋势。1—12月份，北京市8个主要场馆举办各类展览379个，同比增长5.3%。其中万平方米以上大型展览139个，同比增长33.7%，占总展览数的36.7%。在北京市主要场馆举办的展览中，国际展览154个，同比增长18.5%，占总展览数40.6%。大型展览中国际、国内展览分别为84个和55个，同比分别增长40%和25%。国际展览中心（旧馆）、农展馆和国家会议中心举办的展览列前3名，分别为84个、77个和52个。国际展览中心（旧、新）两馆举办的国际展最多，分别为53个和15个，同比增长130.4%和114.3%。特别是国际展览中心（新馆）今年举办的15个展览均为大型国际展会，同比增长150%。

（吕 娜）

【2010年北京市参加外贸培训企业出口明显增长】2010年，北京市进出口企业协会针对本市外贸企业举办了42期培训班，600家外贸企业的3 711人次参加了培训，培训内容包括进出口业务实际操作、外贸会计业务、政策法规、外贸热点专题等。参加培训的企业多为从事对外贸易经营新备案登记的企业，在开展外贸业务之初，参加相关培训，对企业开展外贸业务起到了积极作用。2010年，参加培训的企业共出口3.4亿美元，同比增长35%，高于全市平均增长水平19个百分点。

（吕 娜）

机电产品进出口概述

2010年，北京市机电产品进出口总额1 005.7亿美元，比上年同期增长21.5%。其中出口339.6亿美元，比上年同期增长10.2%，占北京市外贸出口额61.2%的比重；进口666.1亿美元，比上年同期增长28.2%，占北京市进口总额的27.1%。

——超额完成出口规划目标。2010年，机电产品出口金额比“十一五”规划最后一年目标高出9.6亿美元，同比增长10.2%，占北京市外贸出口份额比“十五”末期提高了10.7个百分点。

——企业主体规模不断扩大。2010年，北京地区机电产品出口企业数增加到4 108家，同比增长了6.6%；进口企业数达6 458家，同比增长了13.7%。

——民营企业出口增幅最大。2010年，民营企业全年累计出口19.7亿美元，同比增长35.1%。

——外资和国有企业保持出口主力。外资企业全年累计出口194.4亿美元，同比增长9.6%，占机电出口总额的比重为57.6%；国有企业累计出口123.6亿美元，同比增长6.3%，出口比重达到36.6%。

——五大类机电商品出口均为正增长。仪器仪表和运输工具增幅在20%以上；金属制品和机械设备类增幅在10%～20%之间；电器电子类产品出口增幅接近10%。对美国、香港、印度、日本、匈牙利、德国、新加坡和越南的出口值均在10亿美元以上。

——一般贸易出口比重加大。2010年，机电产品一般贸易出口117.4亿美元，比上年同期增长了25.9%；出口比重为34.8%，比上年同期增加4.5个百分点。

——外资和民营企业进口大幅提升。2010年，外资企业进口424.9亿美元，同比增长了46.3%；民营企业进口50.2亿美元，增长40.5%。

——一般贸易进口迅猛增长。机电产品一般贸易进口527.6亿美元，同比增长了33.9%。加工贸易进口53.1亿美元，比上年同期下降10.9%，其中进料加工进口51.6亿美元，同比下降11.2%。保税仓库进出境货物进口51.9亿美元，同比增长28.5%。

（杜　磊）

【亿美元出口突破50家】2010年，出口超过1亿美元的机电产品企业达51家，实现出口239.7亿美元，比上年同期增长12%，占机电产品总额的71%。

（杜　磊）

【手机零件出口迅猛增长】2010年，手机零件全年出口21.6亿美元，同比增长了3.8倍。

（杜　磊）

【开拓国际市场成效显著】2010年，共组织177家次130家机电类企业参加12场国际知名专业展会，收到良好成效。活动覆盖了新能源、汽车、电子和医疗器械等北京市进出口骨干产业及欧盟、北美、南美、中东、亚洲、非洲等国家和地区。参展企业累计出口金额2.8亿美元，同比增长1.5倍。

（杜　磊）

【自主创新出口快速增长】2010年，中关村自主创新型企业出口金额累计10.8亿美元，增幅高于全市外贸60个百分点。

（杜　磊）

【汽车整车进口大幅提升】2010年，汽车整车（含整套散件）进口187.2亿美元，比上年同期增长了1倍，占本市机电进口总额的28.1%。

（安　琪）

【国际招标规模不断扩大】2010年，共受理审核国际招标项目1 101包，同比增加40.8%；中标金额17.6亿美元，同比增加7.7%。

（安　琪）

【服务中央项目继续增加】2010年，受理审核中央单位国际招标项目450包，占总量的40.87%；累计中标金额5.99亿美元，占中标总金额的34.05%。

（安 琪）

【开展工程领域专项治理】2010年，对北京市工程建设领域突出问题专项治理信息系统中的5 435个项目进行了排查。涉及国际招标39项，118包，中标金额11.06亿美元。

（安 琪）

【完成轨道交通国际招标】2010年，北京市重点工程轨道交通地铁6号线、8号线二期、9号线信号系统、牵引系统、自动售检票系统等完成机电产品国际招标2.26亿美元。十一五期间共完成北京地铁4号线、5号线、6号线、8号线一期、8号线二期、9号线、10号线一期、10号线二期、15号线、机场线、昌平线、房山线、亦庄线、大兴线及1、2号线更新改造等轨道交通建设机电产品国际招标项目，合计11.29亿美元。

（安 琪）

【落实鼓励扩大进口政策】2010年，将鼓励扩大先进技术设备、关键零部件进口列为北京市商务委员会重点工作。全市共有45家企业，引进先进技术设备、关键零部件1.28亿美元。

（安 琪）

【服务企业更加快捷高效】2010年，各类机电产品进出口申报和审核业务激增。其中机电产品自动进口许可28 596份，比上一年同期增长14%，金额370.73亿美元，同比增长94.76%；办理两用物项（敏感物项）进出口许可业务2 486份。

（张永祥）

六、利用外资

概 述

2010年，北京市新批外商投资企业1 629家，同比增长14.5%；吸收合同外资84.9亿美元，同比增长2.1%；实际利用外商直接投资63.6亿美元，同比增长4.0%。

2010年全市吸收外资有如下几个主要特点：

一是外资集中投向第三产业。2010年，全市第三产业实际利用外资达到56.3亿美元，同比增长8.5%，占比达到88.5%，同比提高3.6个百分点，创历史新高，带动产业结构进一步优化。其中，以商务服务、信息服务、科技服务、金融服务、物流服务为主的生产性服务业实际利用外资34.4亿美元，占总额的54.1%。

二是高端制造业合同外资增长迅速。2010年，全市第二产业合同外资达到12.7亿美元，同比大幅增长110.8%。其中，医药制造业和交通运输设备制造业同比分别增长643.0%和184.1%，带动整个制造业吸收合同外资10.9亿美元，同比增长了88.3%。另外，电力、燃气及水的生产和供应业吸收合同外资1.5亿美元，同比增长了11.3倍，增速迅猛。高端制造业合同外资增长迅速，为第二产业发展增添了后劲，符合北京市鼓励高端制造业和战略新兴产业发展的方向。

三是并购方式增资突出。2010年，全市新批1 629家外商投资企业，吸收合同外资37.8亿美元，同比增加12.5%，占全市合同外资的44.5%，同比增加4.2个百分点。同期，共有988家外资企业增资51.8亿美元，占全市合同外资的61.0%。项目主要集中在商务服务业（12.2亿美元）、房地产业（10.8亿美元）和制造业（5.6亿美元）等行业。其中，制造业共有181个项目增资9.5亿美元，增幅达70.8%，表现突出。在增资方式上，共有96个项目以并购方式增资14.9亿美元，较上年增长20.3倍，占整个增资额的28.8%。

四是实际外资大项目稳步增长。2010年，全市实际利用外资千万美元以上大项目136个，比上一年同期增加了10个；实际利用外资44.9亿美元，同比增长8.0%；占全市实际利用外资的70.6%，同比提高2.6个百分点，带动全市利用外资质量进一步提高。同期，全市吸收合同外资千万美元以上大项目165个，合同外资66.2亿美元，占全市合同外资的78.0%，对全市利用外资带动作用显著。

五是总部聚集效应持续显现。2010年，北京市新认定沃尔沃、三菱重工等地区总部24家，累计认定地区总部82家，投资总额超过100亿美元，其中，有62家是世界500强企业。新设中信建设等9家投资性公司，累计在京批准设立的投资性公司达到183家。新设跨国公司500强投资企业32家，世界500强累计有256家在京投资了598个项目。新设以研发功能为主的外商投资企业28家，累计在京设立的以研发功能为主的外商投资企业353家，继续领跑全国。

六是外商投资区域分布有所调整。2010年，外商投资区域分布有所调整，城市发展新区、生态涵养发展区的实际利用外资和合同外资实现了双增长，更加符合各区域的功能定位，合同外资分别增长了8.1%和117.9%；实际利用外资分别增长29.2%和18.4%。城市功能拓展区实际利用外资39.6亿美元，同比增长8.0%，占全市的62.2%。

七是外商投资来源地集中。2010年共有103个国家和地区的外国投资者在北京市投资。亚洲和自由港仍是外资主要来源地，其中，香港仍然是投资最多的地区，合同外资达到46.8亿美元，同比下降5.7%，但仍占全市的55.1%；实际外资31.3亿美元，同比增长17.2%，占全市的49.2%。其次是英属维尔京群岛、开曼群岛、日本、新加坡、德国、美国、韩国、荷兰和丹麦。

（梁惊原）

【历年累计利用外资情况】截至2010年底，北京市累计批准外商投资企业32 933家，累计实际利用外商直接投资561.7亿美元。

（焦　刚）

【147个国家和地区来京投资】截至2010年底，共有147个国家和地区来北京市投资，较2009年增加了4个。目前在北京实际投资前十位的国家和地区分别是香港、英属维尔京群岛、日本、开曼群岛、美国、德国、韩国、新加坡、荷兰和法国。

（马俊杰）

【租赁和商务服务业占全市利用外资比重最高】2010年租赁和商务服务业新设项目数最多，达461个，较上年多30个，占全部新设项目数的28.3%；吸收合同外资20.3亿美元，占全部的23.9%；实际利用外资17.6亿美元，占全部的27.6%。其中投资性公司占租赁和商务服务业合同外资的40.6%、实际外资的66.1%。

（马俊杰）

【电子信息产业继续成为引资重点领域】2010年通信设备、计算机及电子设备制造业吸收合同外资2.6亿美元，同比大幅增长，实际利用外资1.5亿美元，同比增长3.2倍；信息传输、计算机服务和软件业吸收合同外资9.9亿美元，同比增长18.4%，占全市的11.7%，实际利用外资9.5亿美元，同比增长1.0%，占全市15.0%。两者合计合同外资12.5亿美元，同比增长53.2%，占全市的14.7%，实际利用外资11.0亿美元，同比增长12.6%，占全市的17.3%；带动通信设备、计算机及电子设备批发零售业吸收合同外资1.8亿美元，同比增长18.2%，实际利用外资1.3亿美元，同比增长9.9%。

（马俊杰）

【文化创意产业利用外资发展迅速】2010年新设文化创意外商投资企业412家，吸收合同外资16.1亿美元，占同期全市合同外资总额的19.0%；实际利用外商直接投资14.5亿美元，占同期全市实际利用外资总额的22.8%。其中软件、网络及计算机服务类占文化创意产业合同外资的61.6%、实际外资的65.8%。

（高 茜）

【商贸领域仍是外商投资热点】2010年批发和零售业新设外商投资企业430家，较上年增多32家，占全市新批企业26.4%；吸收合同外资10.7亿美元，同比增长38.3%，占全部合同外资12.6%；实际利用外资6.6亿美元，同比增长18.1%，占全部实际外资10.4%。

（马俊杰）

【城市功能拓展区吸收外资比重最大】四大功能区中，城市功能拓展区吸收合同外资48.3亿美元，占56.9%；实际外资39.6亿美元，占62.2%。城市发展新区和首都功能核心区利用外资规模相当，合同外资分别为15.5亿美元和17.6亿美元，各占18.3%和20.7%；实际外资分别为10.8亿美元和11.5亿美元，各占16.9%和18.1%。生态涵养发展区外资比重较小，合同外资、实际外资各占4.1%和2.8%。

（马俊杰）

【投资性公司贡献突出】2010年北京市外商投资企业联合年检数据显示，2009年度134家投资性公司实现营业收入2 650.9亿元，利润总额499.2亿元，同比分别增长7.3%和27.9%；实现纳税322.8亿元，占全市外商投资企业纳税总额的21.9%。

（田 鹏）

【“十一五”期间北京市利用外资成绩斐然】“十一五”期间，北京市年实际利用外商直接投资连跨40亿、50亿、60亿美元三个台阶，实际利用外资总额达到281.8亿美元，较“十五”期间增长1.3倍，从2005年的35.3亿美元增加到2010年的63.6亿美元，年均增长率达到12.5%，呈现出内涵式发展的基本特征。一是60%以上外资来源于企业增资；二是74%的外资来自千万美元以上大项目；三是第三产业利用外资比重超过80%；四是总部经济聚集效应日益明显。

（王立峰）

【完成“十二五”时期利用外资规划】2010年根据中央有关“十二五”经济社会发展指示精神，依据市委、市政府的总体规划部署，在充分总结分析北京市“十一五”时期利用外资基本情况和特点及外资贡献的基础上，结合北京市经济社会发展实际，从未来利用外资面临形势、指导思想、发展目标以及发展重点和发展措施等五个方面制定北京市第十二个五年利用外商直接投资规划。

（焦　刚）

【外商投资企业联合年检工作顺利完成】2010年3月1日至7月15日，北京市开展了外商投资企业网上联合年检工作。面对近两年外汇年检系统已独立运行这一新情况，2010年北京市对网上联合年检工作方案进行了较大调整与充实，简化年检手续，加大了数据转换及整合力度，绝大多数在市工商局注册的外商投资企业，除了参加外汇年检外，只需登陆“一网”即可完成联合年检的报送工作，有效地减轻了企业的负担。2010年参检企业达12 845家，参检率为91.2%，同比上一年提高了0.2个百分点。

（许雪梅）

【第十四届京港洽谈会成功举办】第十四届北京·香港经济合作研讨洽谈会于2010年11月24日至25日在香港成功举办。本届京港洽谈会以“加强京港务实合作，共促两地经济繁荣”为主题，围绕两地共同建设现代、科技、生态城市目标，通过开展主题论坛、研讨洽谈、交流座谈、宣传推介、展览展示、项目签约、参观考察等多种形式的活动，重点推进京港两地在现代服务业、高新技术产业以及生态城市建设与管理等领域的深入交流与合作，进一步促进两地经济繁荣和社会发展。本届京港洽谈会取得丰硕成果，包括北京地铁16号线在内的26个项目进行了签约，签约金额达88亿美元。

（田　鹏）

【完善大项目跟踪服务机制】2010年全年跟进大项目185项，促成81个项目在京新设或增资，合同外资达35.6亿美元，约占全年合同外资的40%。

（李亚平、刘涛、全国卿、陈廓）

【依法进行外资行政审批（许可）】2010年全年为外商投资企业办理各类设立及变更事项2 146件，发放外商投资企业批准证书868个；为外商投资企业办理进口设备审核、鼓励类项目确认、技术更新项目确认505件。

（刘涛、董士娟、张立新、田静）

【落实《关于外资研发中心采购设备免/退税资格审核办法的通知》】落实商务部、财政部、海关总署、国家税务总局《关于外资研发中心采购设备免/退税资格审核办法的通知》，在全国各省市中率先推出实施办法，对第一批通过审核的8家企业进行公告。

（段新华、陈静、张立新）

【积极推动外资审批制度改革】推动外资审批权限进一步下放。2010年初将投资总额1亿美元（含）以下鼓励类、允许类外商投资企业合同、章程及其变更事项的审批工作下放到全市所有区县。压缩外资行政办理事项审批时限，外商投资先进技术企业确认时限、外商投资产品出口企业确认时限分别缩短5个和15个工作日。推动外资格式化审批和外资档案电子化，着力构建便民、协调、快速的审批运行机制。

（段新华、李亚平、史俊峰、张振成）

【全方位做好外资企业服务】2010年接待来人来电咨询3.8万余人次、网上咨询823人次；完成外商投资融资租赁企业和创业投资企业备案工作；加大对央企在京投资项目服务力度，2010年全年央企在京项目吸收外资19亿美元，占全市合同外资的四分之一。

（张振成、刘涛、陈静、陈廓）

【外商投资性公司经济贡献突出】根据2010

年外商投资企业联合年检数据，具有总部性质的134家外商投资性公司占全部参检企业的1%，营业收入和纳税总额分别占到全部参检企业的16.6%和21.9%，经济贡献十分突出。其中，2010年全市新设9家投资性公司，累计在京批准设立的投资性公司达到183家。

（王亚娟）

【落实跨国公司地区总部政策】 为43名地区总部和研发机构聘用的高管人员和技术人员办理了北京市户口；为地区总部外籍人员发放有效期3－5年《外国人就业证》220件；为661人次地区总部外籍人员确认和办理其本人及家属有效期3－5年的外国人居留许可。

（韦肖、郭德新、史俊峰、陈静、田静）

【逾60家世界500强企业在京设立地区总部】 截至2010年底，北京市认定的跨国公司地区总部达到82家，其中，2010年新认定24家。这些总部企业实力雄厚，投资总额超过100亿美元，汇集多个行业龙头，其中世界500强总部企业有62家。

（史俊峰、陈静）

【第十三届京台科技论坛取得丰硕成果】 2010年12月13日至21日，组织“北京2010商务交流团”赴台参加“第十三届京台科技论坛”，取得丰硕成果。成功举办了“京台商业暨物流合作论坛”，隆重推介石景山区北京台湾街、东城区前门台湾文化商务区等以台湾风情为主题的特色商业街区，京台两地130余位企业界代表出席，14家北京市商贸企业与近30家台湾厂商进行洽谈对接。联想（北京）有限公司与三家台湾电子企业签订了总额达32亿美元的电脑产品采购协议，北京张一元茶叶有限责任公司与台湾茶叶生产企业、北京物流协会与台湾物流协会分别签订合作协议。商务交流团与北京市第一家在台设立的陆资企业—京泰公司就进一步开展合作、促进北京与台湾两地经贸交流进行了对接。

（韦肖、全国卿、张立新）

七、对外经济合作

概　　述

2010年，在北京市商务工作取得新成绩的背景下，北京市的“走出去”工作也取得了新进展，对外投资、对外承包工程和劳务合作等业务均取得了新突破。一是搭建平台，促进对外投资平稳发展。通过举办第十三届科博会“中国企业海外投资环境专场推介会”，积极参与第十五届中国国际投资贸易洽谈会、第十届中日韩泛黄海经济技术合作交流会议等方式，引导企业了解海外投资环境、形成产业竞争集群，有针对性推荐本市优势企业，加快对外投资工作发展；二是加强沟通，提高对外承包工程竞争力。建立了承包工程企业联系会议制度，以专题座谈会的形式，增强企业间的经验交流，发挥北京市开展对外承包工程的整体优势，增强整体竞争合力，积极开拓国际工程承包市场；三是用好政策，支持企业“走出去”。组织企业申报国家对外经济技术合作专项资金，利用国家对本市对外经济技术合作企业资金，促进北京市“走出去”工作的发展；利用北京市专项资金支持，帮助企业开展对外经济技术合作业务，增强北京市“走出去”企业的国际竞争力；举办对外承包工程企业保函管理工作专题培训讲座，进一步发挥企业保函对“走出去”工作的促进作用；四是规范管理，做好“走出去”基础工作。受理中央在京单位、北京地方企业的对外承包工程资格证书换证申请，掌握基础情况，认真做好援外企业资格申请初审，包括工程项下劳务项目审查及备案、出境证明办理、援外培训项目、外派劳务合作项目等；五是加强检查，确保对外合作有序发展。成立《对外承包工程管理条例》（以下简称《条例》）专项检查工作组和办公室，制定专项检查工作机构和学习阶段情况统计表、《条例》落实情况自查表、整改完善情况汇总表和工作总结等方面的具体内容；开展为期1个月的对外投资合作统计执法大检查，进一步提高了北京市对外经济合作统计工作的质量。

据统计，2010年，北京市共核准境外企业（机构）266家（其中：境外企业238家，境外机构28家），同比增长90%；中方协议投资额17.71亿美元，同比增长2.54倍；中方实际投资额6.94亿美元，同比增长126.89%。北京市对外承包工程和劳务合作新签合同额28.62亿美元，完成营业额25.98亿美元，同比增长14.5%，超额完成营业额全年增长10%的工作目标，并呈现出以下特点：

——企业竞争力不断提升

据美国麦格劳·希尔建筑信息公司发布的2010年度《工程新闻记录》，全球最大225家国际承包商排名，中国内地共有54家企业榜上有名，其中北京市有3家企业入选，分别是北京建工集团有限责任公司117位、中地海外建设有限责任公司128位，名次分别比上年度提高了23位和3位，首次入选的泛华建设集团有限公司排名162位。此外，商务部、国家统计局、国家外汇管理局2010年发布的中国对外直接投资统计公报显示，北京市对外直接投资存量（非金融类）为37.59亿美元，位居全国第二位，占全国地方合计对外直接投资存量的9%。

——民营企业份额日益增长

在席卷全球的金融危机中，北京市的对外承包工程企业经受住了考验，克服了重重困难和不利因素，实现了“逆势上扬”，继续呈现平稳增长的势头。完成营业额排名前10的对外工程承包企业中，民营企业有4家，累计完成营业额5亿美元，数量占到全市对外工程承包龙头企业的4成，营业额逾三成。此外，非国有成份企业成为北京市境外投资的主力军，设立境外企业245家，占2010年全市总数的92.11%。

——拓展国际发展空间初见成效

对外承包工程对发展中的非洲市场保持持续上升趋势，目前对非的完成营业额已占本市承包工程完成营业额总额的80%，成为北京市对外承包工程的绝对主阵地。在巩固和发展传统国际承包工程市场的同时，努力拓展新兴市场和发达国家市场，2010年，北京市对外工程承包企业首次进入的新兴海外工程市场有格林纳达、百慕大群岛、瓦努阿图等。同时，不断优化市场布局，在欧洲及拉美等发达国家开展承包工程业务有了快速的增长，呈现良好的发展潜力。

——行业分布和工程项目趋向多元化

对外承包工程发展方式有了质的变化，

由传统的土建工程向咨询、设计、项目后期运营的EPC、BT等工程总承包形式发展。对外承包工程的行业分布也正在从土建工程向多元化方向发展，除城建传统的房屋建设领域外，开始向制造及加工业、交通运输建设、供排水、矿山建设等领域拓展。其中，房屋建设类项目的完成营业额已占全市承包工程完成营业额总额的61%；交通运输建设类项目完成营业额占总额的21%。2010年，北京市新增矿山建设类项目，主要分布在赞比亚、老挝等国家，从事采矿工程和地质勘探等业务。

——大项目逐渐增多

2010年，对外承包工程中，新签合同额1 000万美元以上的项目占工程合同总额的86.3%，业务集中度不断增强。境外投资中，超过1 000万美元的大项目数量明显增多，约占全市中方协议投资总额的四成。

——实现中外双方和谐发展和互利共赢

通过开展互利互惠的对外投资合作，进一步深化了北京市与项目所在国的友好合作关系，兼顾了中外双方的共同利益，为东道国带去了人才、资金和技术，并为当地解决就业、增加税收、增强自主发展能力做出了贡献。2010年，北京市的海外工程业务中雇用当地员工7.5万余人，其中，仅在非洲地区开展承包工程就解决当地人就业近7万人。与此同时，北京市对外工程承包企业还在发展中国家承揽了众多惠及民生的优质工程，有力改善了当地的基础设施水平，并为提升当地产业水平、实现可持续发展做出了贡献，实现了中外双方和谐发展和互利共赢。

（郭红雨）

境外投资

【境外企业（机构）核准数量及投资额大幅增长】2010年是中国实施《境外投资管理办法》（商务部2009年第5号令）第二年，得益于该办法的实施及国家有关鼓励政策的出台，且有企业走出去的积极性，北京市境外企业（机构）的核准数量及投资额均有大幅增长。共核准境外企业（机构）266家，同比增长90%。境外企业投资总额17.71亿美元，同比增长178%。

（闫玉民）

【北京市企业收购美汽车业务】在国家有关部门及北京市有关部门的支持下，北京市经济开发区企业太平洋世纪（北京）汽车零部件有限公司2010年11月分别在新加坡及美国特拉华州设立太平洋世纪（新加坡）转向系统控股有限公司和太平洋世纪（美国）转向系统控股有限公司，其投资额分别为3 500万美元和6 500万美元。太平洋世纪（北京）汽车零部件有限公司设立上述两家境外企业，意在以上述两家境外企业为运作平台收购美国通用汽车旗下耐世特（NEXTEER）电子转向及传动业务。此举有利于推动本市汽车工业的发展和提高。

（闫玉民）

【拍卖企业赴台设点】经商务部核准，北京市拍卖企业北京九歌国际拍卖股份有限公司于2010年10月在台湾设立了自己的办事处。办事处的主要功能为信息收集及客户联络。

（闫玉民）

对外承包工程

【对外承包工程和劳务合作营业额创新高】2010年，全市对外承包工程和劳务合作新签合同额28.62亿美元，完成营业额25.98亿美元，同比增长14.5%。对外承包工程带动机电产品和材料设备出口2.54亿美元。

（孙 健）

【**新批对外承包工程企业22家**】2010年，北京市新批对外承包工程企业22家，全市具有对外承包工程资格企业达到154家。新批企业业务范围更广泛，有2家监理企业申请并获得对外承包工程资格证书。

（孙 健）

【**组织完成对外承包工程证书换证工作**】按照《对外承包工程资格管理办法》的规定，2010年，北京市商务委完成了330家中央和地方企业的换证申请，换发了新的对外承包工程资格证书。

（孙 健）

【**落实《对外承包工程管理条例》专项检查**】2010年，北京市成立了落实《对外承包工程管理条例》（以下简称《条例》）专项检查工作组和办公室，制定了专项检查工作机构和学习阶段情况统计表、《条例》落实情况自查表、整改完善情况汇总表和工作总结等方面的具体内容，达到了推动对外承包工程科学发展、加快转变增长方式、强化规范经营、提高经营管理水平、完善支持促进政策的目标。

（孙 健）

【**3家企业入选全球最大225家国际承包商**】2010年度《工程新闻记录》全球最大225家国际承包商排名中，全市三家企业入榜：北京建工集团有限责任公司117位、中地海外建设有限责任公司128位，名次分别比上年度提高了23位和3位，首次入选的泛华建设集团有限公司排名162位。

（孙 健）

对外劳务合作

【**2010年北京市对外劳务合作情况**】2010年，北京市对外劳务合作新签合同额35 065万美元；完成营业额37 282万美元，当年外派11 770人，同比增长12%，月末在外人数22 499人，同比增长73.16%。当年外派和月末在外人数均创历史最好水平。

（崔春玲）

【**外派劳务项目审查工作开展顺利**】2010年，全市审查对外劳务合作项目121件，备案登记审核输港澳劳务合作项目929个，开具对外劳务合作出境证明62件，按规定为168家企业退还了部分对外务合作备用金。

（崔春玲）

【**对外劳务合作经营资格核准事项划归地方**】根据《商务部关于对外劳务合作经营资格核准有关事宜的通知》精神，对外劳务合作经营资格核准事项已由商务部核准划归省级商务主管部门核准。2010年，经北京市商务委核准，北京建工劳务服务有限公司获得对外劳务合作经营资格。这是市商务委审批的首家对外劳务合作经营资格核准事项。

（崔春玲）

【**开展对外承包工程劳务合作统计执法大检查工作**】按照商务部的统一部署，2010年8月，市商务委高度重视、精心组织企业开展了对外承包工程劳务合作统计执法大检查专项工作。制定了周密的工作方案、组织企业认真开展自查工作，抽查了部分企业的统计大检查工作，提出了完善统计工作密切联系机制，定期业务统计培训机制和重点大工程项目跟踪机制等行之有效的整改措施，取得了良好的效果。

（崔春玲）

对外经济援助

【新批2家对外援助实施企业】2010年，经北京市商务委审核并经商务部批准，全市有2家企业被核定为对外援助成套项目实施企业，分别是北京房地集团有限公司和北京首华建设经营有限公司。

（崔春玲）

【承担援外培训项目2项】2010年，北京市共承担援外培训项目2个。培训班内容包括发展中国家农产品加工循环综合利用新技术培训、发展中国家食品加工高新技术培训。来自非洲、南美洲、亚洲等30余个发展中国家的50多名学员接受了培训。

（崔春玲）

【承担对外经济技术援外项目12项】2010年，北京市共有5家企业承担了援外项目12项。其中援外成套项目2项，合同额2 677万美元，完成营业额448万美元；援外物资项目4项，合同额7 335万美元，完成营业额4 548万美元；援外竣工验收、可行性考察、施工监理等6项。受援国家包括安提瓜和巴布达、巴基斯坦、乌兹别克斯坦、科特迪瓦、赞比亚、老挝、蒙古、纳米比亚、毛里塔尼亚等国家。

（崔春玲）

八、世贸事务

概　　述

2010年，全球贸易摩擦继续呈高发态势，且形势更加复杂。在商务部的指导下，按照市委、市政府的要求，市商务委积极应对国际贸易摩擦，全力维护企业合法权益。

一、本市应对贸易摩擦形势更加复杂

2010年涉及北京市的反倾销、反补贴、保障措施调查案件为36起（涉案金额9 167.3万美元，涉案企业达到618家），案件数量同比增加4起；美国337调查和301调查各1起。案件继续呈现出涉案产品从劳动密集型向高科技产品蔓延的趋势。欧盟对本市数据卡实施反倾销与保障措施、反补贴立案调查，是迄今为止欧盟对中国发起的最大规模贸易救济案例。

二、指导企业在维护产业安全上取得新进展

在市商务委的支持协调下，本市企业在3起对进口产品的贸易救济调查中胜诉。商务部初裁对原产于欧盟的进口X射线安检设备按照48.2%～71.8%的倾销幅度征收保证金。此外，本市企业还在对原产于美国的部分进口汽车产品和白羽肉鸡产品发起反倾销和反补贴调查中胜诉。同时，市商务委加强典型案件和重点问题的研究，探索维护本市高科技产业利益的新途径。

三、积极配合国家应对美欧反补贴立案调查

市商务委配合商务部协调有关部门积极应对美欧反补贴立案调查。按时完成了欧盟对华数据卡反补贴调查政府答卷信息、美对华无缝管反补贴调查政府补充问卷等信息填报工作。

（雷　堃）

【北京市企业遭受国外贸易摩擦案件数量上升】2010年涉及北京市的反倾销、反补贴、保障措施调查案件为36起，案件数量同比增加4起，涉及美国、欧盟、澳大利亚、印度、巴西、土耳其、俄罗斯等12个国家和地区。

（于　文、梅　焱）

【欧盟成为对北京市企业实施贸易救济措施最多的地区】2010年，欧盟成为对北京实施贸易救济措施最多的地区，案件数达到10起；印度和美国位列第二和第三位，分别为7起和6起。

（于　文、梅　焱）

【北京市贸易救济申诉案件数量居全国前列】自1999年12月本市提起第一起进口反倾销立案至今，由本市企业参与发起的针对国外进口产品的反倾销和保障措施案件共有19起，约占全国立案总数的三分之一。

（于　文、梅　焱）

【北京市企业首次在高新技术领域申诉案中胜诉】商务部初裁对原产于欧盟的进口X射线安检设备按照48.2%～71.8%的倾销幅度征收保证金。这是北京市高新技术企业第一次在反倾销申诉案中胜诉，对本市具有比较优势的高新技术企业起到了良好的示范作用。

（于　文、梅　焱）

【北京市企业遭受美国337调查】知识产权纠纷成为目前中美贸易摩擦的重要表现方式。近五年来，本市企业遭受美国337调查累计达到6起，主要集中在技术密集型和高附加值产品。

（于　文、梅　焱）

【北京市企业采取贸易救济措施效果明显】北京市受国际金融危机影响较大的石化行业，立案及终裁后，涉案产品效益明显回升，产业逐步得到恢复。

（于　文、梅　焱）

【欧盟针对中国数码产品启动最大贸易救济调查】2010年6月至9月，欧盟首次对中国产无线数据卡发起反倾销、反补贴和保障措施三种调查，涉及中国企业出口额约41亿美元，是迄今中国遭遇涉案金额最大的贸易救济调查。

（于　文、梅　焱）

【产业安全数据库扩容工作迈上新台阶】2010年，结合北京市实际，市商务委明确了商务主管部门、事业单位、行业协会和样本企业“四位一体”的联动机制，建立完善了培训、考核制度。据全国产业安全指南网统计显示，今年7月份以来，北京市报送企业数稳定在100家左右，全国综合排名有较大提升。

（雷　堃、于　文、梅　焱）

【“WTO与中国：北京国际论坛（2010）”成功举办】作为王府井国际品牌节的主题论坛，“WTO与中国：北京国际论坛（2010）”于2010年9月13日在北京天伦王朝酒店举行。本届论坛以“品牌发展与世界城市”为主题，展示全球化背景下的品牌发展新变化，探索品牌与世界城市之间的内在联系，分享世界级品牌发展过程中的文化积淀与成功经验，围绕品牌在建设世界城市中的重要作用、国际品牌在北京的发展机遇及合作前景，加快中国品牌与“老字号”品牌的国际化进程，打造王府井“名品—名店—名街”等议题，展开深入探讨。

（梅　焱）

九、商务领域行业协会

北京市商务领域社团组织概述

2010年，北京市商务领域社团组织积极发挥政府与企业之间的桥梁和纽带作用，认真履行“行业代表、行业自律、行业管理、行业协调、行业服务”等职能，组织大型会议和市场活动，搭建企业交流、展示平台，提升行业发展水平；制订行业规范，加强行业自律；加强对外商投资的引导与服务，提高利用外资的质量与水平；采取多种形式开展培训，提高了企业竞争力；实施“引进来”、“走出去”战略，帮助企业拓展市场，提高企业知名度，对推动商务工作又好又快发展做出重要贡献。

截至2010年底，由市商务委作为业务主管单位的社团组织共54家，其中内贸领域36家，外贸领域18家。按照在市民政部门社团组织登记的分类统计，行业性社团41个，学术性社团6个，专业性社团3个，联合性等社团4个。批复北京贸易效率协会变更为北京品牌协会并在市社团办登记。按期完成年检的初审工作，把好规范社团组织行为的第一道关。做好换届工作的指导，指导拍卖、商业文化等12家社团组织完成换届选举工作。

（王庆丽、谭成海）

附：北京市商务领域社团名录

北京市商务领域社团名录

序号	单位名称	会长	秘书长	联系人	联系电话	传真	单位地址	邮编
1	中国国际商会北京商会	熊九玲	赵广才	李万瑞	88070427	68014008	西城区南礼士路头条 3 号	100045
2	北京国际会议展览业协会	储祥银	储祥银	王　芳	88070431/0324/0343	68061030	西城区南礼士路头条 3 号	100045
3	北京国际经济贸易学会	姚　望	李　霞	李　霞	88070329	68014008	西城区南礼士路头条 3 号	100045
4	北京市进出口企业协会	陈　伟	叶长友	金　禧	84289881/9006/9001	84289902	朝阳区和平里小黄庄北街 2 号 C 座	100013
5	北京市国际技术贸易协会	陈　伟	陈乃明	刘培立	65252214	65252214	东城区朝内大街 190 号	100010
6	北京市国际货运代理行业协会	于　杰	李　荣	李小蕾	64621398/99	64615507	朝阳区亮马桥路 44 号海昌大厦 209 室	100016
7	北京市对外经济贸易会计学会	李文泉	张淑兰	李文泉	65280245/85163037		东城区朝内大街 190 号	100010
8	北京市商务企业法律顾问协会	钟　青	董淑荣	李树平	58260971	58260971	朝阳公园西里南区 6 号楼副楼 503 室	100125
9	北京品牌协会	王介甫	夏　明	李树平	58260971	58260933	朝阳公园西里南区 6 号楼副楼 503 室	100125
10	北京中外企人力资源协会	王晓平	滕　霄	范莉莉	67771003	67771004	朝阳区西大望路 15 号外企大厦 B 座 703 室	100022
11	北京国际志愿人员协会	王　粤	刘　军	闫　颖	84000561/0562	64097913	东城安定门东大街 28 号雍和大厦 C 座 11 层	100007
12	北京外商投资企业协会	何庆源	周卫民	陈一松	65543163/64	65544915	朝阳门北大街 8 号富华大厦 F 座 408 室	100027
13	北京国际投资促进会	孙长泰	李保卫	张　桐	65546203	65543161/6203	朝阳门北大街 8 号富华大厦 F 座 406 室	100027
14	北京外企海外联谊会	韩敬民	刘燕玲	束　燕	67771209/10	67771174	朝阳区西大望路 15 号外企大厦 B 座 1904 室	100022
15	北京服务贸易协会	熊九玲	褚祥银	苑晓坤	88070346	68065905	西城南礼士路头条 3 号南楼 325 室	100045
16	北京服务外包企业协会	曲玲年	朱梓齐	孟　哲	82825690—1073	82825695	海淀区东北旺西路 8 号中关村软件园 1 号楼信息中心 C 座一层	100094
17	北京国际经济技术合作协会	纪为民	廖志宁	白　洁	84549851	84549693	东城区东直门外大街 48 号东方银座 A 座 17C	100027
18	北京外商投资企业商工联合会	姜仲群	刘贻长	刘贻长	65056010	65056110	建外大街 1 号国贸西楼 516 室	100004
19	北京市商业联合会	李顺利	陈　进	陈　进	63435419/22/29	63435416	西城区莲花池东路丙 1 号	100045

（续）

序号	单位名称	会长	秘书长	联系人	联系电话	传真	单位地址	邮编
20	北京物流协会	王国丰	林友来	林友来	63435428	63435428	西城区莲花池东路丙 1 号	100045
21	北京市商业企业管理协会	沈致远	左玉荣	吴晓霖	64010352	64010352	东城区魏家胡同 20 号	100007
22	北京百货商业协会	孟卫东	左玉荣	吴晓霖	64070692	64010352	同上	100007
23	北京市印章行业协会	张宝平	王　立	肖　悦	63030462	63035640	宣武区珠市口西大街 258 号	100051
24	北京市茶业协会	白文祥	付光丽	刘秀荣	68337903	68337903	西城区北礼士路甲 98 号阜成大厦 A 座 4 层 421 号	100037
25	北京冷饮食品协会	濮万瑾	李桂花	李桂花	63435423	63435520	西城区莲花池东路丙 1 号	100045
26	北京市供销合作经济组织协会	符敬群	杭金生		63521364	63520898	宣武区儒福里 40 号	100054
27	北京蜂产品协会	杨寒冰	赵增莲	钟一鸣	67869258	67869021	北京经济技术开发区同济中路 7 号兴盛工业园 3 栋	100176
28	北京商业经济学会	臧洪阁	赖　阳	魏　刚	65594609/65231127	65128343	东城区礼士胡同 41 号	100010
29	北京市商业服装行业协会	陈普照	朱名华	朱名华	65136644/63032991	65123749	宣武区前门大街掌扇胡同甲 2 号	100051
30	北京肉类食品协会	袁卫东	刘金英	吴　萍	63266413	63324878	宣武区广安门外广华轩 6 号楼	100055
31	北京市化工商业协会	邓五一	刘志刚	王海红	87612660/67603818	87612660	丰台区永外宋家庄顺八条 1 号	100078
32	北京市眼镜行业协会	孟卫东	刘多宁	刘多宁	67059782	67059782	东城区天坛路 57 号院内东楼 4 层 401	100062
33	北京市调味品协会	吴　鸣	陈犹太	陈犹太	63522160	63520901	宣武区枣林前街 19 号	100053
34	北京焙烤食品糖制品协会	高　波	张　漪	刘俊欣	63265499	63265499	宣武区广安门外广华轩 6 号楼	100052
35	北京市豆制品协会	张振山	卢桂芳	卢桂芳	63521149	63521149	宣武区枣林前街 19 号	100053
36	北京农业生产资料协会	吴　山	陈永峰	高　放	83828781	83828781	丰台区西四环南路 30 号院 8－1 供销农资大厦 12 层	100161
37	北京文化用品行业协会	张　军	周文安	田秀丽	67226062	87297093	崇文区永外东革新里 42 号	100077

（续）

序号	单位名称	会长	秘书长	联系人	联系电话	传真	单位地址	邮编
38	北京市石油流通行业协会	赵振生	王顺增	赵秋萍	51727981/7923	51727981/7924	海淀区北三环西路48院科技会展中心1号楼B座10E	100054
39	北京拍卖行业协会	温桂华	张　瑾	许惠田	68337868	68332969	西城区北礼士路甲98号阜成大厦B座305室	100083
40	北京家政服务协会	李大经	杨　军	李大经	63432818/5414	63432818	西城区莲花池东路丙1号	100006
41	北京市摄影行业协会	孙秀珍	孙广义	孙广义	66039982	66039982	西城区大酱坊胡同甲26号	100032
42	北京市洗染行业协会	汪学仁	高云丽	高云丽	63972756	63972756	丰台区莲花池西里20号宝辰洗衣厂四楼	100073
43	北京市饮食行业协会	白　涛	何之绂	何之绂	66035722	66039210	西城区大酱坊胡同甲26号	100032
44	北京美发美容行业协会	卢连德	李瑞明	关　莽	63159838	63188435	宣武区珠市口西大街120号太丰惠中大厦1222室	100050
45	北京市租赁行业协会	李鸿增	郑庆林	郑庆林	67150700	67150700	崇文区法华南里26号404室	100061
46	北京西餐业协会	陈立群	许　萌	许　萌	64810615	转11	朝阳北苑路180号加利大厦2号楼502室	100101
47	北京典当行业协会	郭金山	郝凤琴	郝凤琴	84544366	84544368	朝阳左家庄北里2号北青苑写字楼317室	100028
48	北京电子商务协会	高颖维	林　亚	王同红	63435415	51814650	西城区莲花池东路丙1号	100045
49	北京市连锁经营协会	姜俊贤	李秀珍	李秀珍	62218069	62262236	海淀区北三环西路光明北里2号	100088
50	北京老字号协会	姜俊贤	张　健		62002277		西城区北三环中路27号	100029
51	北京中国饮食文化研究会	李士靖	赵振华	孙淑萍	65193131	65193259	北京市正义路2号市政府2号楼	100744
52	北京中华茶艺协会	郝　莹	李延海	郝　莹	66056287	66056287	西城区八宝胡同5号	100033
53	北京市商业文化研究会	张连登	王成荣	魏　刚	65231127	65128343	东城区东四南大街礼士胡同41号	100010
54	北京市旅店行业协会	丁同欣	张　宏	张惠云	63156367	63156367	宣武区棕树斜街42号（欣燕都旅馆）	100051

第四部分

口岸、海关、检验检疫

北京市人民政府口岸办公室

基本职能

北京市人民政府口岸办公室，是负责北京口岸工作的市政府办事机构，也是北京市口岸工作领导小组的办事机构。负责起草本市有关口岸工作方面的地方性法规草案、政府规章草案；研究提出口岸发展规划及政策措施，并组织实施；负责口岸综合协调管理和“大通关”工作；组织协调首都机场地区精神文明建设和社会治安综合治理等工作；承办市政府交办的其他事项。

内设机构

北京市人民政府口岸办公室内设机构有：秘书处、综合业务处、航空港处、陆港管理处。

工作概述

北京口岸工作在市委、市政府的坚强领导下，按照市商务委党组的总体要求和市口岸办党组年初制定的工作部署，全面贯彻党的十七大和十七届四中、五中全会、中央经济工作会议精神和市委十届七次会议精神，贯彻落实科学发展观，紧紧围绕建设中国特色世界城市和打造国际商贸中心的工作大局，抓住机遇，主动出击，与口岸相关部门通力合作进一步提升口岸服务质量，提升口岸通关效率，为打造与建设世界城市相适应的国际一流的“安全、高效、文明、绿色、繁荣”口岸打下了坚实基础，取得了显著成绩。

【口岸信息宣传有新突破】2010 年网站上传信息数量超百篇，比 2009 年增加 69%。上报市委、市政府两办信息处信息 40 篇，采用 15 篇（其中市委信息处采用 9 篇、市政府信息处采用 6 篇），信息图文并茂，事件反映准确，质量大幅提高。重视媒体的作用，主动与市政府法制办、首都国际机场股份有限公司联合召开了《北京市民用机场净空保护区域管理若干规定》新闻发布会，为北京口岸第一次以新闻发布会形式进行信息宣传，共有 26 家新闻媒体参加了此次活动，包括中央电视台在内的 19 家媒体、55 家网站对发布会进行了宣传报道。

（秘书处、综合业务处）

【北京口岸发展提速明显】2010 年首都国际机场年客运吞吐量7 394.81万人次，同比增长 13.18%，跃升为全球第二；其中，进出境人员1 700.49万人次，同比增长 22.68%，为“十一五”以来幅度最大，为首都国际机场打造大型国际枢纽机场奠定了坚实基础。北京朝阳口岸 2010 年海关监管货物（含区域通关）超过 10 万标箱。北京西站铁路口岸 2010 年出入境旅客 11.45 万人次，同比增长 27.5%，为 2003 年国家批准临时开放以来，首次突破 10 万人次。

（综合业务处）

【“十二五”时期口岸发展规划编制完成】按照市领导对海关总署《关于请报送对国家第十二个五年口岸发展规划意见的函》的批

示，经过科学论证、深入调研和反复修改，在分别征求市发改委等市相关部门和民航华北地区管理局与联检单位等相关部门的意见后，《北京市“十二五”时期口岸发展规划》于4月份编制完成，正式上报市政府，并以市政府名义函报海关总署。该规划为北京口岸今后五年的发展指明了方向。

（综合业务处）

【立法工作取得重大突破】为加强本市民用机场净空保护区域管理，保障飞行安全，《北京市民用机场净空保护区域管理若干规定》于2010年11月1日起施行。这是本市贯彻《民用机场管理条例》出台的第一部政府规章，也是口岸办参与制定和实施的第一部政府规章，对于降低机场运行风险，打造“安全、高效、绿色、文明、繁荣的一流口岸”具有重要意义。

（综合业务处）

【平谷国际陆港启动运行】北京平谷国际陆港于2010年3月12日举办启动运行仪式。平谷国际陆港的启动运行不仅使北京进出口货物多了一条出海通道，为北京对外开放、对外交往增添了一个国际窗口，而且真正实现了“政策叠加、优势互补、资源整合、功能集成”的区域合作综合优势。平谷国际陆港启动运行后，市口岸办积极协调解决通关流程、京津两地部分高速路段费用减免等问题，推动京津两地海关、检验检疫及港务部门的密切配合，举办天津港、航企业和北京进出口企业及货代企业参加的大型推介会，帮助平谷国际陆港逐渐步入正常运行轨道。

（综合业务处、陆港处）

【天竺综保区口岸操作区启动运行】2010年12月21日，天竺综合保税区举行了港区联动启动仪式，标志着天竺综保区与首都机场航空港实现真正意义的区港一体、无缝对接，使企业能够享受更快捷的通关模式、更低廉的物流成本，是首都机场空港口岸发展史上的重大里程碑。

（综合业务处、航空港处）

【文明服务展现首都机场风采】2010年，深入组织开展“做文明有礼的北京人”活动，推广文明服务，提升服务品质，在首都机场地区创造良好的服务环境，并于2月10日口岸办牵头组织启动了“首都机场地区大学生志愿服务暨窗口行业优质服务活动”。在近半个月的时间内，共有60名志愿者上岗服务270余人次、累计服务1 500多小时、提供旅客问询和引导服务总计13 000次、处理突发应急事件36次。

（航空港处）

【机场地区综治工作稳步推进】按照首都综治办的要求，以奥运安保和国庆60周年庆典为契机，以大力推进“平安机场”建设为主线，及时调整地区综治工作的组织领导机构，精心梳理各单位综治责任体系，建立健全首都机场地区的“大空防”综治领导责任制。紧密联系首都机场公安分局、首都机场街道等单位，通过地区安保工作信息联络、治安志愿者巡防及“蜘蛛计划”等举措，对社会面环境秩序和治安秩序分阶段部署开展了一系列清理整治专项行动，对地区重点人员、重点单位、重点区域建立了工作台账，极大地净化了首都机场地区社会面的环境，群防群治工作成效显著，基本实现了“平安机场”的总目标。

（航空港处）

【“反偷渡反走私”奖励机制创新】整理、修订《反偷渡工作奖惩实施办法》，进一步完善反偷渡奖励资金的使用程序，明确奖励对象、奖励标准、奖励范围和奖励方法，使地方政府在口岸“双反”工作中的特殊作用发挥更充分，有效扼制了口岸的高发偷渡走私活动态势，较好地维护了世博会和亚运会期间北京空港口岸的正常秩序。2010年，北京口岸共查获非法出入境人员621人次，较2009年上升27.8%，接收处理境外遣返人员9 038人次，较2009年上升13.5%。市公安局出入境管理总队共破获公安部督办案件1起，主动查破案件9起，刑事拘留21人。首都机场海关共立案1 430起，同比下降3%，结案1 568起，同比增长17%，总计罚没入库2 728.99万元人民币，同比增长73%。

（航空港处）

【食品安全监管制度进一步完善】制定了《首都机场社会面环境秩序“百日整治行动”工作方案》，组织协调各成员单位，扎实推进首都机场地区的食品安全各项工作。组织有关部门对机场地区开展了一次性餐具及鲜肉、乳制品、夏季食品安全风险防控，地沟油整治和餐厨废弃物管理，学校周边200米食品生产经营单位的专项整治活动。有效保证了2010国际车展配餐、世博会、武搏会，以及两会、“五一”劳动节、国庆等重大节日期间北京空港口岸的食品卫生安全。

（航空港处）

【完成武搏会等各项大型活动的服务保障】不断探索创新重大活动协调保障模式，积极协调驻场各相关单位，圆满完成世界武搏会、世界旅游旅行大会、市长国际企业家顾问会议、2010年中国网球公开赛、世界音乐教育大会等重大活动机场迎送服务任务。协助完成天津达沃斯论坛、联合国气候变化大会参会代表在首都机场口岸的通关服务工作。

（航空港处）

【保证丰台口岸正常运营】2010年6月10日，由于北京铁路交通枢纽丰台站的改造施工，丰台货运口岸铁路专用线货物运输业务全部暂停，在改造施工两年期间，将对依托铁路进出口货物的运输造成很大影响。市口岸办积极与北京铁路局、北京海关、北京出入境检验检疫局协调，确定保障丰台货运口岸正常运营方案。进出口集装箱货物到发以大红门车站为主，北京东站和丰台西站为辅，由口岸经营主体北京外运陆运公司用重型半挂牵引车通过公路运输方式转运到丰台货运口岸办理通关手续。同时，积极协调市公安局公安交通管理局，为两辆集装箱运输车辆办理了日间通行证，保证货物通关实效，也确保了丰台货运口岸的正常运营。

（陆港处）

【朝阳口岸平移工作进程加快】按照市委市政府将朝阳口岸平移至通州马驹桥物流基地的决策，一方面要求朝阳口岸各单位认真履行职责，确保口岸正常运营。另一方面积极协调京泰集团和通州区政府达成征地拆迁协议，加快马驹桥口岸建设步伐，推动朝阳口岸平移工作取得实质进展。

（陆港处）

【北京西站口岸正式开放工作取得进展】2010年12月23日，市口岸办与北京铁路局就北京西站口岸正式开放召开协调会，会议议定要本着立足现有条件、满足基本需求的原则，通过调整、补充和完善的方式，合理解决口岸正式开放筹备工作中的困难和问题，并由双方继续加紧沟通协调，进一步细化优化西站口岸正式开放方案，分别上报市政府和铁道部批准后抓紧组织实施，加快推进北京西站口岸正式开放工作。

（陆港处）

北京海关

基本职能

北京海关是海关总署直属的正局级海关。依据中华人民共和国海关法和其他有关法律、法规，负责监管北京关区进出境运输工具、货物、行李物品、邮递物品和其他物品，征收关税和其他税费，查缉走私，编制海关统计和办理其他海关业务。

内设机构

办公室、法规处、关税处、监管通关处、审单处、行邮监管处、加工贸易监管处、综合统计处、稽查处、风险管理处、企业管理处、海关总署北京加工贸易单耗管理办公室、进出口商品归类办公室、缉私局、技术处、财务处、关务保障处、人事处、教育处、思想政治工作办公室（机关党委办公室）、政治部办公室、督察内审处、监察室。

隶属海关

首都机场海关、中关村海关、北京经济技术开发区海关、天竺海关。

派驻机构

驻邮局办事处、驻朝阳办事处、驻平谷办事处、驻车站办事处、驻顺义办事处、现场业务一处、现场业务二处。

事业单位

中国电子口岸数据中心北京分中心、机关服务中心。

人员编制

北京海关现有人员1 648名（其中从事海关业务人员1 434名，从事缉私业务人员214 名）。

工作概述

【税收总额再创历史新高】认真贯彻落实海关总署关于加强综合治税的一系列部署，不断提升税收征管质量，努力实现应收尽收。2010 年实现税收入库 484.9 亿元，首次突破 400 亿元大关，再创历史新高。

【实际监管更加严密】有效整合关区监管场所，积极创新监管模式，监管工作的制度化、规范化水平进一步提升，风险管理机制不断健全。2010 年监管进出口商品总值 719 亿美元，监管进出口货运量 873.7 万吨；审核报关单 148.7 万份；验放进出境人员1 739.4万人次；监管进出境邮递物品 332.4 万件；进出境快递物品1 297.7万件；监管印刷品、音像制品8 098.8万件。2010 年备案加工贸易手册4 056份，加工贸易进出口总值 177 亿美元。

【缉私工作取得突出成果】始终保持高压态势，严厉打击各类走私违法活动，开展了一系列打私专项行动。2010 年共立案侦查刑事案件 41 起，抓获犯罪嫌疑人 69 人，案值 3.5 亿元，涉嫌偷逃税额5 430万元；共立案行政违规案件1 547起，案值 13.8 亿元；查获“8·31”等毒品走私案件41起，查获各类毒品60.9千克，有效遏制了关区毒品走私上升势头。查获违禁印刷品、音像制品95.3万件，截获侵权商品30.4万件。

【海关统计辅助决策作用充分发挥】进一步提高海关统计分析和预警监测能力。共撰写上报统计分析文章165篇，其中《3月上旬我国外贸进出口继续强劲复苏，大豆进口量增价跌》等3篇文章，分别获得温家宝总理和王岐山副总理等中央领导的批示。向北京市政府报送针对地方经贸发展状况的《统计专报》37篇，其中多篇文章得到北京市领导的重视和批示。

【着力推动海关特殊监管区域建设】天竺综合保税区正式封关运作，采取强有力措施，配合有关部门，推动首都机场口岸作业区平移工作，首都机场货运监管实现了集约化布局和“区港联动”，整体物流功能显著增强；平谷马坊国际物流中心运营顺畅，呈现良好发展势头；协助北京经济技术开发区管委会完成了在亦庄设立保税物流中心的报批工作。

【大力打造高效便捷的通关环境】推广实施进口分类通关改革，调整业务现场的岗位设置和作业流程，实现海关监管效能的最大化；加强与天津海关的联系配合，京、津两地海运转关货物物流效率大幅提升。2010年北京海关通关效率类指标在全国海关排名并列第一。

【大力扶持首都优势产业发展】为重点大型会展活动提供了高效便捷的监管服务，2010年共办理展览会备案334个，监管进出境展览品3 067票；积极支持服务外包示范城市建设，在全国率先出台实施了国际服务外包的关区操作规范，并面向全市64家外包企业进行了政策宣讲。

【认真执行国家有关减免税优惠政策】共审批减免税总货值75.1亿美元，减免税款合计90.4亿元人民币，同比增长9.4%，为首都重大项目和在京教育、科研、医疗等机构提供了有力的帮助与支持。

【切实做好企业分类管理】继续推进企业诚信机制建设，落实守法便利、违法惩戒，2010年共新增AA类企业16家，A类企业85家，下调了102家企业的管理类别。

2010年北京海关主要业务情况一览表

序号	项目	数额	比2009年同期增减
1	进出口货物总值（亿美元）	719.1	25.3%
2	进出口货运量（万吨）	873.7	2.9%
3	出入境人员（万人次）	1 739.4	21.1%
4	监管印刷品、音像制品（万件）	8 098.8	27.3%
	监管进出境快递物品（万件）	1 297.7	12.8%
5	走私犯罪结案数（件）	42.0	−73.2%
	案值（万元）	17 798.3	122.0%
6	处理违规案件（件）	1 504.0	7.6%

（续）

序号	项目	数额	
	案值（万元）	120 838.6	58.7%
7	实际罚没收入（亿元）	0.6	9.5%
8	税款入库总金额（亿元）	484.9	28.1%
	其中：关税税款（亿元）	77.3	31.7%
	代征税款（亿元）	407.6	27.4%
9	审批减免税总货值（亿美元）	75.1	20.8%
	审批减免税总金额（亿元）	90.4	9.4%
10	备案加工贸易合同总金额（不含E账册，亿美元）	70.1	−22.2%

2010年北京地区进出口总值一览表

项目	价值（亿美元）	比2009年增减
进出口总值	3 014	40.3%
出口总值	555	14.7%
进口总值	2 459	47.8%
出口差额（+出大于进；−进大于出）	−1 904	—

名　录

中华人民共和国北京海关
法人代表：甘荣坤
通讯地址：北京市朝阳区光华路甲10号
邮政编码：100026
电　　话：65396789
传　　真：65396080
网　　址：www.bjcustoms.gov.cn

（杨　帆）

北京出入境检验检疫局

基本职能

北京出入境检验检疫局（简称北京检验检疫局）是国家质检总局设在北京，授权依法管理北京地区出入境检验检疫工作的行政执法机关和涉外经济监督部门。北京检验检疫局依据中华人民共和国《商检法》、《动植物检疫法》、《国境卫生检疫法》，负责北京市行政区域出入境卫生检疫、动植物检疫、进出口商品检验鉴定与监督管理。

机构设置

北京检验检疫局下设办公室、法综处、卫检处、动植处、检验处、食品处、通关处、认监处、科技处、人事处、财务处、监审室、检验检疫技术中心、国际旅行保健中心，另设有首都机场检验检疫局、丰台检验检疫局、北京经济技术开发区检验检疫局、顺义检验检疫局、通州检验检疫局、海淀检验检疫局、北京朝阳口岸办事处、北京西站办事处、国际展览办事处等分支机构。

工作概述

2010年，北京检验检疫局严格履行出入境检验检疫监管把关职责，共检验检疫出入境货物24.44万批次，同比增加4.38%；货值166.87亿美元，同比减少11.35%。经检验检疫，共查出不合格货物960批，同比增加15.66%；不合格货值3 898万美元，同比增加15.20%。其中，检验检疫出境货物15.61万批次，同比增加1.22%，货值119.06亿美元，同比减少5.29%；检验检疫入境货物8.83万批次，同比增加10.46%，货值47.81亿美元，同比减少23.55%。2010年完成出入境工业品检验检疫20.48万批次，同比增加1.43%，货值151.64亿美元，同比减少14.47%；检出不合格工业品283批，同比增加5.99%；不合格货值2 153万美元，同比减少22.08%。完成出入境动物及其产品检验检疫1.11万批次，同比增加20.11%；货值2.64亿美元，同比减少5.43%；检出不合格动物及产品228批，同比增加20.63%；不合格货值102万美元，同比减少6.42%。完成出入境植物及其产品检验检疫8 637批次，同比增加15.67%；货值2.13亿美元，同比增加43.37%；检出不合格植物及产品283批，同比增加80.25%；不合格货值1 383万美元，同比增加307.96%。完成出入境食品及化妆品检验检疫1.77万批次，同比增加15.58%；货值7.82亿美元，同比增加42.09%；检出不合格食品及化妆品127批，同比减少39.52%，不合格货值150万美元，同比减少6.83%。监测体检出入境人员69 250人次，同比增加15.95%；艾滋病监测69 461人次，同比增加6.34%；发现各种病例3 138例，同比增加125.11%；预防接种164 298例，同比增加10.76%。检疫出入境飞机94 298架次，同比增加13.68%。检疫出入境火车4 392节，同比减少1.08%；检疫出入境集装箱88 742个，同比减少2.35%。对1 706万人次出入境旅客和机组人员实施了检疫监管，同比增加24.26%。

【抓“质量提升”见实效】北京检验检疫局按照国家质检总局关于开展“质量提升”活动的部署和要求，认真组织、积极行动，成立领导小组，制定实施方案，确保“质量提升”活动取得实效。在网站上开设“质量提升”活动专栏，在新华社、中央人民广播电台、中央电视台、北京电视台等媒体播发稿件，并报送北京市委、市政府、国家质检总局相关活动信息。按照“四查、四建、四落实”的要求，做好食品安全专项整顿工作，开展了进出口乳制品及含乳食品专项整治，对北京地区6家出口乳制品及含乳食品企业实行质量安全领导负责制，确保监管责任到人，准确掌握企业产品质量安全状况，及时排查消除隐患，严厉惩处违法违纪行为。以25项重点工作为抓手，按照自查自纠、考核检查、验收总结和规划提高等4个阶段有序开展检测工作整顿，全面梳理管理制度，规范检测质量监控；成功组织完成6项国家级能力验证计划，其中“印鼠客蚤种类鉴定”为全国首次在医学媒介领域开展的能力验证；组织实验室参加了17项国际能力验证计划和37项国家级能力验证计划，能力扩大范围覆盖了动物、纺织品、植物3个领域共9类产品40个项目，实验室经国家计量认证和实验室认可的检测项目达到1 998项；引入科学数据管理系统，建立可疑检测结果的内部复核（验）制度，确保检测结果的准确性和安全性。开展打击假证单专项行动和“双打”行动，查获了北京大方园艺有限公司伪造植物检疫证书、北京安耐科技有限公司变造检验检疫证单违法案件，并首次启用“网络公证”破获一起在互联网上变造检验检疫证单的违法案件。加强窗口建设，开展证单质量提升活动，改善窗口基础设施，强化检务技能培训，完善流程规章制度，加强证单监督检查，全面提升窗口管理水平、工作质量和服务能力。抓好“质量提升服务进万企”活动，与北京市商务委员会共同推选出49家业绩突出、具有自主品牌优势的重点出口企业，开展点对点帮扶工作，有计划、有重点地组织开展了质量对比提升活动。

【法制工作取得新收获】2010年，北京检验检疫局做好“五五”普法自查验收和经验总结，建立普法档案管理制度，完成“五五”普法工作总结；开展普法宣传工作，编制法制参考，发放图书资料，撰写法制宣传信息，并与北京市进出口企业协会联合开展了检验检疫业务法律知识专场培训；妥善解决3起行政复议申请；积极做好行政处罚工作，2010年共办结行政处罚案件169起，罚没总额157.1万元，同比分别增长11.2%和131%；启动“检验检疫行政执法程序科学性研究”课题，组织编写《北京检验检疫局法制工作汇编（2009年）》，收录各种文件资料230余篇，共计62万余字；组织人员编写《检验检疫行政处罚程序实务指南》，撰写完成《行政执法依据和行政执法程序隐患调研报告》。

【科技兴检助力事业发展】2010年，北京检验检疫局组织完成57项科研课题和47项检验检疫行业标准计划项目的申报工作，《食品中动物源性成分种类识别技术研究》等17项科研课题完成鉴定、验收，送审行业标准42项、报批15项，编发《北京检验检疫科技情报》117期，更新标准全文及法律法规数据库数据3 682条，数据总量达到34 583条，2010年累计标准阅读量3 422条。加强实验室建设与管理，国家植物繁殖材料检疫重点实验室等5个国家检测重点实验室顺利通过国家质检总局组织的核查验收；正式启动生物安全三级实验室环境影响评价工作，完成国家移动通信设备检测重点实验室筹建方案制定，并编制促进发挥国家检测重点实验室引领作用工作落实方案。与安捷伦科技（中国）有限公司和沃特世（waters）科技有限公司签约开展合作，在检测技术研发、新设备使用和技术人员培训等方面搭建了新的合作平台，与瑞士Prionics公司沟通接洽，有效推动科技成果转化。全面推进数据中心建设，项目一期通过专家验收并上线运行；强化信息系统运维保障，搭建起在质检系统内处于领先地位的综合运维平台，对网络线路、网络设备、服务器和应用系统进行实时监控，并与服务台系统实现无缝集成。

【全面加强检验监管】2010年，北京检验检疫局继续巩固深化出口工业产品企业分类管理工作，对北京地区出口工业品生产企业进行梳理，完成分类管理转换材料的审核工作；探索建立北京地区出口食品相关产品企业分类管理制度，制定了《北京地区出口食品相关产品检验监管工作意见》；为验证出口企业分类管理工作成效，北京检验检疫局采取赴分支机构座谈、走访企业、质量检查等多种途径，对分类管理工作情况展开调研。在进口产品分类管理方面，北京检验检疫局在借鉴已开展的进口机电、化矿金产品符合性评定、进口化矿金产品自用企业备案、进口电信类产品零部件风险控制等工作模式所取得经验的基础上，以医疗器械作为进口分类管理的试点产品，组织起草了北京地区进口医疗器械检验监管规范性文件，对进口医疗器械的分类管理进行了有益探索。北京检验检疫局还加强与食品直接接触进口机电产品的检验监管，对所有列入法检目录内与食品直接接触机电产品按照“自我符合声明＋核查验证＋抽查检验＋后续监管”的检验监管模式实施检验。

【进出口食品及化妆品检验监管】北京检验检疫局按照《关于进一步加强进出口乳制品及含乳食品检验监管的通知》（国质检食函〔2010〕65号）要求，于2010年1月至2月在辖区内连续开展了“乳制品生产企业专项执法检查”和“乳制品及含乳食品企业检查”专项整顿行动，对进口乳制品及含乳食品实行批批抽样检测，对所有发现的不合格产品，均采取了退运或销毁处理，杜绝问题产品流入境内。制定2010年进出口食品、化妆品的监控计划，共承担出口动物源性食品残留物质监控抽样数358个，植物源性残留监控任务114项，承担出口加工食品残留监控任务48项。

【口岸卫生检疫监管】北京检验检疫局在深入总结甲型H1N1疫情防控经验上，提出了以航空器申报电子化为核心，以传染病防控组织机制、防控机制、保障机制、协作机制为支撑的“一化四机制”空港口岸传染病防控体系。全面启动口岸媒介生物风险评估工作，强化口岸突发公共卫生事件应急体系建设，完善应急方案，积极筹建卫生检疫专家委员会。成功申报国家质检总局科研计划项目“国境口岸重大呼吸道传染病检验检疫防控体系的建立与应用”，为建立口岸重大传染病防控机制奠定基础。继续在首都机场检验检疫局深入推进“四方合作”监管模式，积极打造首都机场T3航站楼“A级餐饮浮岛”。口岸核生化监测处置能力不断提高，妥善处置4起入境旅客携带放射性物质超标事件。

【动植物疫情疫病防控监测】2010年，北京检验检疫局加强进出口饲料检验检疫监管，制定并印发《北京地区2010年度进出口食用农产品和饲料安全风险监控实施方案》，清理出口注册登记企业，指导企业建立自检自控体系。实施进出口饲料、水果等安全风险监控计划527项，共检出阳性结果2例，均做销毁处理；开展2次外来杂草调查，加强进境水生动物检疫监管，向国家质检总局上报预警信息133条。强化一线人员培训，规范检疫监管，不断提高口岸动植物疫情检出率。从美国进口对虾种苗、圭亚那进口松鼠猴以及澳大利亚进口活牛中检出传染性病毒，均作扑杀或销毁处理；从进境旅客携带物、邮寄物中截获禁止进境动植物及其产品9 599批次，从进境植物及植物产品中截获有害生物168种522批次，同比分别增长100％和200％，在进境货物中检出不合格木质包装2 729批次，同比增长300％。

【进出口商品认证监管获新成效】2010年，

北京检验检疫局创新性地提出由检验检疫、农业部门及企业三方联合完成对外注册的工作模式，协助4家企业顺利通过对外注册检查，2家禽肉企业成功获得对新加坡的注册。强化对强制性产品的认证监管，应用信息化手段统一执法尺度，调整强制性产品认证目录外商品的查验比例。对信息技术、小家电和塑胶玩具等3大类7个品种的强制性认证产品开展专项监督抽查，不合格率为25%；对40家获证企业进行了认证有效性监督检查。

【通关工作实现新突破】2010年，北京检验检疫局与天津检验检疫局签署合作备忘录，积极推进京、津两地直通放行，在风险可控、有效监管的前提下，使进出口企业享受到一次申报、一次检验、一次放行的通关便利措施。截至2010年底，共有18家企业获得直通放行资质。研究制定平谷国际陆港通关管理模式，应用GPS监控设施和监管区内65路视频监控系统，以“集中转检”方式对通关货物实施监管。探索建立天竺综保区内进口医疗器械的检验监管模式，有条件地实施“集中报检、集中检验、分批核销”通关政策，支持天竺综保区的运转与发展。

2010年北京地区出入境法检商品质量情况一览表

项目		检验批次	批次合格率（%）	合格率比上年增减（%）
总计	出　境	156 062	99.96	1.29
	入　境	88 344	98.99	2.03
出境	农产品	9 646	99.00	−0.96
	动物及产品	2 027	99.90	−0.08
	植物及产品	2 218	99.41	−0.55
	食品及化妆品	6 774	99.84	−0.14
	纺织品	19 717	99.98	0.02
	轻工品	7 286	99.97	0.01
	金属及制品	332	92.77	3.42
	化工品	2 662	100.00	0.12
	机电产品	114 095	99.99	0.08
入境	农产品	21 460	97.21	0.16
	动物及产品	9 097	97.50	0.05
	植物及产品	6 420	95.79	−1.91
	食品及化妆品	10 879	98.93	1.08
	纺织品	592	95.78	−3.37
	轻工品	3 569	99.47	0.10
	矿产品	83	100.00	0.97
	金属及制品	3 250	99.85	−0.10
	化工品	4 191	99.71	−0.11
	机电产品	50 752	99.65	0.00

名　　录

单位名称：北京出入境检验检疫局
局　　长：齐京安
通讯地址：北京市朝阳区甜水园街6号
邮政编码：100026
电　　话：58619900
传　　真：58619014
网　　址：www.bjciq.gov.cn
电子信箱：webmaster@bjciq.gov.cn

（唐茜茜）

第五部分

开发区、区（县）商务

北京经济技术开发区

概　　况

2010年是推进大兴区和北京经济技术开发区融合发展的起始之年，是开发区紧抓新机遇、实现新发展、取得新突破的重要一年。在市委、市政府的领导下，全区上下坚决贯彻落实推进大兴区和开发区行政资源整合的决策部署，按照“超常规、高水平、跨越式”的工作要求，统一思想促融合，集中精力谋发展，全方位推进两区工作对接，尽全力推动新区产业跨越发展，全面完成各项工作任务，实现“十一五”圆满收官，在多个领域取得突出成绩。

北京经济技术开发区坚持产业集群化、资源集约化、环境和谐化、服务专业化、管理法治化的发展思路，以吸引重大项目、龙头企业为重点，着力引进高端、高附加值、高辐射力，低耗能、低污染的高新技术产业。目前，已形成电子信息、汽车制造、生物医药及装备制造四大主导产业。围绕主导产业集群化发展的要求，大力推进以诺基亚为龙头的通讯产业集群、以京东方为龙头的显示器产业集群、以中芯国际为龙头的微电子产业集群、以GE为龙头的医疗设备产业集群、以拜耳为龙头的生物制药产业集群及以奔驰一戴姆勒·克莱斯勒为龙头的汽车产业集群的发展，加快发展生产性服务业和高附加值服务业，不断优化产业结构。

“十二五”期间，开发区将围绕一体化、高端化、国际化的新区发展目标，结合南部新区“三城、三带、一轴、多点、网络化”的总体布局，依托现有产业基础和科技资源，以“立足优势、放大特色；健全体系、前瞻布局；创新驱动、科技引领；内外并举、区域协作”为基本原则，分层次有序推进产业转型，巩固提高电子信息、汽车制造、生物医药及装备制造四大主导产业、支持培育新能源新材料、航空航天、文化创意三大先导产业、配套发展生产性服务业、科技创新服务业、都市产业三大支撑产业，确立“四三三”总体产业格局。

据初步统计，2010年北京经济技术开发区实现地区生产总值700.1亿元，同比增长15.4%（不变价），完成财政收入244亿元，同比增长22.8%，完成税收收入212.3亿元，同比增长22.1%。截至2010年底，累计吸引投资250.8亿美元，其中外商投资148.4亿美元，占59.2%。

对外贸易

【进出口情况】2010年北京经济技术开发区进出口总额260.6亿美元，同比增长17.1%。其中，进口总额为130.2亿美元，同比增长23.9%，出口总额130.3亿美元，同比增长11%。建区以来，北京经济技术开发区进出口总额累计已达1 425.5亿美元，其中，进口总额累计已达715.5亿美元，出口总额累计已达710亿美元。

【出口产品以机电产品为主】2010年北京经

济技术开发区机电产品出口总值为 128.4 亿美元，同比增长 10.8%，占全区出口总值的 98.5%。

【出口企业以外商及港澳台投资企业为主】 2010 年北京经济技术开发区出口以外商及港澳台投资企业为主。2010 年出口总值中，外商及港澳台投资企业出口总值为 128.3 亿美元，同比增长 10.6%，占全区出口总值的 98.5%。出口总值超过 10 亿美元的企业 2 家，出口总值达 98.6 亿美元，占全区出口总值的 75.7%，分别为北京诺基亚移动通信有限公司和富泰京精密电子（北京）有限公司。

【出口以高新技术企业为主】 2010 年北京经济技术开发区高新技术企业出口总值为 107.4 亿美元，占全区出口总值的 82.4%。

利用外资

【利用外资】 2010 年北京经济技术开发区全年新批"三资"企业 42 家，批准"三资"企业注册资本 2.1 亿美元，批准"三资"企业投资总额 3.9 亿美元，合同外资金额 7.4 亿美元，外商实际投资 3.2 亿美元。

【累计利用外资】 截至 2010 年 12 月底，北京经济技术开发区累计批准外商及港澳台企业 569 家，累计批准外商及港澳台企业投资总额 148.4 亿美元，注册资本 72 亿美元，合同外资金额 58.6 亿美元，外商实际投资 42.8 亿美元。

【外资来源】 2010 年北京经济技术开发区吸引投资的地区主要是香港，投资总额为 2.1 亿美元，占新批企业投资总额 3.9 亿美元（不含增资）的 53.8%。

【"三资"企业规模】 2010 年北京经济技术开发区新批"三资"企业 42 家，总投资规模为 3.9 亿美元，外方投资规模（合同外资）7.4 亿美元，平均每个企业的总投资规模是 931.4 万美元，平均外方投资规模为（合同外资）1 753.5万美元。

【"三资"企业出口创汇】 在北京经济技术开发区已开业的"三资"企业中，有 32 家出口创汇超过1 000万美元。

名　录

北京经济技术开发区管理委员会

主　　任：张伯旭
通讯地址：北京经济技术开发区荣华中路 15 号
邮政编码：100176
电　　话：67881207
传　　真：67881435

（李姝婧）

北京天竺综合保税区

概　况

北京天竺综合保税区于 2008 年 7 月 23 日获得国务院批复（国函【2008】64 号），2009 年 7 月 28 日，正式通过海关总署等国家十部委联合验收，成为全国首家空港型综合保税区，总规划面积 5.944 平方公里。天竺综保区集口岸通关、出口加工、保税物流等功能于一体，享有“免证、免税、保税”政策，集聚并优化整合了国内不同海关特殊监管区域的政策优势，是目前中国内陆优惠政策最多的，也是北京市唯一的海关特殊监管区域。

2010 年，综保区实现进出区总值 131.9 亿美元，同比增长 1.7 倍；实现进出口总值 11.3 亿美元，同比增长 3.6 倍；完成海关关税及代征税 20.7 亿元，同比增长 1 倍；完成属地财政收入8 924.3万元，同比增长 2.3 倍。

运行情况

【《北京天竺综合保税区管理办法》施行】《北京天竺综合保税区管理办法》经 2010 年 1 月 12 日市人民政府第 58 次常务会议审议通过，自 2010 年 3 月 1 日起施行。《管理办法》明确了天竺综保区发展的基本原则，确立了天竺综保区的管理体制，创新了行政许可的办理方式和服务机制，建立了口岸监管体制，明确了人才引进等具体的优惠措施。《管理办法》的施行将进一步加强保税区的制度建设，优化天竺综保区法制化的投资环境，为天竺综保区健康发展提供坚实的法制保障，促进天竺综保区又好又快发展。

【天竺综保区首架租赁飞机成功交付】2010 年 4 月 27 日，国航通过工银租赁引进的第一架波音 737－800 飞机在位于首都机场北侧的北京天竺综合保税区内成功交付使用，这是中国通过境内保税地区以金融租赁方式引进的首架飞机。天竺综保区飞机租赁业务的开展，有利于中国航空公司稳定飞机资源，进行资产优化配置，对于促进国产飞机租赁的开展和培植新的经济增长点起到积极作用，具有重大意义。

【天竺综保区建成全国最大卡口】2010 年 6 月，北京天竺综合保税区主卡口竣工。主卡口共设 32 车道，各车道分别安装抬杆、电子地磅监控等设备，同时满足海关严密监管和企业低成本、高效率通关的生产经营管理要求，是目前全国最大、车道最多的卡口。随着主卡口的竣工落成，天竺综保区口岸吞吐能力得以大幅提高，全面实现真正意义的“区港联动”。

【中华人民共和国天竺海关揭牌】2010 年 7 月 9 日，中华人民共和国天竺海关揭牌仪式在北京天竺综合保税区举行，标志着天竺海关正式成立。中华人民共和国天竺海关隶属北京海关，于 2010 年 3 月 1 日获得国务院正式批复，并由海关总署批准设立。其管辖范围为北京天竺综合保税区，负责对北京天竺综合保税区内的货物及区内企业进行监管、征收关税和其他税费、办理企业注册备案、查缉走私等其他海关业务。

【天竺综合保税区综合服务平台奠基】2010 年 7 月 16 日，北京天竺综合保税区综合服务平台奠基。北京天竺综合保税区综合服务平台总建筑面积近 3 万平方米，总投资超 1 亿元人民币，主要用于海关、检验检疫、管委会及一站式申报办公大厅业务用房需求，是北京天竺综合保税区重要配套服务设施之一。

【天竺综合保税区推介会】2010 年 7 月 30 日，北京市投资促进局和综保区管委会联合组织 16 家签约招商中介机构负责人进行实地考察，并举办了推介会。参会人员参观了综保区的保税功能一区和二区，了解了园区的整体规划建设布局，并听取了综保区领导关于园区区位优势、服务配套、经济环境、突出特点、政策叠加等方面的情况介绍。2010年8月26日，北京市投促局和天竺综保区管委会联合组织了北京天竺综合保税区专题推介会，对象为生物医药类企业，10家生物医药企业及商会代表参加了此次活动。

【参加第二届投资北京论坛】2010年8月18日，综保区管委会李燕凌委员参加由市发改委、市商务委、市投促局等9家单位联合主办的第二届投资北京论坛活动。李燕凌委员代表综保区，以“携手共赢，共创未来，打造国际化综合保税区”为题，从园区情况、政策优势和发展现状和未来展望等方面进行了精彩的宣传和推介，获得与会领导和来宾的热烈反响。

【参加第十四届京港洽谈会】2010年11月24—25日，北京天竺综合保税区参加了在香港举办的第14届京港洽谈会北京项目推荐会，重点展示了综保区在北京城市总体发展中的功能定位，近期所取得的成就和长远计划，突出未来发展的重点产业和商机等内容，受到参会企业家的广泛关注。

【天竺综合保税区港区联动启动】2010年12月21日，北京天竺综合保税区举行港区联动启动仪式。天竺综保区港区联动启动标志着天竺综保区与首都机场航空港实现真正意义的区港一体、无缝对接，使企业能够享受更快捷的通关模式、更低廉的物流成本，是首都国际机场发展史上的重大里程碑。它不仅将给首都机场建设世界空港城、国际枢纽港注入新的动力，也将对北京建设世界城市、国际商贸中心产生积极的推动作用。

【天竺综保区十二五规划编制完成】2010年底，完成十二五规划编制工作。在“十二五”规划实施中，明确天竺综保区是完善首都世界城市功能、提升“四个服务”水平的重要战略性基础设施；是扩大对外开放、提升外向型经济发展水平的重要平台；是北京融入全球经济一体化的崭新窗口；是发展壮大临空经济高端产业功能区的重要支撑；是带动区域经济增长、保持首都经济平稳较快发展的重要举措。“十二五”期间，要积极打造面向全球的通关便捷、运营高效的航空口岸，构建具有中国特色的空港型自由贸易区，培育出全国空港型综合保税区上市公司，通过打造保税研发、检测维修等七大产业，建设公共检测实验中心、离岸金融中心等五大中心，努力把天竺综保区建设成为以保税功能为特色的国际空港综合服务示范区。

【“直通式分拨”试点运营成功】2010年9月8日，北京天竺综合保税区入区企业“科园信海（北京）医疗用品贸易有限公司”成功开通了“直通式分拨”业务。这一新模式的开通极大的缩短了通关的时间，简化了报关的手续，使企业在没有正式报关的情况下把货物运抵自己的监管库。

【默克雪兰诺中国区总部入驻天竺综合保税区】2010年3月22日，默克雪兰诺公司与北京天竺综合保税区管委会正式签署项目入区协议，投资3亿人民币的医药项目正式落户北京天竺综合保税区。默克雪兰诺入驻天竺综保区会对地方经济的发展和就业的增加起到十分积极的作用。

利用外资

【11家企业入驻天竺综保区总投资超10亿】2010年4月26日，北京天竺综合保税区入区企业集中签约仪式隆重举行。此次共有

11个企业签约，总投资额达10.78亿人民币，每年可实现进出口贸易额30亿人民币、租赁额6亿美元。签约入驻的11个项目，涵盖金融租赁、航材、医药、国际贸易等多个领域，为促进全市外向型经济发展、延伸首都高端产业链条注入了新的动力。

【16家企业入驻天竺综合保税区】2010年10月15日，北京天竺综合保税区入区企业集中签约仪式隆重举行。此次共有北京检验检疫技术中心、歌华集团、中国医药对外贸易公司、北京市邮政速递物流有限公司（EMS）、中国东方航空公司等16家国内外知名企业和单位签署入区合作协议，签约项目投资总额约52亿元。此次16家企业与天竺综保区签订入区合作协议标志着天竺综保区的产业发展又向前迈进了坚实的一步。

【招商引资实现高端产业聚集】2010年，天竺综保区入区企业总数达到90家，注册资本约40亿元，投资总额约100亿元，招商引资形势继续向好。天竺综保区运营仅一年多时间，就产生了高端产业聚集效应，目前已经有航空、货代、维修、物流等300多家公司开展业务，为地区经济发展增加了新的源动力。一是航空产业。已经引入的有东方航空、巴西航空亚太维修中心、南方航空等几家大型航空公司；二是医药产业。已引进科园信海、默克、国药等医药企业，成为了全国高端药品集散地，占到了北京市药品进出口值的20%。同时，北京市药品监督管理局也将把药品进出口权放在天竺综保区内；三是保税高科技研发和制造产业。在原有SMC、清华同方高科技企业基础上，新引进了中科晶、默克等一批高新技术及研发企业；四是金融租赁业。2010年7月，率先引进工银租赁公司开展首笔飞机租赁业务，开创了国内飞机租赁的先河。目前，正在与民生租赁、交银租赁等7家银行和租赁公司加紧洽商，争取先发优势，吸引更多飞机租赁项目入区。

名　录

北京天竺综合保税区管理委员会
主　　任：王　刚
通讯地址：北京市顺义区北京空港物流基地顺航路12号
邮政编码：101300
电　　话：69478686
传　　真：69478566
网　　址：www.bjftz.gov.cn

（仵爱勇、侯春晓）

东　城　区

概　况

2010年，东城区商务委员会完成了行政区划调整及机构合并工作，在新东城新起点上，按照“建设首都文化中心区、世界城市窗口区”的要求，以打造国际商贸中心示范区为目标，继续搭建平台促消费，优化环境引外资，完善服务进社区，加强监管保稳定，全面提升东城区内外贸发展水平，圆满完成了预期的工作目标。

2010年，东城区社会消费品零售额稳步增长，全年累计实现零售额645亿元，同比增长21.1%。利用外资结构进一步优化，全年新设立外商投资企业155家，实际利用外资5.4亿美元。实现外贸进出口总额136亿美元，同比增长6.3%左右。新批境外投资企业11家，对外投资总额4 582万美元。吸引跨国公司地区总部5家，总部数量达到12家。

商业流通

【活跃餐饮消费】2010年，东城区商务委制定了《东城区2010年保增长搭建促销平台工作方案》，以餐饮行业为抓手，以重点节日、重要日期为平台，组织餐饮企业参加“2010北京请您来过年——春节十大系列群众评选活动”、“最受喜爱的年夜饭”等活动。圆满举办了2010年北京国际美食盛典开幕式和餐饮技艺展，并开展了首届南新仓国际美食节和“第二届崇文美食文化节”。积极推进60多家重点餐饮企业与老年餐桌的对接，取得良好的社会效益和经济效益。

【搭建促销平台】2010年，东城区商务委组织开展了“2010年东城区特色商业街消夏节”活动，举办了王府井国际品牌节、第三届红桥珍珠文化节、金宝街嘉年华、簋街消夏美食节等一系列活动。消夏节期间，各商业街共开展主题活动13个，带动消费11亿元，同比增长近20%；总客流量800余万人次，同比增长约18%。组织企业参与2010年购物季活动，相继推出新世界百货12周年庆、台湾文化商务区特色商品展示、爱在恒基婚博展销会等13个商业企业主题促销活动。

【扶持“老字号”企业】帮助便宜坊哈德门店重张开业，获得80万元区级财政支持；组织大明眼镜、同陞和等12家“老字号”企业加入北京品牌协会；协助盛锡福建立了帽文化博物馆，共同策划并举办盛锡福百年庆典活动；组织吴裕泰、盛锡福等19家“老字号”企业参加王府井国际品牌节主题论坛；协助便宜坊、四联美发、中国照相等企业申报非物质文化遗产传承人工作室专项资金补助；完成《“老字号”商标注册调查结果暨知识产权托管建议》，协助东城区工商分局和知识产权局推进“老字号”知识产权托管工作；走访中国照相传承人工作室项目；召开了以“老字号与知识产权保护”为主题的“老字号”第二次联谊会活动；协助市商务委鼓励“老字号”参加中国中华“老字号”博览会。

【发展特色餐饮】启动东城区餐饮调研工作。推动清真餐饮品牌建设，帮助企业争取民族定点企业发展项目12个，扶持资金285万元。制定《东城区早餐规范服务标准》，加大对早餐经营企业的扶持工作力度。在2010年北京市早餐经营示范店授牌仪式上，东城区白魁老号饭庄、山东菜馆等19家企业及肯德基、麦当劳等69家连锁企业门店的88个早餐网点被评为北京市早餐经营示范店。组织便宜坊新世界店、天坛旻园御膳饭庄等6家店申报了国家特级餐厅。

【培育和打造特色街区】健全服务机构，指导有条件的商业街成立商业街管理机构及街区自治组织。探索监测机制，拟定了《商业街经济运行监测指导意见（试行）》。优化业态配置，制定并完成了《银街（东四—东单）商业业态调整试行办法》修正稿，加大对重点商业区、重点商业项目及新开商业设施的业态监测。重点关注台湾会馆商务区、鲜鱼口民俗餐饮区以及红桥生活艺术馆的商业增量，确保其高端特色。指导王府井、南锣鼓巷和南新仓、红桥市场分别制定了二次升级改造计划。

【争取北京市财政商业专项资金】2010年，东城区获北京市商业专项补助资金913万元，用于支持“老字号”、电子商务、菜市场建设、商业无障碍设施改造和品牌连锁。其中：“老字号”发展210万元，占23%；电子商务260万元，占28.5%；菜市场建设100万元，占11%；无障碍改造147万元，占16.1%；品牌连锁160万元，占17.5%；南北两片促销奖励资金各18万元，占1.9%。

【发展电子商务】起草并完善了《东城区关于加快发展电子商务的实施意见》，采用现代技术改造提升传统商业，实现业态、管理和技术的全面升级，使电子商务成为东城区经济增长新模式。

【品牌引进工作卓有成效】2010年，全球服装零售商第一品牌美国GAP公司旗舰店落户王府井。世界知名电器百货企业日本山田电机株式会社、日本伊藤忠等世界500强企业入住东城。目前，东城区跨国公司地区总部数量达到12家。全球零售商250强中，有41家企业已入驻北京，其中有19家企业在东城开设店铺。世界100强顶尖品牌中，90家企业入驻北京，其中53家在东城开设店铺。

【举办王府井国际品牌节主题论坛活动】2010年9月，东城区商务委成功举办了第一届王府井国际品牌节主题论坛活动，以“品牌发展与世界城市”为主题，探索品牌与世界城市之间的内在联系，分享世界级品牌发展过程中的文化积淀与成功经验，约300人出席了论坛。

【推进社区商业体系建设】修订《东城区社区商业建设标准体系》，为社区商业的标准建设奠定基础。按照“买的方便、花的便宜、吃的放心”的宗旨，通过制定制度、定期检查、资金支持等措施，对早餐、菜篮子等民生工程加强管理，实现可持续发展。2010年，共新建、规范各类社区商业项目300余个，已有4个国家级社区商业示范社区和4个市级社区商业示范社区。

【多措并举稳定菜价】新增规范化社区菜市场3家，组织7家菜市场建立了场店对接，组建绿色车队39辆，设立“保本菜”摊位18个，“保本菜”摊位销售量占到总销售量的7%以上。继续采取政府直接补贴租金的方式，投入区级财政资金近50万元，使直营配送的12家社区菜店实现了“零租金”。与山西省天镇县政府签订战略合作协议，建立了无公害蔬菜基地的农超对接，570多平方米的蔬菜直营店已经开业，蔬菜价格比周边地区便宜10%～20%。加强对菜店和社区菜市场的检查指导，每季度联合街道办事处进行巡查，听取百姓意见和建议，现场解决菜店经营中的不规范行为。

【推进再生资源回收体系建设】2010年，东城区商务委积极推进全区再生资源回收体系建设工作，对新整合的再生资源经营者进行登记备案，在实现了规范化网点全覆盖的基础上，以机关企事业单位为切入点，新建了200个机关企事业单位回收网点，投放废纸分类设施7000余个，东城区再生资源分拣中心正式挂牌启用。截至2010年底，东城区已建成各种形式的再生资源回收网点451个。

【早餐工程建设】2010年，东城区商务委联合城管委、街道等相关部门先后多次对早餐车、早餐网点进行检查，就早餐企业经营不规范问题下发整改通知，督促早餐公司全面按照“四统一”（统一服装、统一配送、统一挂牌、统一佩戴健康证件）的要求规范经营。2010 年，东城区早餐工程进一步提升市民生活品质。形成了以国有餐饮企业为龙头，知名品牌连锁餐饮企业为辅助，小型餐饮企业为扩充，早餐车为补缺的早餐经营格局。2010 年，88 个早餐经营网点当选“北京市早餐经营示范店”。

【家电以旧换新工作】根据《北京市家电以旧换新实施细则》的要求，认真做好家电以旧换新相关工作，参与审核、发放东城区注册的中标家电销售企业家电以旧换新补贴资金。按照市商务委《关于做好北京市汽车摩托车下乡有关工作的通知》的要求，完成东城区汽车摩托车下乡指定销售企业的备案工作，并每月向市商务委报送相关销售情况统计数据。

【汽车销售企业“销售小客车手续”备案工作】按照市商务委《关于北京市汽车销售企业“销售小客车手续”备案工作的通告》的相关要求，对全区 25 家汽车销售企业及 4 名个人消费者在 2010 年 12 月 23 日（含 23 日）前售出的小客车相关手续进行了备案，共计备案合同书4 571份，备案车辆数8 029 辆。

【推进商业服务设施无障碍工程】组织金宝汇、来福士、朝内菜市场等企业和中粮广场实施无障碍设施改造，组织世纪大厦和时尚新世界百货实施停车引导系统改造并验收。截至 2010 年底，金宝汇、来福士、中粮广场、世纪大厦无障碍设施改造基本完成。完成全区商业企业无障碍工作核查和重点街区的验收。

【行业监管工作】完成 2010 年成品油经营资格年审，指导 13 个加油站完成年检。办理各类典当企业变更手续 7 件。做好粮食和酒类流通备案工作，2010 年，共办理酒类备案登记企业 960 户，累计完成酒类备案登记企业5 632户。

【企业集中办公区招商引资工作】崇文商务大厦企业集中办公区是东城区招商引资的平台和载体之一，截至 2010 年底共引进企业 809 家，注册资金总计 91.78 亿元，累计实现区级税收 4.15 亿元。其中，2010 年入驻企业 462 家，注册资金 47.987 亿元，实现区级税收 2.906 亿元。

【安全服务保障工作】2010 年累计检查商业企业 639 家次，出动检查人员 1 307 人次，实施行政处罚 2 起，罚款 1 万元人民币，有力保障了区域内安全生产形势总体稳定。重点节日和全国两会期间，认真做好安全服务保障工作。

对外经贸

【利用外资情况】2010 年，新设立外商投资企业 155 家，实际利用外资 5.4 亿美元。吸引跨国公司地区总部 5 家，总部数量达到 12 家。利用外资结构进一步优化，引资质量和水平不断提升。对外经贸

【信息服务和投资指引】借助第十三届科博会平台，开展科博会成交项目征集工作，累计成交投资项目超过百万美元，涉及计算机软件、信息咨询等多个领域；利用北京市投资促进局项目资源，陪同国际知名企业考察区内楼宇资源，力促项目落地。为全球 500 强企业伊藤忠华糖综合加工有限公司和增资大户煜丰格林文化创意（北京）有限公司办理变更审批手续。国际著名商业零售业企业

纷纷来东城区选址，先后推荐世都百货、澳门中心、恒基中心等项目并协助进行洽谈，截至2010年底，美国GAP公司旗舰店、日本山田电机株式会社等企业已落户东城。

【走访企业】先后走访北京通利达汽车租赁有限责任公司、北京格格旗袍有限公司、同仁堂参茸有限责任公司等企业，了解企业经营状况和需求。接待历峰集团、东方资产管理公司、美国阳光集团等，详细介绍东城区的投资环境，推荐合适的招商项目。

【实施“走出去”战略】2010年新设立境外投资企业11家，对外投资累计达4 597万美元，其中，境外企业增资2 286万美元，约占对外投资总额的50%。

名　录

北京市东城区商务委员会
主　　任：孟志军
通讯地址：崇文区永内东街中里13号
邮政编码：100050
电　　话：67079106
传　　真：67142224
电子邮箱：swj@bjdch. gov. cn

（何　戍）

西　城　区

概　况

2010年，首都功能核心区行政区划调整，原西城区与原宣武区合并为新的西城区。新组建的西城区商务委员会以科学发展观为指导，深刻领会十七届五中全会的精神，围绕重点工作，想主意出措施，打牢基础、完善结构，圆满完成了全年各项工作任务。2010年，全区实现社会消费品零售额552.9亿元，同比增长16.5%；新设外商投资企业62家，吸收合同外资与实际利用外资分别占全市的11.7%和10.1%，排名均位列全市第三。吸收合同外资9.9亿美元，同比增长58.7%；实际利用外商投资6.4亿美元，同比下降18.2%。实现进出口总额635.5亿美元，同比增长51.2%，占全市进出口总额的20.1%，在全市十六个区（县）中位居第二，进出口增速在全市排名第一。

（谢　莉）

商业流通

【“十二五”规划编制工作】组建西城区“十二五”时期商贸业规划编制领导小组并展开课题研究，初稿形成后，先后召开了专家评审会、各委办局相关部门征求意见会、人大代表政协委员评审会等。经多次修改，将终稿上报西城区“十二五”规划编制办公室。10月中旬，启动西城区综合规划中《北京市西城区“十二五”时期国内外知名商业中心和旅游地区建设发展规划》的编制工作，成立编制工作领导小组。区商务委、区旅游局等合作编制撰写完成了规划。

（谢　莉）

【主题促销拉动内需保增长】年内，开展迎新春百家特色菜点展示会、第二届民间藏品免费鉴宝活动、马连道茶叶网年货大集、马连道春茶促销活动、“品特色美食，观激情赛事”主题促销活动、西单购物节、清真美食文化节、名厨进社区活动、菜百销售突破61亿元暨菜百典藏·国际彩色宝石推广展主题促销活动、大栅栏旅游购物节等特色促销活动；协助市商务委组织2010北京拍卖季、中华老字号博览会等大型促销活动，促进了社会消费品零售额的增长。

（谢　莉）

【构建便民利民服务网络】采取社区菜店、菜站和超市搭载等建设模式，并在什刹海、德胜、展览路和月坛等多个街道进行实践，推动形成了多层次、多元化、全覆盖的蔬菜和便民主食供应体系。截至2010年底，西城区累计便民菜店、菜站52家，规范化社区菜市场31家，已经初步满足了社区居民的生活需求。继续推进早餐工程，重点抓好早餐车、早餐亭的规范提升工作；拓展早餐示范店队伍，对2009年规范的77家达标企业和2010年新申报企业进行全面检查验收，所有经营早餐的企业均达到规范要求，使西城区早餐示范企业达到129家，占全市13%。在全区31家规范化社区菜市场建立了价格和销量的监测制度。

（谢　莉）

【电子商务发展】2010年，对西城区兰格钢铁、绿色联盟、国际茶城茶叶现货电子交易市场等电子交易市场进行调研和走访；支持琉璃厂文化商城建设，使琉璃厂“老字号”商品的销售实现电子化、数字化和网络化；指导菜百、国华、张一元、更香茶叶等企业加快电子商务建设。2010年，西城区广内街道“槐柏商圈社区便民服务网”正式启动，标志着北京首家社区服务信息化电子商务平台全面开通。

（谢　莉）

【再生资源回收体系产业化建设】围绕西城区建设世界城市示范区，结合西城实际讨论修改《西城区再生资源回收行业指导意见》；认真落实再生资源回收日工作，先后在月坛、新街口、德外、白纸坊、广外、广内等街道的30多个社区，开展了24次活动，累计咨询人数2 400多人，预约登记260余件；联合各街道对区域内再生资源回收网点进行整治，进一步规范了行业整体经营秩序。

（谢　莉）

【整顿和规范市场经济秩序】开展了在建工程质量专项检查、打击侵权盗版和假冒商标保护知识产权专项整治、违法建设依法拆除、广告牌匾专项整顿、违法添加非食用物质和滥用食品添加剂整治、“三品一械”生产经营企业及药品和医疗器械及保健食品生产专项规范、民生计量专项检查、生产环节食品质量安全整顿、黑车非法运营整治等全方位的专项整顿和规范，遏制了不良市场行为，打击各类违法行为，维护和促进了区域社会和经济发展环境的良好态势。

（张锐军）

【加油站经营资格审核】按照往年办理加油站经营资格审核年检工作的方式，组织相关企业召开专题会议，集中部署工作和提出工作要求。受理了辖区17家成品油流通企业报送的相关年审资料，按时完成了本区成品油流通企业经营资质初审转报工作。

（张锐军）

【北京马连道国际茶文化节举办】10月12日至19日，由西城区人民政府和中国茶叶流通协会共同主办的“2010北京马连道国际茶文化节”举行。先后举办了“马连道杯全国茶叶表演大赛”、“马连道名优茶大赛”、“第二届中国茶叶可持续发展国际论坛”、“2010北京西城宣南文化节暨北京马连道国际茶文化节颁奖典礼”四项主题活动。本届国际茶文化节以其独特的魅力展现了中国茶文化，促进了茶产业发展。

（李小丽）

【中国中华老字号博览会北京论坛隆重举办】 11月3日，中国中华老字号博览会北京论坛在荣宝斋礼堂隆重召开，共有110家单位、300余人参加会议。中国商业联合会、中华老字号工作委员会向大栅栏商业街颁发了国内首家“中华老字号集聚区”称号牌匾。

（谢　莉）

【行业安全生产监管】 2010年，共开展安全生产、促销、酒类流通、食盐、粮食等各项执法检查6 030人次。检查商务行业企业2 538家次，发现隐患1 301项，已整改1 239项，整改率达到95%，做到了对西城区规模以上企业安全生产检查的全覆盖。检查酒类经营企业4 000余家，为1 131家酒类经营单位进行了备案登记，对441家酒类流通企业执行酒类备案和随附单的情况进行了复查，发放酒类流通备案登记宣传册2 000余份。检查食盐销售单位365家，查扣假盐53公斤，杜绝了违法盐产品流入市场。受理促销活动备案审批95家，确保了企业促销活动安全有序进行。

（廖海林）

【安全生产联组建设】 2010年依托联组组织企业自查互查820余家次，开展应急演练1 050余家次。行政区划调整后，区商务委于10月份召开联组建设会对安全生产联组布局进行了重新规划和调整，将全区500余家规模以上企业组成47个联组，研究制定并下发了《西城区商务行业安全生产联组建设指导意见》，进一步推动和深化了安全生产联组建设，逐步形成了全区商务行业安全生产管理网络体系。

（廖海林）

对外经贸

【外商投资日益活跃】 2010年，新设外商投资企业吸收合同外资4.5亿美元，同比增长190%，占当年全部合同外资的比例由2009年的24.74%增至45.3%，2010年新设企业中5家采用并购方式。全区吸收外商投资呈现增长态势。新设和增资合同外资当年实际入资率达38.6%，高于2008年的4.5%和2009年的23.39%，外商投资落地速度加快，利用外资实效增强。2010年实际利用外资同比下降幅度已由上半年的60.37%降至18.2%，投资者入资状况向好，入资率不断提高。

（徐　聪、马　岩）

【利用外资保持结构优化】 2010年，新设62家外商投资企业，除1家从事建筑业外，全部为服务业企业，比重高达98.4%，服务业比重继续提升；产业集中度明显，商务服务业和商业保持主要地位，共吸收合同外资5.02亿美元，占全区的50.7%，实际利用外资3.3亿美元，占全区的51.6%；知名企业成为引资亮点。2010年，吸引了美国凯雷集团、新加坡星展银行、法国洛希尔集团、韩国友利银行、澳洲宝泽金融集团等6家世界知名企业设立投资管理和金融服务公司，区域国际商贸中心优势显现，区域金融业国际化程度继续加强。

（徐　聪、马　岩）

【利用外资增长方式不断优化】2010年，实现53家企业增资，合同外资达5.4亿美元，同比增长15.4%，占累计合同外资的54.7%，内涵式增长效应不断显现；新批及增资投资总额500万美元以上大项目20个，共吸收合同外资8.9亿美元，占全部合同外资的90%，实际利用外资500万美元以上大项目9个，达5.7亿美元，占总量的89%，大项目带动作用明显；金融街、德胜科技园、西单商业区和西外商务区四大功能街区共吸收合同外资8.9亿美元、实际利用外资6.2亿美元，分别占全区总额的91.2%和96.7%，空间集聚效应不断加强。

（徐　聪、马　岩）

【进出口增速全市排名第一】2010年，西城区进出口总额为635.5亿美元，同比增长51.2%，占全市进出口总额的21.1%，在全市16个区（县）中位居第二，进出口增速在全市排名第一。其中：进口额为558.8亿美元，同比增长63%，占全市进口总额的22.7%，在全市位居第二；出口额为76.6亿美元，同比下降0.9%，占全市出口总额的13.8%，在全市位居第四。

（马　岩）

【服务外包】办理支持承接国际服务外包业务发展资金申报，两批5件6家企业共申报人才培训资助55人，申请补助培训经费40.4万元，支持了服务外包企业人才的引进。

（李小丽、史　倩）

【境外投资】境外投资企业14家，分别以独资和合资方式到英国、印尼、新加坡、香港等国家和地区投资办企业，境外投资金额3 144.41万美元。

（李小丽、史　倩）

【经贸往来】办理外商来华邀请事项73件，分别邀请来自美国、英国、意大利等14个国家的外商115人次。良好的经贸往来促进了西城区与世界各国在经贸、人才、管理等多方面交流与合作。

（李小丽、史　倩）

【对外贸易备案审批】办理对外贸易经营者备案65件，其中新申请备案权的企业40家、变更企业24家（部分企业一次以上变更）、遗失补办1家。审批加工贸易合同9件，总金额211.48万美元。

（史　倩）

【建立项目收集和筛选机制】建立了招商引资项目收集和筛选机制，有计划、有步骤地向全区各相关单位征集项目，充实项目库，已征集租售项目、文化创意类项目、电子商务和建设项目共计95项，较好地实现了全区招商项目储备。利用招商引资项目库向市商务委申报了西城区2010年北京·香港经济合作研讨洽谈会吸引外资项目11个。

（李小丽、李佳狄）

【参加第十四届北京·香港经济合作研讨洽谈会】2010年11月24日至25日，第十四届北京·香港经济合作研讨洽谈会在香港举办。西城区政府代表团先后参加了北京市“京港合作新商机推介会”、“京港金融服务合作洽谈会”、“京港旅游宣传推广活动”、“京港合作项目签约仪式”等四场活动，成功举办了“西城区京港合作项目发布及招待酒会”专场活动。推介了护国寺商业街建设、西单银座中心、“云起时”商业街等15个新的招商项目。区属企业与巴黎老佛爷百货（中国）有限公司成功在港签约。

（章建平）

名　录

北京市西城区商务委员会
主　　任：郭　新
通讯地址：西城区南菜园街 51 号
邮政编码：100054
电　　话：83976036
传　　真：83976241

朝　阳　区

概　况

2010 年，朝阳区商务委按照市商务委和区委区政府工作部署，坚持以“国际商务、民生商务、人文商务”为主线，以汇聚高端商务资源、强化国际商务功能、提升商务环境承载为重点，积极探索低碳化发展道路，加强发展环境优质化建设，着力促进产业高端化发展，推动经济发展方式持续转变，全面推动国际商贸中心主承载区建设。2010 年实现社会消费品零售额1 737.5亿元，同比增长 17.5%，总量稳居全市首位。新批外商投资企业 794 家，同比增长 35%；合同利用外资 21.8 亿美元，同比下降 30.8%；实际利用外资 24.03 亿美元，同比增长 10.3%。

商业流通

【社会消费稳步增长】朝阳区消费品市场表现活跃，呈现出平稳快速的发展态势。成功举办国际美食节、汽车消费节、消夏啤酒节、特色商业街消夏节、时尚消费节、中华老字号博览会等主题促销活动；朝北大悦城、百盛太阳宫店、三里屯 Village 北区等商业新项目落地，集中型消费带动作用明显；发展特色餐饮，突显朝阳餐饮业品牌化、国际化、特色化的特点；丰富零售业态，鼓励网上零售，直投杂志零售等新兴消费模式发展。2010 年实现社会消费品零售额1 737.5亿元，同比增长 17.5%，总量稳居首位。其中，汽车、石油及其制品类商品共实现零售额 705.8 亿元，同比分别增长 37.4%、27.9%，对全区零售额增长的贡献率达到了 85.6%。

【打造时尚特色商业】积极向传统商业中融入时尚、创意等现代元素，提升潘家园旧货市场、蓝色港湾等特色商业街区的消费环境，打造符合现代商业发展潮流的新兴时尚消费聚集区。诠释“体验经济”丰富内涵，营造良好消费氛围，注重营造购物乐趣，举办以“GO 朝阳·购时尚”为主题的朝阳时尚消费节，通过北京酷车节、消夏啤酒节等各项体验消费活动，进一步培育消费环境，整合消费资源，有效发挥了消费对经济增长的拉动作用。积极搭建商业与文化创意产业结合的时尚产业发展平台，开发特色产品，鼓励三里屯 Village 举办时装 Show，古玩城举办文化博览会等多种文化互动活动，支持服装，鞋帽等传统商业开展个性化定制服务，突出朝阳特色。

【促进品牌商业发展】成功引进旗下包括卡地亚、登喜路、江诗丹顿等著名一线品牌的历峰集团入驻朝阳，实现年社会消费品零售额增长3亿元。2010年，以时尚品牌消费为主的新光天地实现销售额40亿元，同比增长20%，新在朝阳区设立总部的波希卡、普安倍尔等零售企业，同比增长超过50%。

【提升国际化美食资源】推出《美食密码—国际美食达人品味朝阳宝鉴》，鼓励大董、眉州东坡、俏江南等餐饮集团做大做强，推出了一批在国内外有影响力的餐饮品牌，突显朝阳区餐饮业品牌化、国际化、特色化的特点。

【四条餐饮街获特色美食街区称号】蓝色港湾、金泉广场、好运街、吕家营餐饮街四家餐饮街区在北京市商务委员会举办的特色美食街区的推介评选活动中获奖并挂牌。朝阳区餐饮行业正在不断扩大经营规模，持续蓬勃发展。

【早餐经营示范店】朝阳区早餐经营示范店连锁化特征突出，15家连锁企业的早餐经营示范店达到了220家，所有示范店的营业时间均超过了3个小时，早餐品种超过了20种。12月30日，在北京市商务委举办的北京市早餐经营示范店授牌仪式上，朝阳区眉州东坡、嘉禾一品等223家店获评北京市首批早餐示范店并授牌，占全市22.3%，位居全市第一。

【完善居民生活便利度】完善社区15分钟生活圈，扎实推进便民工程，不断提高社区生活便利度。年内，广泛征求区人大代表、政协委员意见，协调相关街乡精心选址，先后在望京、劲松等街道新建、改造6家标准化社区菜市场，其中，利用望京文化广场开设的临时早市，解决了该地区居民长期买菜难问题。另外，完成京客隆管庄店等5家企业无障碍系统升级；万达广场等4家单位停车场升级改造；新增刷卡消费特约商户600家。

【帮扶兄弟省市开拓市场】集中落实了北京市对口援建的四川什邡、新疆和田和朝阳区对口援建内蒙古突泉县和北京延庆县的特色产品进京工作，引导朝阳区农产品批发、零售企业加强对什邡、突泉、延庆特色农产品的销售。加大宣传力度，以多种形式宣传促进对口援建地区优质的特色农产品，扩大其销售规模。

【完善农村地区市场体系】利用有形市场联席会平台，扶持农村地区2010年三大重点产业项目发展，协调解决了高碑店中药港设立问题，指导王四营乡的盛华宏林粮油市场进行软硬件升级改造，配合来广营乡规划来广营购物中心。对太阳宫乡百盛购物中心、南磨房乡惠通时代广场和酷车小镇、金盏乡金港汽车城、崔各庄乡赛特奥特莱斯等农村产业项目进行了对接指导。

【再生资源回收体系】努力扩大网点规模，年内新建再生资源回收网点60个，分拣中心1座，规范回收网点累计已达360个。按照"规范站点、物流配送、专业分拣、厂商直挂"的要求，加大对回收企业和从业人员的教育培训力度，努力提高行业管理水平。开展每月一次的再生资源回收日活动，加强宣传，营造氛围，着力提高居民分类回收意识和再生资源利用意识，推动集约化社会建设。

【提升窗口行业服务水平】编写朝阳区窗口行业争创文明城区培训教材10 000册，宣传折页50 000份。组织"朝阳区窗口行业争创全国文明城区志愿签名"活动，提升争创全国文明城区工作的知晓率和影响力。结合啤酒节主题"牵手足球盛事，文明与我同行"，按照“窗口”行业“服务规范，诚信守法”争创标准的要求，开展“低碳行动，文明你我”、“减压活动，和谐生活”等一系列主题活动，宣传文明理念，扎实推进“窗口”行业争创全国文明城区工作。

【安全生产监管工作】全面推进商务行业安全生产制度的落实，组织企业法人、安全生产负责人培训4批1 300余人次，发放各类宣传材料28 000余份，发送短信35 000余条。动用执法检查车辆470余台次，出动执法人员1 200余人次，检查商业零售单位180家、餐饮经营单位540余家，确保安全生产零事故。开通举报热线，开展网上申报，在提升消费氛围的同时确保了促销安全。

【食品安全工作】开展打击私屠滥宰专项行动，督导屠宰企业加强无害化处理设施和病害猪无害化处理，抓好肉类安全工作。2010年完成酒类备案登记1 800余家，有效保证了酒类饮品在流通环节的安全；加大私盐打击力度，查处私盐30余吨，有力地净化了市场环境。

【战略合作协议】在第十一届北京CBD国际商务节上，朝阳区政府与北京市商务委签订了以推动重点功能区现代服务业发展，共同打造国际商贸中心重点功能区为主要内容的战略合作框架协议，为区域产业升级、发展方式转变、提升国际商务功能注入了新的动力。

【现代服务业发展】2010年，实体经济的好转带动了现代服务业重点企业业务扩张的步伐，大量新增企业的聚集促进了现代服务业内部结构的优化升级，商务服务尤其是投资与资产管理业等高端服务业营业收入快速增长，中海油天然气等一批重点企业加快了业务扩张的步伐，以总部经济为特征的商务优势地位进一步巩固。1—11月，商务服务业实现营业收入1 961.7亿元，同比增长41.6%。受此带动，现代服务业实现收入5 127.5亿元，同比增长24.3%。

对外经贸

【总部经济】2010年新增三菱重工、沃尔沃、新中建设等跨国公司地区总部12家，累计已达60家，占全市73%；美国ESI公司、摩托罗拉、LG、渣打银行等11家世界500强公司投资设立了13家企业；引进凯丹水务、嘉里大通、旭硝子、丰田通商等4家投资性公司，投资性公司累计达135家，占全市的70%以上。

【引进国际组织】成功引进中国美国商会、中国法国工商会、巴黎工商会、国际生态发展联盟等6家国际组织。

【对外贸易恢复性增长】2010年，朝阳区对外贸易持续2009年末以来的恢复性增长态势，各项指标稳居全市第一。实现进出口总额1 249亿美元，同比增长49%，占全市的41%。国内汽车销售增速有所回落，汽车产品进口趋于平稳增长；国际原油价格低位运行，带动原油进口大增；国际市场需求好转，加工贸易出口大幅回升；境外能源矿产开采工程激增，带动油田、矿山等钻探设备产品出口猛增。

【服务外包产业快速发展】积极培育行业优秀企业。年内，摩托罗拉（中国）技术有限公司、奥博杰天软件（北京）有限公司等10家企业获评北京市首批技术先进型服务企业称号。做好服务对接，积极帮扶、指导企业开展国家和北京市专项扶持资金申报工作，共申请各类扶持资金1 500万元，同比增长近1.5倍。

【会展经济】2010年，引进国际医疗仪器设备展、国际信息通信展览会、阿赫玛亚洲展一化学工程和生物技术展览暨会议等五项高端会展。与中博展览集团、博汇国际展览（澳门）有限公司、中粮集团三利广告展览有限公司等5家会展企业签订落户朝阳意向书。被中国会展经济研究会授予“2009年度中国会展名区”荣誉称号。

【美国商会亚太理事会】4月15日至16日，“2010美国商会亚太理事会”在北京朝阳召开，这是自2009年底中国美国商会正式迁入北京CBD办公后，举办的首次国际性高端会议。会议主题为：“中国——未来十年的经济增长引擎”，围绕企业未来十年在华运营发展状况展开相关议题讨论。

名　　录

北京市朝阳区商务委员会

主　　任：张　勇

通讯地址：北京市朝阳区日坛北街33号

邮政编码：100020

电　　话：65099185

传　　真：65094325

（范永军）

海　淀　区

概　　述

2010年，海淀区商务委在区委、区政府的领导下，在市商务委的指导帮助下，紧紧围绕核心区建设，广泛开展争先创优和优质服务年活动，积极提升全区商务环境，内外贸实现了平稳发展。全区社会消费品零售额在高位实现增长15.3%，达到1 183.4亿元；不断优化外资结构，实际利用外资13.6亿美元；进出口总额360亿美元；升级改造3家社区菜市场，新建设6家便民菜店，222家早餐经营网点获得“北京市早餐经营示范店”称号，社区商业服务体系逐渐完善。

商业流通

【重点项目有序推进】加大了公主坟商圈和甘家口社区商业中心改造建设工作督促检查力度，各项改造建设工作正在按计划推进，预计年底前可完成甘家口社区商业中心的改造建设任务。启动了五道口社区商业中心区改造调研规划工作。努力推进特色街区发展，提出了海淀区促进消费聚集区发展的意见。协助做好五棵松商业街前期规划调研工作，对海淀图书城特色商业街业态调整可行性进行调研，继续培育畅春园食街、魏公村民族餐饮一条街、阜石路美食街、花园路美食街的发展。

【社区商业工作成效显著】积极开展菜篮子体系建设，完成了3家社区菜市场升级改造以及6家便民菜店的建设工作。全面推动放心早餐便民服务网络建设工作，2010年共计50家早餐经营示范店通过验收。积极推进农村商品配送体系建设，目前超市发连锁公司已在苏家坨、北清路、韩家川等地区新建5个超市网点。不断完善社区便民商业设施建设，对IT维修服务进社区等项目进行资金扶持。深入推进全区再生资源回收体系建设，新增一批社区回收网点，完善韩家川分拣中心综合分拣加工功能，完成了海淀区电子废弃物回收与处理体系调研报告，指导锦绣大地安装了餐厨垃圾就地处理设备。

【大力开展行业促销】制定并落实《2010年海淀区商业服务业拉内需促增长系列促销活动的方案》，2010年完成计划安排的53项促销活动。圆满完成第八届中关村国际美食节、第六届海淀品牌消费节和第二届海淀汽车文化消费节。汽车节活动期间，海淀区25家参节汽车企业共实现销售13.34亿元，同比增长53.99%。海淀品牌消费节期间，海淀区18家参节商业企业共实现销售额18.21亿元，同比增长19.62%。两节为营造市场热点、拉动消费起到了积极促进作用。

【积极保障“各地商品大集”活动】15期北京“各地商品大集”活动共实现销售收入近9 800万元，签约金额12亿元人民币。作为承办地点的金源燕莎MALL平均客流达到每天3万人次，比平日增长50%以上。

【积极落实促销政策】落实家电下乡、家电以旧换新和汽车、摩托车下乡政策。共审批家电下乡销售网点101家；销售家电下乡产品10 078台，实现销售金额4 601.94万元；共审核家电以旧换新销售票据13 711单，销售家电以旧换新产品36.65万台，实现销售金额15.1亿元；销售汽车、摩托车下乡产品4 410辆，销售金额1.58亿元。

【不断加强企业促进工作】积极落实市区两级流通企业发展资金支持政策，修订了《海淀区促进商业服务业发展支持办法》和《申报指南》，向市商务委申报2批20个项目，共申请专项资金4 275万元。海淀区支持商业服务业发展专项资金项目正在评审过程中。

【促进商业进一步发展】建立大型商业设施建设及招商进展跟踪服务制度，协调解决企业在广告设置、工商注册登记等方面的实际困难。翠微广场、华熙乐茂的主力店太平洋百货、成龙影院及翠微百货清河店、嘉茂购物中心、华联万柳购物中心、大钟寺国际广场已全面开业。国际品牌巴宝莉（BURBERRY）已在翠微广场开业，华熙乐茂正在与古奇、阿玛尼、杰尼亚等国际一线品牌接洽。

【推进商业服务业规划编制工作】完成了海淀区“十一五”时期商业发展、现代服务业发展、物流业发展和商务发展环境等规划的总结评估工作。启动了海淀区“十二五”商业服务业发展规划编制，以及区级重点课题《高端消费聚集区规划建设与品牌引进》及关注课题《海淀区商业网点布局规划研究》的调查研究。完成了昆玉河沿线商业发展规划的编制工作。

【提升商业服务业环境】积极推进中关村西区电子卖场业态调整和商业规模调整工作，出台了《IT卖场行业规范》并在各电子卖场进行推广。配合工商海淀分局开展核心区建设环境综合整治工作，协调“好麦道公司”入驻西区事宜，研究将海淀图书城改造为文化休闲街区的可行性。

【组织完成商业设施改造】组织18家企业完成无障碍设施改造，2家企业完成大型商业设施停车引导系统改造，32家服装干洗行业开启式干洗机进行了更新改造，指导4家商场、超市和3家餐饮企业完成节能改造项目申报组织工作。

【加强生活必需品应急保障】加强对应急供

应网点和投放网点库存变化的监测，确保市场稳定。同时，根据新修订的《北京市海淀区突发事件总体应急预案》，进一步修改完善了海淀区生活必需品应急供应预案。完成了粮食企业年报表和海淀区2009年度粮食供需平衡调查报告、2009年度食用植物油供需平衡调查报告。

【强化商务综合执法】制定了“海淀区商务委2010年行政执法工作安排”、“海淀区商务委2010年度行业安全监管工作计划”、“海淀区2010年度商务行业安全生产隐患排查治理工作方案”等29个工作方案、计划，积极做好重大节日、重要活动期间安全生产工作，出动执法人员4 000人次，检查各类企业2 000余家次，纠正隐患问题450多个。

对外经贸

【对外经贸】2010年1—12月，海淀区实现进出口总额417.54亿美元，同比增长44.8%。其中进口额323.09亿美元，同比增长55.0%，出口额94.45亿美元，同比增长18.2%。提前3个月完成2010年300亿美元的进出口总额任务。

【服务外包】2010年1—12月，海淀区离岸服务外包收入为8.03亿美元，同比增长29.34%，占北京市的52.24%。在全市6个服务外包示范区综合评比中，位居第一。

【海淀服务外包示范区共建协议】举办“领航服务外包，再铸新的辉煌”——海淀服务外包示范区共建协议签字仪式，区商务委、海淀服务外包企业协会与博彦科技、海辉软件、软通动力、文思创新、瑞友科技等15家重点服务外包企业代表签署了共建协议。制定《关于海淀区促进服务外包产业发展支持办法》，重点支持服务外包领军企业和成长型企业发展、给予年度贡献人物资金奖励、支持骨干型企业发展以促进离岸外包收入增长、鼓励企业并购、根据北京市的要求安排配套资金、并积极支持行业协会的发展。

【服务外包企业优势明显】海淀区4家企业入选“2010年中国服务外包十大领军企业”，11家企业被评为“2010年中国服务外包100强成长型企业”，4人入选“2010年中国服务外包年度杰出贡献人物”。同时，海淀区两家服务外包企业员工规模突破万人。

【为服务外包企业申请资金支持】为海淀区服务外包企业申请扶持资金共计1.16亿元，其中申请商务部人才培训资金3 975.3万元，申请商务部贴息资金4 148万元，申请北京市服务外包资金1 801.34万元，申请海淀区服务外包扶持资金1 716.183万元。

【总部经济】积极做好跨国公司在京地区总部认定的咨询及资金申报工作，大力挖潜区域资源，积极引导现有投资性公司申报跨国公司地区总部认定。2010年，日电（中国）有限公司和联想（北京）有限公司被北京市商务委认定为跨国公司在京地区总部，至此，海淀区跨国公司在京地区总部总数达4家。

名　录

北京市海淀区商务委员会
主　　任：甄　蕾
通讯地址：北京市海淀区四季青路6号招商大厦四层东
邮政编码：100195
电　　话：88496768　88496779
传　　真：88496790

（李　强）

丰　台　区

概　　况

2010年，丰台区商务委员会根据丰台区委、区政府统一部署，围绕“招商上台阶、消费增规模、商业再升级”的核心任务，招商选资、扩大消费、外经外贸等方面工作顺利开展。2010年，坚持把繁荣区域商业作为扩大消费规模、提升消费贡献和惠及广大群众的重要抓手，完善商业设施建设，组织促销活动，加强行业管理，消费对区域的贡献迈上新台阶。2010年实现社会消费品零售额722亿元，同比增长13.7%，规模稳居全市第三。招商选资成绩突出。新引进千万元以上企业350家，其中亿元以上企业22家，与上一年15家相比增长46.7%。新引进千万元企业中，现代服务业、高新技术产业居主导地位，分别占企业总数的40%和35%以上。2010年全区共新批外资企业29家，企业增资23家，实际利用外资达1.28亿美元，同比增长20.5%。

商业流通

【加快品牌商业引进】2010年，北京华联公益西桥店、首地大峡谷、居然之家丽泽店、亿客隆万丰店等陆续开业，万丰餐饮街一期如期开街，新增建筑面积50多万平方米，提升了丰台区的商业品质和高端商业的供给能力。

【促进区域消费增长】2010年举办了“汽车文化消费节”、“丰台购物节”、“绿色餐饮美食节”、“方庄特色餐饮消夏节”、“金秋美食节”等五大促销活动，不仅促进了区域消费的增长，还推动了消费品牌的打造。

【继续落实惠民政策】2010年，全区家电下乡、家电以旧换新和汽车下乡、汽车以旧换新等四项惠民政策共拉动消费超过12亿元。其中：销售家电下乡产品18 478台（部），金额4 036万元；销售家电以旧换新产品20.5万台（部），金额7.9亿元；销售汽车下乡产品5 238辆，金额3亿元；实现汽车以旧换新688辆，金额6 995万元。全区共落实惠民财政补贴1 230万元，惠及20余万消费者，兑付率达到99.9%，稳居全市前列。

【统筹推进大红门地区发展】2010年，丰台区商务委编制了《大红门时尚创意产业聚集区发展规划》，将着力打造时尚元素富集、信息化程度高、功能设施完备、生态环境优美的时尚创意产业集聚区。拟订了大红门地区开发规范意见，积极引导文化创意等高端产业入区发展。

【丰台区商联会成立】整合区域内商业资源，成立了丰台区商联会，为政府与企业提供双向服务。70家不同类型、不同业态的商业服务业企业成为首批会员单位，行业管理水平进一步提升。

【进一步推进社区回收体系建设】在8个街乡累计建设再生资源回收亭1 130个，其中今年新增39个；定期在15个回收点开展社区回收宣传日活动。

【进一步强化行业监管水平】2010年，在强化行业监管、提高行业规范化工作中重点做了以下四项工作：一是加强酒类流通管理。截至2010年底，累计完成酒类备案5 149户，其中新增备案企业840户；开展270户批发企业酒类随附单使用情况检查。二是逐步完善典当监管机制。完善风险防范机制，建立了典当企业违规违约信息通报制度；圆满完成典当核查，辖区内9家典当法人企业和2家典当企业分支机构全部获得A级资质。三是完成成品油经营企业年审。至6月30日，申报年审企业88家，申报率为96.7%，其中通过初审企业81家，合格率为92%。四是开展服装干洗行业规范工作。确定11户开启式干洗机更换改造企业，8月底完成更新改造任务。

【完成粮食流通调查】完成了166户城镇户人口用粮情况入户调查和随机录入工作；完成30个餐饮企业、单位食堂食用油消费调查。

【商业设施改造】完成金丰旺园等5家社区菜市场和红星美凯龙等8家无障碍设施改造项目单位的改造任务。

【降低蔬菜流通成本】2010年，引导、推动辖区大型连锁企业同农产品基地对接，推动农产品批发市场和社区菜店对接。在7个社区菜市场设立了18个“保本菜”摊位，组建了拥有29辆车的“绿色车队”，从新发地市场进菜。通过减少流通环节，降低了蔬菜流通成本，稳定了终端零售价格。

【加强商务行业安全生产执法检查】2010年，对辖区内重点商业街区，重点单位人员聚集场所及周边规模以上商业零售、餐饮企业开展“安全生产执法检查周”专项整治行动；“两会”期间，采取全天候检查、督促的工作措施。2010年累计检查商业、餐饮经营单位安全生产及促销379家次（联合执法36次），出动检查人员729余人次（领导带队检查40人次），发现安全隐患120处，开具整改复查指令30份，全部及时督促、指导，责令立即或限期整改。对隐患突出的部分企业约谈主要负责人和安全负责人15家次。

【组织商务行业安全宣传教育活动】2010年，丰台区商务委组织全区人员密集场所统一宣传活动，以展板展示、现场咨询、发放宣传材料为主要形式，参与企业120余家次，分发各类材料2 000余份。全国安全生产咨询月期间，围绕“坚持安全发展，落实安全责任，服务保障城南行动计划”主题，安排了现场咨询，展示了安全生产挂图、安全生产展板，发放宣传资料1 500份，组织50余家行业经营单位的100多名安全负责人参加活动。

【维修行业健康发展】2010年，丰台区商务委维修协会按照《丰台区维修服务行业规范性文件汇编》的要求，对会员单位进行宣传、检查、落实，促进全区维修行业的健康发展，全体会员单位全年未发生一例消费者投诉。为会员单位培训了中央空调、制冷设备等五个专业工种的维修工63名；组织新型电子产品—平板液晶电视机原理与故障维修技术讲座两次；修订了15类457项维修服务收费指导价，并上报价格主管部门备案；继续开展社区维修服务工作，全年上门维修服务39 763次，修理物品39 733件，投诉率仅为万分之一；组织会员单位开展两次社区义务维修咨询公益活动。

【大型国有企业入驻丰台】2010年，中国铁路物资股份有限公司、中广核风电有限公司、通用集团财务公司等注册资金超10亿元的大型国有企业相继落户丰台。同期，全区共引进注册资金千万元以上企业350家。

【世界种子大会筹办工作进展顺利】 2010年，积极协调和配合市农委、农业部和外交部等部门，于3月14日经国务院批准，丰台区正式获得了2014年世界种子大会的举办权。同年，启动了大会场馆规划设计国际公开征集，完成了大会主题、口号、会徽和吉祥物的征集和初步筛选。进一步完善和细化了组织机构建议方案和大会承办方案。9月14—15日，国际种子联合会秘书长布恩斯先生来丰台区实地考察，并高度评价了世界种子大会筹办工作。

【青龙湖国际文化会都建设有力推进】 2010年6月11日，与美国洛克菲勒家族罗斯洛克公司签署了战略合作协议，对接了国际高端资源。委托专业公司形成了初步设计方案，并完成了项目可行性研究报告。世界文化多样性论坛落户会都，进一步提升了会都的影响力。

对外经贸

【利用外资】 2010年，全区共新批外资企业29家，企业增资23家，共吸引投资总额2.46亿美元，同比降低65%，注册资本1.6亿美元，同比下降75%，合同外资1.02亿美元，同比降低67%，实际利用外资达1.28亿美元，同比增长20.5%。

【增资成为吸引外资的主导】 2010年，全区有23家外资企业增减资，共增加投资总额1.3亿美元，同比增长4.4倍，占全区吸引外资总量的52.8%。增加注册资本0.93亿美元，同比增长6.2倍，增加合同外资0.7亿美元，同比增加27倍。增资企业数量与增资额度均远高于上年同期。

【对外贸易持续增长】 2010年，全区对外贸易海关进出口总额达94.3亿美元，同比增长32.7%，在全市十六区（县）居第六位，其中，进口总额为79.4亿美元，同比增长34.1%，出口总额为14.9亿美元，同比增长25.5%。

【新批对外贸易经营者情况】 2010年，全区共有107家企业申请对外贸易经营权，其中注册资金超过千万元人民币的仅12家，占新备案总量的11.2%，大部分申请企业为中小企业。

【境外投资不断增强】 2010年，全区共有12家企业在境外投资，投资总额为5 900万美元，较上一年同期增长52.1%，经营范围由矿产资源勘探、开发为主转为投资控股、金融贸易等为主。

【首家跨国公司在京地区总部落户】 2010年9月底，丰台区外资企业旭阳化工有限公司被市商务委认定为跨国公司在京地区总部，这是自2009年5月21日《关于鼓励跨国公司在京设立地区总部的若干规定》实施后，丰台区第一家、2010年全市第十八家被认定的跨国公司在京地区总部。

【组织参加“进出口企业政策服务咨询会”】 2010年5月27日与12月20日，组织全区近百家对外贸易进出口企业两次参加了市商务委举办的“进出口企业政策服务咨询会”。

【协助企业申请国际服务外包专项资金】 2010年，协助丰台区服务外包企业昊威天承申请了2009年度及2010年上半年国际服务外包专项支持资金近70多万元，及时完成了与丰台区财政局联审及网上审核工作，并准时上报市商务委。

【组织参加招商活动】 2010年5月，组织丽泽金融商务区、丰台科技园区等项目单位参加上海世博会北京周“魅力北京”推介会，对项目单位进行了宣传推介；9月，组织丽泽金融商务区、丰台科技园区参加在厦门举行的“第十四届中国国际投资贸易洽谈会”，扩大了丰台重点功能区的影响力；11月，组团参加在香港举行的“第十四届北京·香港经济合作研讨洽谈会”，期间独立举办丰台专场推介活动，吸引了一百余家香港知名企业和工商团体代表参加。

名　　录

北京市丰台区商务委员会
主　　任：周新春
通讯地址：北京市丰台区东安街三条6号
邮政编码：100071
电　　话：63838670
传　　真：63838670

（龙　芒）

石景山区

概　　况

北京市石景山区商务委员会（简称区商务委）。是主管石景山区内外贸易和对外经济合作的区政府职能部门。2010年是“十一五”规划的收官之年，也是石景山区经济及商务工作大踏步发展的一年。商务委紧紧围绕全区“大调整、大建设、大发展”的工作主基调，以科学发展观为统领，在突出重点、创新亮点、破解难点上狠抓各项工作的落实，使各项工作取得了新成效。2010年，全区完成社会消费品零售额217.6亿元，同比增长24%，社会消费品零售额增幅位居全市16个区（县）第一；完成实际利用外资6 357万美元，同比增长96%（不含投资公司）；完成进出口总额6.4亿美元，同比增长23.6%。

商业流通

【北京台湾街建成开街】北京台湾街位于石景山区北京国际雕塑公园西南缘，街长500米，占地2.1万平方米，总建筑面积约4.3万平方米，是集餐饮、娱乐、休闲、观光、夜市、购物、文化体验于一体的台湾主题文化商业街。该街于2009年5月28日开工建设，历时11个月完工。2010年5月7日，举行了盛大的开街仪式。北京台湾街吸引百大特产馆、宝岛夜市、五桂楼、邓丽君音乐餐厅等具有品牌号召力和影响力的企业入驻。截至2010年底，共引进商户136户，其中台湾品牌110户。

（于金锁、徐　沫）

【招商引资显成效】2010年，引进企业83家，累计注册资本1.13亿元。2007年以来，积极开展招商引资工作，累计引进企业136家。

（于金锁、徐　沫）

【“十二五”规划编制】紧密结合石景山区CRD功能定位和发展实际，充分满足石景山区经济社会转型升级的需求，认真总结评估本区“十一五”时期商务服务业基本情况，研究探讨“十二五”规划基本框架与思路。编制成《石景山区“十二五”商务服务业发展规划》、《石景山区“十二五”商业服务业发展规划》两个专题的专项规划稿。

（于金锁、徐　沫）

【商业规模档次不断提升】六个商务功能区建设稳步推进，商业体量不断扩大，业态更加完善。2010年内新开业商业面积20多万平方米。北京台湾街5月7日正式开街迎客，填补了全区特色商业街的空白；10月29日，爱玛裕家居购物广场开业，广场建筑面积10万m^2，是石景山区目前规模最大、品牌最齐全的综合性家居购物广场；12月18日，喜玛裕商品交易广场开业；12月28日，喜隆多OUTLETS时尚生活购物城开业。

（刘　珊、刘　颖）

【京西消费节打造石景山消费品牌】为庆祝石景山区商业联合会成立，在区人民政府的支持下、区商务委、区商业联合会组织全区30余家商业企业联合推出“京西消费节·2010”活动。活动取得了良好的社会效益和经济效益，消费节在拉动企业销售增长的同时，达到了推介石景山区企业和宣传石景山区商业的目的，树立了石景山区品牌消费形象。

（刘　珊、刘　颖）

【北京台湾美食文化节】为营造石景山区娱乐休闲消费环境，打造北京台湾街品牌形象，拉动消费，2010年8月20日至9月20日“北京台湾美食文化节”成功举办，本次活动作为北京市特色商业街消夏节活动之一，由市商务委和石景山区政府共同主办，石景山区商务委及北京国新商业投资发展有限公司承办，以“体验特色、共享时尚”、“展现宝岛风情，引领精致生活”为主题，通过逛台湾街、看台湾特色文艺演出、品台湾文化、尝台湾小吃、台湾商品带回家等活动，让广大游客感受地道的台湾文化。北京台湾美食文化节期间，北京台湾街共接待各地游客70多万人次，实现销售收入753万元，促进台湾特色商品销售额增长37%，台湾特色小吃销售额比活动前增长30%，北京台湾街的影响力进一步增强。

（刘　珊、刘　颖）

【石景山区商业联合会成立】2010年12月1日，石景山区商业联合会正式成立。北京物美商业集团股份有限公司、北京首钢实业有限公司、北京大中家用电器连锁销售有限公司、北京沃尔玛百货有限公司、当代商城鼎城店、神农庄园酒店等30家企业成为首批会员。

（刘　珊、刘　颖）

【商业流通发展项目促进行业发展】充分利用政策手段，促进行业发展，年内组织实施商业项目23个，申报市级支持项目8个，申报区中小企业发展资金支持项目15个。8个市级项目包括特色商业街改造项目、现代物流体系建设项目、电子商务发展项目、农超对接项目、发展早餐经营网点建设主食加工配送中心项目、餐饮企业开展节能改造项目1个、停车场改造项目2个，计划总投资3亿元，年内拨付到位资金187万元。最终获得区中小企业发展资金的商业项目13个，其中包括台湾百大馆特色经营改造等商业特色经营项目12个和星座商厦信息化建设项目1个，13个项目共获得支持资金116.9万元。

（刘　珊、刘　颖）

【稳定蔬菜市场】针对2010年初北京强降雪

天气对蔬菜市场供应的影响，积极采取措施确保蔬菜市场稳定。一是加强市场监测，严格信息报送制度，全面把握蔬菜产品的价格、销量、购销渠道等市场信息，准确把握市场动向；二是对八角特廉特菜市场、当代鼎城超市等重点企业进行调研，全面调查蔬菜产品经营、仓储及调配情况；三是要求企业建立稳固的供应渠道，适当增加农产品库存，确保蔬菜市场货源稳定。2010 年 7 月起，为有效控制蔬菜价格居高不下的局面，维护蔬菜市场经营秩序，召开专门会议，了解重点菜市场供货情况，严禁企业借机提高摊位费、管理费等费用，配合相关部门做好菜市场价格的监督检查，坚决打击囤积居奇、哄抬物价等扰乱市场经济秩序的违法行为，健全价格预警和应急机制，确保蔬菜市场稳定。

（杨　光、邓　磊）

【粮食平衡调查及库存检查】2010 年 4 月，完成了 2009 年度石景山区粮食供需平衡调查，共调查城镇居民 64 户、粮食经营企业 29 个（含国有粮食经营企业 1 家）、粮食转化企业 3 家、单位食堂 30 家。通过调查，基本掌握了 2009 年全区粮食及油脂消费、流通和库存情况，全年粮食供需基本平衡，为粮食宏观调控提供了重要的决策参考依据。同时组织落实 2009 年度本区粮食清仓查库工作，检查结果良好。

（杨　光、邓　磊）

【酒类市场整治】2010 年 4 月至 6 月，对 2 000户以上大中型社区周边酒类流通市场进行了集中专项整治。共检查酒类经营网点 200 余家，对不规范经营的酒类网点及时进行批评教育。整治后新增备案近 30 家，新增购用随附单企业 10 家。9 月 15 日至 10 月 7 日组织开展“中秋·国庆”酒类流通市场检查，共检查规模以上零售、餐饮企业 32 家，限期整改企业 9 家。

（杨　光、邓　磊）

【典当行业年检】2010 年 7 月，完成 2009 年度北京市典当企业核查工作，全区 9 家典当企业全部审核通过，被评为 A 类企业。经核查，2009 年度全区典当行业典当总额 1.92 亿元，典当余额 1.24 亿元，上缴税金 421.1 万元，较上一年度分别上升 74.5%、51.2%、99.9%。

（杨　光、邓　磊）

【成品油行业年检】2010 年 8 月，完成 2009 年度成品油站点经营资质检查，共有 14 家加油站提交的年检材料通过审查并换发新证，其他 2 家加油站因为申请变更事项将推迟年检。

（杨　光、邓　磊）

【洗染业设备更新改造】2010 年初，对全区洗染行业资质及干洗机情况进行了摸底调查，基本掌握了本区洗染行业现状及干洗设备情况。对《洗染业管理办法》及更新改造政策进行广泛宣传。经过近半年的宣传治理工作，8 月底，会同环保、工商等部门对已更新的设备进行现场检查验收，共申请补助资金 9.772 万元。

（杨　光、邓　磊）

【安全监管】按照市商务委和区委、区政府工作部署和要求，积极开展安全生产年、安全生产专项整治、安全生产大检查、安全生产月等活动，全面履行行业安全监管职责，较好地实现了全区商务行业安全无事故，为区域经济发展和社会和谐稳定做出了应有的贡献。共出动检查人员 700 余人次，检查商业经营单位 350 家次，发现安全生产问题、隐患46处，已全部整改完毕。

（迟小丽、张　弋）

对外经贸

【外贸进出口】根据市商务委提供的数据，2010年，石景山区完成进出口总额6.4亿美元，同比增长23.6%。其中出口额4.1亿美元，同比增长50.1%，占全部进出口总量的63.6%。出口商品以工业制成品为主，主要销往美国、香港、南非、日本、新加坡、荷兰、英国、德国等8个国家和地区。进口总额2.4亿美元，同比下降5.3%。

（刘玉杰、崔晶雪）

【外资结构】截至2010年底，开业外商投资企业228家。按企业生产方式划分，生产型企业71家，非生产型企业157家；按合作方式划分，合资企业78家，独资企业147家，合作企业3家。累计投资总额17.6亿美元，注册资本10.2亿美元，合同外资7亿美元，企业平均投资规模774.1万美元。

（刘玉杰、崔晶雪）

【外资来源】2010年，石景山区外资主要来源于31个国家和地区。其中最多的为中国香港，共设立“三资”企业97家，外资额为2.6亿美元；其次为美国，共设立“三资”企业20家，外资额为1362万美元；位居第三的为日本，共设立“三资”企业13家，外资额为1.1亿美元；三个国家和地区的投资企业数分别占全区外资企业总数的43%、9%和6%。

（刘玉杰、崔晶雪）

【新批外资规模】2010年，新批外商投资企业数量创新高，共计新批外商投资企业48家，同比增长6.7%。累计投资总额达到1.6亿美元，注册资本1.2亿美元，合同外资1.2亿美元，平均投资规模339.7万美元。开业外商投资企业新增投资总额5 996.4万美元，其中外方增资2 511.8万美元。

（刘玉杰、崔晶雪）

【新批外资结构】2010年，从企业类型上分，石景山区新批“三资”企业中，合资企业8家，协议投资总额2 318万美元，协议注册资本1 582万美元，协议外资总额1 068万美元；独资企业39家，协议投资总额1亿美元，协议注册资本9 268万美元，协议外资总额9 268万美元。合作企业1家，协议投资总额3 750美元，协议注册资本1 500万美元，协议外资总额1 500万美元。从产业结构上分，新批“三资”企业全部符合石景山区产业发展定位，其中现代服务类15家，文化创意类27家，高新技术类6家，分别占新批企业总数的31%、56%和13%。投资涉及的主要行业有科技研发、商业批发、商务服务、能源环保等。

（刘玉杰、崔晶雪）

【外资大项目】2010年，引进外资项目在规模和质量上不断扩大和提升。新批项目中，投资总额1 000万美元以上的大项目5个，累计投资总额1.2亿美元，注册资本7 797.2万美元，合同外资7 797.2万美元，分别占全部新批项目的73%、65%和65%。中天凯沃技术（北京）有限责任公司、永新视博数字科技有限公司等一批符合石景山区产业发展定位的企业落户本区。

（刘玉杰、崔晶雪）

【企业“走出去”速度加快】2010年，石景山区设立境外投资企业3家，设立境外办事处2家。北京伟德沃富投资顾问有限公司在英属维尔京群岛设立伟德沃富国际投资顾问有限公司，同时并购该地区联众资产有限公司；北京博奥森生物技术有限公司在美国设立博奥森（美国）有限公司；北京东土科技股份有限公司分别在德国及印度两国设立办事处。北京物美商业集团股份有限公司境外投资总额增加至4 250万美元。目前全区共有7家对外投资企业，企业“走出去”速度不断加快。

（刘玉杰、崔晶雪）

【服务企业】2010年，办理外商来华邀请函9件，对外贸易经营者备案45件。2010年共两次组织了区内外贸企业参加由市商务委与市外办、海关、出入境检验检疫、国税、外汇管理等部门联合举办“进出口政策服务咨询会”，现场解答企业问题，并通过五场专题讲解宣讲最新政策。

（刘玉杰、崔晶雪）

名　录

北京市石景山区商务委员会
通讯地址：北京市石景山路18号
邮政编码：100043
电　　话：68607225
传　　真：88683281

门头沟区

概　况

2010年，门头沟区商务系统在区委、区政府和市商务委领导下，在全区各部门及行业企业的大力支持下，认真贯彻落实党的十七大和十七届四中、五中全会精神，以科学发展观为指导，全力履行部门职责，以产业结构调整为主线、以保障和改善民生为根本，努力促进市场繁荣、提高招商引资实效、稳定出口增长、加强市场应急体系建设、加大商务执法力度、构建服务型机关，商务各项工作有序推进。商业设施内外环境全面改善，服务水平、便利程度不断提高，逐步缩小与全市差距。消费品市场持续繁荣。实现社会消费品零售额25.3亿元，比“十五”期末翻一番，“十一五”期间年均增长17%。充分挖掘消费潜力，繁荣市场保民生，先后推出“迎新春购物季”、“精品年货大集”、“食在门头沟”等系列主题促销活动，印制并发放万份《门头沟美食地图》，打造餐饮名片。“家电下乡”、汽车以旧换新等惠民政策积极推进。不断优化贸易投资环境。2010年合同利用外资近5 000万美元，是“十五”期末的13.4倍，“十一五”期间年均增长68%。外贸进出口总额达3.17亿美元，是“十五”期末的3.5倍，“十一五”期间年均增长29%。广泛开展项目对接、国际洽谈交流活动，积极与英、德、法等10余个重点国家驻京商协会建立良好关系，邀请知名企业入区座谈考察。引导地区中小企业积极参与国际市场竞争，搭建外经贸企业融资交流平台，帮助企业获得3 800多万元银行贷款，多渠道推动外贸强劲增长。

商业流通

【开展重点大街商户环境综合整治】2010

年，根据门头沟区重点任务安排，对区内城子大街、门支路等主要商业街近千家沿线商户进行集中拉网式整治，会同有关部门出台规范方案，建立协同联动机制，定期反馈工作信息，累计检查852户次，纠正店外经营、乱贴乱挂等不良行为300余起。

【编制十二五时期商务发展规划】2010年，广泛征求发展思路，基本完成区域未来五年商务发展框架。围绕“一带两线三点”和首都西部综合服务中心的功能定位，未来空间布局将围绕“门城商务主中心和斋堂商务副中心”建设，努力构建“四个高端商务区、三个商务产业辐射区、两条特色商务沟域连接线”的空间布局。

【深化落实安全生产规定】2010年，认真组织消防安全防火墙、提高“四个能力”建设和行业安全标准化的培训、安全知识竞赛，组织指导重点商业零售和餐饮经营单位的应急预案演练，认真组织安全生产、酒类流通、食盐等专项检查，累计检查企业295户次，消除和整改行业安全隐患56处，不合格项整改合格率100%，完成“安全生产年”各项工作目标。

【行业培训工作】2010年，门头沟区商务委以“真情服务企业，共促经济发展”为主题，深入开展基层培训需求调查，了解百姓对商业、服务业的需求，加大对从业人员的业务和能力的培训力度，先后举办财政税收、党务管理、餐饮行业礼仪接待与服务、干洗技术等各类学习讲座8期，累计培训1 000余人次。

【加强全区盐务管理】2010年，门头沟区实现食盐销售1 557吨，盐务执法检查共计出动687人次，检查各类食品经营户1 215户，依法没收私盐2 201公斤，合格碘盐食用率92.01%，碘盐覆盖率94.44%，均超过国家标准。

【全市碘缺乏病迎检工作】2010年，以“3.15”、“5.15”等宣传日为契机，门头沟区商务委对区内镇、街和25所小学发放宣传品5万余份，实现碘缺乏病防控全方位覆盖，达到国家相应标准，圆满完成全市碘缺乏病迎检工作。

【加强山区商业网点建设】2010年，落实国家“万村千乡”工程，提升鑫维康农村连锁便民服务功能，统一采购、集中管理、网络订货等先进流通技术得到推广，开展上门服务活动，加入全区居家养老助残服务网络，优化山区消费市场，实现农村连锁商业网点覆盖全区95%以上自然行政村，保障山区食品安全。

【回收站点整治取得新进展】2010年，积极推广村级规范化站点建设，倡导垃圾分类、低碳生活健康理念。新建和改造网点40个，开展宣传活动8次，不断提高社会参与度和认知度，有效整合回收资源。

【主题促销活动】1月20日，门头沟区商务委会同区委宣传部、工商、城管等部门，以区商联会为依托，推出“2010虎年迎新春购物季”大型主题促销活动，标志着以促进消费、扩大内需为核心的商业促销工作拉开帷幕。1月29日，门头沟区商务委会同妙峰山、斋堂镇人民政府以“文化、科技、消费”三下乡为载体，以现代品牌购物、服务百姓消费为主题，举办“年货大集”下乡展卖活动。据统计，两天累计实现销售额22万余元。7月，门头沟区商务委举办“2010食在门头沟”系列活动之餐饮行业技能大赛。区内10家餐饮企业选送的39道菜品获得首批“门头沟名菜”称号，17家农家乐选送的34道菜品获得首批“门头沟特色菜”称号，依托大赛评选结果，设计制作了一万册“门头沟美食地图”，免费发放，供游客阅览。9月28日，门头沟区商务委会同潭柘寺镇开展“迎国庆送货下乡”活动，组织鑫维康、物美、大中电器等企业送货上门，现场展卖家电下乡产品、副食百货等千余种名优产品，据统计，活动期间各商家共实现销售收入近10万元。

【家电下乡和家电以旧换新工作】2010年，按照国家、全市统一要求，继续做好家电下乡、家电以旧换新政策落实工作，不断完善销售环节，简化补贴程序，发挥网络、电视、报纸等媒体的宣传作用，开辟专栏及时更新国家补贴政策，先后3次组织送家电进山、送服务到家的现场咨询销售活动。据统计，截至12月31日，累计销售家电下乡产品10 822件，实现销售额2 211万元；家电以旧换新产品销售20 549件，实现销售额6 963万元。

【汽车以旧换新工作】2010年，门头沟区商务委会同有关部门开展政策宣传和讲解，继续为广大车主提供补贴办理及咨询服务，认真做好补贴审核工作。据统计，截至12月，共办理汽车以旧换新723件，补贴金额821.3万元；办理黄标车淘汰2 750份，补贴金额1 999.5万元。

【推进酒类流通备案登记工作】2010年，加大酒类执法检查力度，开展大型社区和重点街区酒类专项整治检查活动，深入清水、潭柘寺等地区开展酒类备案登记2次，入户宣传酒类流通管理办法，累计办理备案登记97户，全年酒类经营备案登记商户超过2 000户，登记率达到全市平均水平，确保区内经营户依法备案登记。

【低收入农户增收帮扶工作】2010年，门头沟区商务委积极开展对口扶贫村帮扶工作，从发展生产、村庄规划建设、精神文明建设、班子建设等方面入手，立足实际帮扶小龙门村和双涧子村，协助帮扶村申请获得20万元专项资金，扶持农副产品开拓销路，走科技兴农的路子，农民人均纯收入稳步增长。

【增强粮食储备能力】2010年，投资2 583万元，完成杨坨粮库改扩建，形成了三家店、斋堂等四个规范化收储库，全区总仓容增加到19.6万吨。

【完成第一轮生态林粮食补助工作】2010年1月13日至2月11日，完成2002年、2003年、2004年，共计三个年度的第一轮生态林粮食补助，涉及全区280个村次，8 432户次。供应粮食总量为2 288吨，其中特一粉1 014吨，特等大米1 274吨。

对外经贸

【搭建外经贸企业融资交流平台】2010年6月30日，门头沟区商务委组织中国银行、建设银行等多家银行及中担投资信用担保公司、中国出口信用保险公司等单位，举办2010年度门头沟区外经贸企业融资政策说明会。推介中小企业融资产品及外汇结算业务，帮助企业获得3 800多万元银行贷款，受到入区企业的好评。

【加强对外宣传】2010年，广泛开展项目对接、国际洽谈交流活动，宣传门头沟区良好投资环境，先后参加上海世博会商务接洽、“9·8”厦门招商洽谈、京港洽谈会等国际知名会展，制作发放宣传材料5 000多册。积极与英、德、法等10余个重点国家驻京商协会建立良好关系，邀请知名企业入区座谈考察。

【开展业务培训】4 月 28 日，门头沟区商务委举办门头沟区外贸企业业务培训班，帮助企业解决在经营运行、开拓市场、融资渠道等方面面临的困难。7 月 28 日，为推进北京市产业安全数据库和产业损害预警机制建设工作，门头沟区商务委组织区内 11 家重点生产型外贸企业，召开产业安全数据库扩容工作动员会暨培训会，对数据填报流程进行了详细讲解，要求企业高度重视，按时上报数据。

【帮扶企业发展】2010 年，为使企业更好的享受到各项扶持政策，门头沟区商务委继续加大政策宣传力度，共协助区内 17 家企业的 32 个项目获取“中小企业国际市场开拓资金”等扶持资金 200 余万元。

名　　录

北京市门头沟区商务委员会

通讯地址：北京市门头沟区新桥大街 36 号

邮政编码：102300

电　　话：69842571

（孟　那）

房　山　区

概　　况

2010 年，房山区商务工作在区委区政府的正确领导和市商务委的大力指导下，在加快产业发展、繁荣稳定消费市场、提升外资利用质量、促进外贸出口等方面均取得了阶段性成果。2010 年，全区实现社会消费品零售额 119.8 亿元，同比增长 20.9%；利用外资形势平稳，实际到位外资7 475万美元，同比增长 105%；外贸出口总额 3.2 亿美元，同比增长 83.9%。产业发展迈上新台阶，北京石油交易所、菜百首饰良乡店、家乐福等相继开业运营，极大提升了全区商业发展的档次和水平。惠民工程扎实开展，陆续新建、升级改造霞云岭庄户台、窦店下坡店、周口店瓦井 3 家农村集贸市场，同时通过整合商业资源、优化网点配置、扩大引资规模、盘活闲置资产、加快新店开业等途径，共计为下岗职工和失地失业农民安置就业岗位4 000余个。

商业流通

【菜百首饰良乡店开业运营】2010 年 4 月 30 日，菜百首饰良乡店开业运营，该店位于 53 号大厦一层，营业面积 700 平方米，2010 年共实现销售额约5 900万元。

【房山区酒类流通专业委员会正式授牌成立】2010 年 10 月 28 日，房山区酒类流通专业委员会正式授牌成立。参加授牌仪式的有久之源、得益丰等 36 家会员单位。该机构成立后，将积极参与酒类商品产销政策及法律、法规的宣传，向政府部门反映酒类商品市场情况和会员单位意见，协调、沟通酒类产销企业关系，发挥其行业引领、行业规范和组织协调的作用。

【西单翠微等 10 家知名零售企业来房考察】

2010年12月3日，“知名零售企业房山行”活动圆满完成，共有王府井百货、西单商场、北京华联、翠微大厦、当代商城、国美电器、大中电器、家乐福、沃尔玛、大润发等10家知名零售企业和星华智本投资发展有限公司、绿地集团、奥特莱斯（中国）有限公司、盛通建材城等房山区商业地产企业参加此次活动。

【家乐福超市开业运营】2010年12月30日，家乐福超市开业运营，该店位于拱辰南大街金花大厦，商业面积1.5万平方米。

【北京早餐经营示范店授牌】2010年12月30日，北京早餐经营示范店授牌仪式圆满完成，全区共有14家早餐经营企业通过评定，并被评为“北京早餐经营示范店”。

【研究编制《房山区商贸服务业发展规划(2011－2020)》】2010年，组织《房山区商贸服务业发展规划（2011－2020）》的研究编制工作，成立了规划编制领导小组，通过聘请高水平规划编制队伍、召开区直部门座谈会、开展重点项目走访调研等工作，为科学制定行业发展规划提供基础保障。

【积极实施农超对接工程】2010年，房山区商务委积极实施农超对接工程，加快推进华冠生鲜配送中心建设，完善冷链物流、分拣、检疫检测等基础设施建设。强化采购环节建设，发展各类果蔬直供基地，提高采购标准，严格检验程序，确保食品安全和市场供应。

【农村现代流通网络建设发展迅速】2010年，房山区农村现代流通网络建设发展迅速。积极实施“万村千乡”工程，以现代连锁经营方式不断整合农村商业网点，实现了从无到有、从少到多的发展变化。农村地区初步形成了较为完善的流通网络，农村地区的市场供应和安全水平得到了有效提升。

【家电下乡工作开展顺利】2010年1－12月，房山区共销售冰箱、洗衣机、空调、彩电、手机、计算机、热水器、微波炉、电磁炉等家电下乡产品4.87万件，销售金额8 478.8万元。其中，农户实际购买家电下乡产品3.5万件，销售金额11 090.1万元，补贴金额1 277.2万元。

【房山区商务委荣获市商务委“2010年度促消费突出贡献奖”】在市商务工作会上，房山区商务委因在2010年度促销费、服务进出口企业、流通规划、家电下乡及“万村千乡”市场工程、促进生活服务业发展、公平贸易工作等方面取得显著成绩，荣获“2010年度促消费工作突出贡献奖”。

对外经贸

【外贸出口总额实现3.23亿美元】2010年，房山区完成进出口总额6.42亿美元，同比增长42.16%。其中，出口总额3.23亿美元，同比增长85.51%；进口总额3.19亿美元，同比增长14.94%。相对值在全市排名第1位，绝对值排名第11位。

【培育发展外贸龙头企业见实效】2010年，房山区商务委通过采取重点联系企业制度、外贸政策和行业信息重点帮扶等措施，加大了对重点外贸出口企业的扶持力度。2010年房山区出口超百万美元的企业达到30家，比上一年增加3家，其中：出口超亿美元的企业1家，超千万美元的企业4家，超100万美元的企业30家。2010年，房山区完成出口总额3.23亿美元，同比增长85.51%。出口额同比增速列全市第1位，其中30家重点外贸出口企业出口额3.043亿美元，占全区出口总额的94.2%。

【房山区首家上市企业在香港挂牌上市】 2010年，北京澳特舒尔保健品开发有限公司在香港挂牌上市，股份代号“926”。该公司是一家集保健品研发、生产、销售于一体的专业生产经营中国茶疗保健产品的高新技术企业，其主打品牌为碧生源系列功能性保健袋泡茶，碧生源商标获北京著名商标称号，是中国保健茶市场的第一品牌。公司销售网络覆盖全国17个省市和20多个国家和地区，销售网点超过7.5万个，2009年市场占有率达到42%。

【房山参展投洽会签百亿大单】 2010年，房山区参展投洽会共签约104.12亿元，是北京团签下的首个百亿大单。项目分别是香港恒基（兆业）地产开发集团投资总额达100亿元的“良乡高教园区综合商住房地产和良乡综合物流基地”项目，以及加拿大Solamagination公司投资总额为4.12亿元的“北京红色创想太阳能房车营地”项目。

【房山区商务委被市商务委评为2010年服务进出口企业先进单位】 在市商务工作会上，房山区商务委因在2010年度促销费、服务进出口企业、流通规划、家电下乡及“万村千乡”市场工程、促进生活服务业发展、公平贸易工作等方面取得显著成绩，被评为2010年度服务进出口企业先进单位。

名　　录

北京市房山区商务委员会
主　　任：朱仕生
通讯地址：北京市房山区长阳镇昊天北大街38号
邮政编码：102445
电　　话：81312935，81312937
传　　真：81312958
电子邮箱：shangwu@bjfsh.gov.cn

（张国庆）

通　州　区

概　　况

2010年，在通州区委、区政府的正确领导下，在市商务委的科学指导下，通州区商务委始终坚持以科学发展观统领商务工作全局，紧紧围绕通州现代化国际新城建设的各项中心工作，不断推进商务工作的健康和谐发展。

商业流通

【社会消费品零售额持续快速增长】 通过支持商业企业开展多样化促销活动，落实家电下乡、以旧换新、加快农村流通网络建设等多项政策和措施，拉动区内消费，繁荣消费市场。2010年，全区社会消费品零售额实现187.7亿元，同比增长16%，增幅比2009年提高了5.4个百分点。月均零售额比2009年增长了2.2亿元。从各月看，单月零售额达到15亿元的有8个月，而2009年只有3个月。2010年单月零售额增幅波动较大，累计零售额增速较为平稳。

【商品流通规模继续扩大】 2010年，全区规模以上商业购进总额达到493.9亿元，同比增长17.3%。其中，市内购进额129.1亿元，同比增长9.3%；市外购进额362.6亿元，同比增长20.5%；进口额2.2亿元，同比增长5.1%。规模以上商业销售总额达到554.8亿元，同比增长16.2%。其中：市内批发额217.7亿元，同比增长10.2%；市外批发额214.8亿元，同比增长21%；零售额122.3亿元，同比增长19.4%。

【促进居民消费便利】落实消费政策，推动便利消费。2010年，共销售家电下乡产品4.3万件，销售金额达9 493.46万元；销售家电以旧换新产品129万件，补贴金额达3.97亿元；销售汽车摩托车下乡产品847辆，销售金额3 959.42万元；办理黄标车淘汰手续10 946件，共发放补助资金8 526.99万元。

【不断提升市场水平】继续推进农村连锁超市建设工作，2010年，在新建60家超市的基础上，不断提高配送率，提升连锁超市运营质量；利用3年时间对全区社区菜市场和农村集贸市场进行升级改造，已进入收尾阶段。截至2010年底，已累计完成13家社区菜市场及7家农村集贸市场的升级改造工作。

【加大食品安全执法力度】坚持宣传与执法相结合，2010年，共组织食品安全宣传活动3次，组织专场培训4次，培训400余人次；共取缔生猪屠宰窝点30个，查没生猪42.5头；加强对盐业、酒类备案的管理工作，处理盐业违法案件20起，查没私盐73 430公斤，罚没款12 500元，督促酒类经营备案登记985户。

【确保商务领域安全有序】落实安全促销管理规定，规模以上零售及餐饮经营单位的安全生产、市场秩序检查率达到100%，2010年，共开展“商务行业安全大检查”、“百日平安行动”等9项专项整治活动，检查企业609户次；开展29次大型宣传培训活动，培训企业负责人及员工3 100余人次，确保商务领域安全有序。

【完善招商引资平台】筹办商务年会，致力于将商务年会打造成为商务促进的品牌活动，2010年5月28日，成功举办了2010北京新城·通州国际商务年会的首场活动——中国商业地产联盟通州行。7月30日，举办了“国际新城商业规划发展论坛”，从商业规划的角度，为通州现代化国际新城的商务发展拓展了新思路。此外，10月份举办了电子商务专场活动，12月分别举办了知名餐饮企业通州行、知名品牌企业通州行，为知名商业及餐饮企业与通州区资源方进行对接搭建了桥梁。

【积极引进品牌商业】北京华联武夷购物中心，2010年1月正式营业，占地面积3万平米，百货商场、超市外，还包括餐饮、银行等其他配套业态，是一站式的消费场所；蓝岛大厦，签约落户车里坟村，建筑主体为一栋24层的大厦，蓝岛租用此大厦1—4层商业部分，建筑面积2万6千平米，11月底进行二次装修，2011年春节前开业；万龙洲海鲜通州店，于2010年11月24日盛大开业，坐落于八通轻轨临河里车站对面，营业面积5 500平米；法国迪卡侬体育用品超市，拟落户通马路与内环路交界西南角，面积4.7万平方米左右，计划自建华北区总部及示范概念店9 000平方米，自建15 000平方米的大型免费户外运动场，为群众开放的运动休闲场所。此外，乐天玛特超市、江苏润地利集团、红星美凯龙、欧尚超市、国泰百货、当代商城等一批项目正在深入洽谈中。

【全力推进电子商务产业基地建设】积极协助相关部门，制定电子商务布局规划，初步形成了“一主两辅”的空间结构；出台了《通州区促进电子商务企业发展暂行办法》，为电子商务产业发展提供了政策支持；加大投资促进力度，电子商务企业引进工作取得了较大进展。积极争取市领导及相关部门的大力支持，程红副市长专门听取了通州加快电子商务产业发展的情况汇报并给予充分肯定；区委、区政府决心用十年左右的时间，利用全区最优质的资源，把电子商务产业打造成为全区的主导产业之一。

【集中精力抓行业“创卫”】根据区委、区政府的统一部署，将商、市场行业创卫工作作为工作的重中之重扎实推进，确保了通州区创卫工作整体通过验收。共抽调12人分6组下放到6个乡（镇）和街道，重点对6个区域的商市场、超市创卫工作进行督促指导和检查，对发现的问题，及时督促改正。

【积极开展各项促销活动】推出了以“品牌消费，品质生活”为主题的系列活动，举行了“2010通州购物季启动仪式”，开展了“2010年通州区新春佳节购物季”、“2010通州区商业广场消夏节”、“绿色环保进餐饮”、“2010国庆家电购物节”等活动。活动期间，各大商业企业开展了超值特惠的折扣促销、时尚潮流的品牌推介、特色鲜明的节日商品展销、绚丽多彩的娱乐歌舞等活动，积极营造丰富多彩、便利、安全、放心的消费环境。

【加强重点议题研究工作】在突出重点，完成重点工作的基础上，统筹兼顾推进商业发展规划、再生资源回收体系建设，全区粮食储备调查、全区商务领域安全生产等重点议题的研究工作，提请区长办公会审议《“十二五”时期商业发展规划》、《再生资源回收体系建设实施方案》、《关于全区粮食储备情况的汇报》、《关于全区商务领域安全生产情况的汇报》等议题。

【完成全区社会粮食供需平衡状况调查】圆满完成2009年全区社会粮食供需平衡状况调查工作，理清了全区社会粮食供需基本状况：全区2009年度年初社会粮食库存247 431吨（混合粮，下同）；本年粮食供给543 998吨，同比增长12%；本年粮食需求549 825吨，同比增长14.6%。粮食消费231 376吨，其中口粮142 748吨，人均0.357 8公斤/日，（城镇居民人均0.295 5公斤/日，农民人均0.408 8公斤/日），饲料用粮54 062吨，工业及食品用粮29 174吨；年末社会粮食库存241 604吨，全区社会粮食供需基本平衡。

【完成全区社会食用植物油供需平衡状况调查】2009年度全区年初社会食用植物油库存4 109吨。本年食用植物油需求23 379吨，食用植物油消费22 234吨，其中口油21 637吨，日人均0.054 3公斤（含餐饮和食堂用油），食品加工业用油597吨。年末社会食用植物油库存6 526吨，食用植物油供给全部区外购入，其中市外购入14 000吨。

【完成区内粮食仓储设施和投资调查】截至2009年底，全区现有规模以上粮食仓储企业2家，11个库点，总有效库容量356 162吨，同比下降3.26%；从业人员223人，同比减少4.93%；保粮环流熏蒸系统仓容量147 682吨，与上一年持平；粮情测控系统仓容量356 162吨，同比下降3.26%；实现机械通风仓容量356 126吨，同比下降3.26%；仓储设施改造投资154.3万元，同比增长3.36%。2009年，全区粮食流通基础设施建设投资项目1个，即北京市通州粮食收储库点仓房维修改造项目，投资总额154.3万元。其中企业自筹资金46.3万元，地方财政投入108万元。2010年投资项目1个，同比持平；2010年投资总额149.28万元，同比增长3.36%。

对外经贸

【外经贸增速显著回升】 2010年，全力支持企业发展，促引资、扩出口，实现了外经贸数据显著回升。外商投资企业投资总额合计1.05亿美元；注册资本合计1.38亿美元；合同利用外资1.03亿美元，同比增长23%；实际利用外资合计9 042万美元，同比增长11.8%。全区实现进出口总额23.6亿美元，同比增长42.04%；其中出口收汇14.3亿美元，同比增长52.65%；进口付汇9.3亿美元，同比增长28.27%。

【外资来源于16个国家和地区】 2010年，全区共审批36家三资企业，外资来源分别为：香港9家、美国5家、新加坡4家、韩国4家、英属维尔京群岛2家、俄罗斯2家、澳门1家、台湾1家、日本1家、科威特1家、尼日利亚1家、马来西亚1家、蒙古1家、澳大利亚1家、荷兰1家、英国1家。

【利用外资行业结构情况】 2010年，全区新批36家外商投资企业，所属行业分布情况是：批发零售业15家，租赁和商业服务业7家，技术服务业6家，制造业4家，计算机软件业3家，金融业1家。

【产品出口情况】 产品出口主要面向欧盟、美国、香港、日本、以及东南亚等国家和地区。出口产品主要集中在金属机械及电气、信息技术及材料、合成材料及化工、木材加工及家具制造、纺织服装等行业。

【外商投资企业年检情况】 一是参检企业数量及规模方面。截至2010年8月5日，实际参加年检的外商投资企业共448家，比2009年的450家减少2家。累计实现投资总额21亿美元，注册资本13亿美元，合同利用外资9.9亿美元。外商投资企业投资总额在1 000万美元以上企业59家，占参检企业总数的13%；二是参检企业外方投资者国别地区来源方面。主要来自亚洲（270家）、北美洲（68家）、欧洲（94家）、大洋洲（11家）、非洲（5家）。其中亚洲地区主要以香港、韩国、日本为投资通州区最主要的国家（地区）；三是参检企业纳税方面。实现纳税总额18.1亿元，同比增长15%。其中，纳税额500万元以上的企业47家，累计纳税15.7亿元，占总纳税额的86%。从行业划分看，纳税额最大的前三个行业是：金属机械电气类、服装纺织类和合成材料化工类，纳税额分别是8.1亿元、4.9亿元和1.9亿元；四是参检企业行业分布方面。主要是服装纺织皮革类企业40家、金属机械电气类企业131家、房地产建材类48家、合成化工类企业59家、印刷纸制品类企业14家、信息技术及材料类企业44家、服务类企业67家、木材加工及家具类企业16家、农业及食品制造类企业24家、礼品制造类企业5家。

名　录

北京市通州区商务委员会
主　　任：王士杰
通讯地址：北京市通州区新华北路161号
邮政编码：101149
电　　话：69543319
传　　真：69521735

（高士增）

顺　义　区

概　　况

2010年，顺义区商务系统广大干部职工紧紧围绕“城乡发展一体化、经济发展多元化、社会管理精细化、党建工作科学化”这一工作目标，在推进顺义商务城市化进程上做文章、下功夫，将“调结构、扩消费、促引资、保出口”作为工作主线狠抓落实，克服了持续通胀压力、全球金融危机带来的不利因素影响，顺利完成全年商务工作计划，实现了“十一五”的圆满收官。2010年共实现社会消费品零售额180.5亿元，同比增长16.3%，总量在远郊区排名第二位；完成出口供货额310亿元，同比增长2.3%，从九月起止住连续20个月出口的下滑趋势。完成进出口总额125.9亿美元，同比增长13.4%，在全市排名第五位；实际利用外资4亿美元，利用外资额度在全市排名第五，占远郊区总额的近四成。

商业流通

【以新国展为依托，助推会展产业链协调发展】围绕新国展举办的14项展会，向汽车展、服装展主办方推荐20家住宿酒店，放大展会对周边区域餐饮、住宿等综合消费的带动作用。制定并落实《顺义区促进会展业发展政策扶持意见》，对北京中展投资发展有限公司和北京时代龙马公司兑现专项扶持资金355万元。国展产业园争取市级各类专项资金7 436万元。吸引北京笔克展览服务有限公司、北京嘉联利华制服研究所和时代龙马等30余家会展企业落户顺义区。

【全面掌握情况，制定规划引导物流产业发展】目前，顺义区共有物流企业268家，社会物流总额200.8亿元，从业人员2.8万人，仓储面积131万平方米。针对这些现状，着手编制《顺义区物流业发展专项规划》，规划未来3—5年发展目标。

【强化品牌引导，丰富商业业态】成功引入新世界、美廉美等较大规模的商家在顺义区开设分店，其中作为顺义首家开业的外资零售企业，新世界百货引入休闲商业概念，引进国内外知名商品品牌50余个。此外，正在与家乐福、麦德龙、乐购、摩天三五、日本永旺等国际知名商家进行接洽，对美旗城项目进行追踪。

【城乡商业便利程度显著提升】一是加快城乡商业体系建设。对东兴市场、现代家园、高丽营等10家市场进行新建和升改工程；完成西辛南区、后沙峪镇、滨河小区北口和平各庄等4家众望早餐“撤亭进店”工程。二是落实惠民政策，新增3家“家电下乡”销售网点，家电“以旧换新”实现送新收旧一条龙服务，通过两项政策销售家电9.7万元，带动销售3.1亿元。三是规范家政服务行业发展，在全市郊区率先成立家政行业协会，举办行业技能培训32期及家政服务行业技能大赛，2010年共有1 026人通过鉴定考试获得市劳动局颁发的上岗资格证书。四是大力发展绿色商务，对13家服装干洗企业更换密闭式干洗机，拨付补助资金 41.784 万元；升级改造无障碍设施 19 处，完成鑫海韵通停车场引导系统改造，完成主要商业企业节能设施改造，使能耗平均下降 30%；对全区拆迁后现存的 330 个农村回收暂存间重新进行登记造册及调整，实现可回收物统一收购、统一运输。

【强化商业流通安全管理】完善生活必需品储备及监测制度，2010 年 12 月启动“场店对接”工作，建立 12 家“惠民摊位”，大白菜等 7 种蔬菜平均进价降低约 30%；对两家生猪定点屠宰企业各类检验检疫、病害猪无害化处理进行检查；完成酒类流通备案登记 400 余户，重点酒类销售企业已实现全部使用机打随附单；全年出动执法检查人员千余人次，检查经营单位 567 家次，发现和消除各类生产安全隐患 395 处，没收非法食用精盐6 000余公斤。

对外经贸

【利用外资在逆势中维持总量优势】一是突出重点，外资结构进一步优化。第三产业在 2010 年吸引合同外资中的比重达到 91.9%。在全年 13 个吸引合同外资达 500 万美元以上大项目中，第三产业项目数量达到 12 个。龙湾屯镇年内引进 2 家合同外资 500 万美元以上的三产大项目，大项目 2010 年入资率达到 71.9%。二是提供个性化服务，营造良好投资环境。打造“燕京杯”高尔夫球联谊赛这一品牌活动，通过邀请外商投资企业高管、展览行业协会负责人、驻京各大协会和驻京商社办事处的首席代表开展比赛，展示顺义区“以责助企，以情驻商，以心为商”的良好投资环境。由原有外商投资企业增资的实际利用外资 2 亿美元，占实际利用外资总额的 50%。三是创新方式，不断拓宽引资渠道。借助科博会平台，重点推介国际枢纽空港、高端产业新城、和谐宜居家园三大板块。活动期间接待参观人员 2 万余人次，接待企业咨询1 300余次。结合第十四届京港经济合作研讨洽谈会，对全区各招商主体吸引外资项目进行梳理包装，洽谈会期间全区共签约项目 23 个，协议投资总额 118.92 亿美元，创历年签约项目之最，项目涉及新能源、新材料、旅游休闲等多个领域。其中，北京思捷爱普半导体有限公司已顺利落户综保区。

【对外贸易扭转下降趋势】一是强化政策支持，促进企业开展对外贸易。进一步帮助企业吃透用活国家及北京市支持外经贸发展的有关政策，通过上门指导、举办专题培训等形式向企业宣讲出口政策及知识，与上级商务主管部门和海关建立定期沟通机制，争取项目和政策支持。二是积极帮助企业实行“走出去”战略。2010 年内新设立境外企业 10 家，作为顺义区外经工作龙头企业的江河幕墙及嘉寓门窗，目前已成功“走出去”并抢占国际市场。共有 74 个项目获得中小企业开拓资金初步审核，计划拨付资金 222.8 万元。

名　录

北京市顺义区商务委员会
主　　任：王福印
通讯地址：顺义区站前街顺鑫国际商务中心 10 层
邮政编码：101300
电　　话：69443513
传　　真：69443513

（李沛恩）

大　兴　区

概　　况

2010年是“十一五”时期的最后一年，也是大兴商务事业大发展、大变革时期。在区委区政府和人大、政协的指导下，大兴商务实现了跨越式发展，发展水平和质量快速提高。商务工作在拉动区域经济增长的贡献显著增强。2010年，社会消费品零售额完成133.7亿元，同比增幅16%；实际利用外资11 554万美元，同比增长13.2%，连续两年超过1亿美元；新批外资企业、合同外资、实际利用外资分别比上年增长14.5%、12.6%和46.5%，达到历史新的高位；新批三资企业24个，同比持平；出口商品交货额实现30亿元，同比增长3.1%。其中农副产品出口34 815万元，同比增长15.4%，高新技术出口20 678万元，同比增长574.7%。

商业流通

【拓展“农超对接”平台功能】利用农超对接平台，拓展了“农超对接、农餐对接、场店对接”活动，2010年成功组织2次较大规模的对接活动，有35家农民合作组织与26家商场、超市、餐饮企业签订了购销合同。每年通过平台配送3.2万吨农产品。农产品采购量平均年增长在10%以上，提高农民收入约15%，减少农产品流通成本10%左右，供货量占全区同期产量的30%。

【完善“两网一平台”配送中心建设】“两网一平台”的配送中心建设得到进一步发展，完成500平方米冷库及2 000平方米商品库房改造，完善了配送中心的配送功能，使其具备双向流通功能，一是向农村连锁便利店配送低成本商品，二是在新城地区有效地解决了农产品由地头到餐桌直接对接。

【社区便民服务建设】发展了20家社区体验超市，升级改造了雪松丽园、长乐兴盛、亿兴隆华3家社区菜市场。

【无障碍设施建设】进一步完善了商业无障碍设施建设。2010年共有物美大卖场、帝园商场、星城商厦、杰通商场、鼎盛人家酒楼等五家企业进行了无障碍设施改造，实现了商业无障碍设施100%的改造率。

【节能改造成果明显】全区的节能改造工作进展迅速，2010年改造世纪联华清城超市、星城商厦两个企业。70%的商业企业利用3年的时间进行了节能改造，节能率达到了26%。

【保障市场运行安全】每月监测36家重点商场、餐饮、商品交易市场的经营情况及市场动态，并对规模以上的商场超市、连锁企业、农贸市场、社区菜市场的生活必须品应急储备情况进行了调查摸底。

【新增商业项目】2010年新开物美彩虹新城店、亦庄首航国力店、名舍奥特莱斯折扣店、滕王阁家居建材、王府井百货、乐购超市，新增商业面积10.1万平方米，累计商业面积175万平方米，使区内零售业出现多元化发展的态势。

【家电下乡成效显著】积极落实“家电下乡”政策，46家销售网点完成备案，销售家电下乡产品13 080台，累计金额3 132余万元。

【家电、汽车以旧换新】2010年，家电以旧换新企业共销售家电69 688台，销售金额2.63亿元，回收家电24 475台。2010年，办理汽车以旧换新834辆，发放补贴金额861.08万元。

【再生资源回收规范体系建设】2010年在新城地区新建社区再生资源回收站点80家，覆盖了新城90%以上的社区，实现了“三定、四规范、七统一”的规范管理。再生资源分拣中心启动了一期建设。

【酒类流通备案登记】2010年为810家酒类销售网点办理了备案登记。

【成品油管理】2010年对88家成品油零售企业进行了经营资格检查，办理了年审手续。

【完成2009年度社会粮油供需平衡调查工作】2010年3月底前顺利完成了区内80家粮食经营企业（其中国有企业7家）、38家粮食转化企业、52家居民户和54家农户的2009年度粮油供需平衡调查工作。

【进一步完善粮食应急供应机制】对区内现有符合条件的商场进行梳理筛选，重新核定了10家粮油应急供应点和1家应急投放集散点。

【执法工作成效】2010年生猪屠宰、盐政、促销、酒类等执法累计出动673人次，查处盐政违法案件54件（未涉及私盐加工窝点），其中立案查处1件，查没违法盐产品16 000公斤，罚款人民币4 000元；取缔私屠滥宰黑窝点8个，查没违法屠宰生猪及其产品25头；对区内商业零售企业促销活动进行执法检查，共出动执法人员52人次，检查零售商22户。

【盐政联合执法】2010年6月联合河北省廊坊市安次区盐政所开展了为期3天的执法检查。在这次联合执法过程中，共出动执法人员108人次，集中检查了大兴区安定镇、采育镇、礼贤镇等与河北省廊坊市安次区交界地区的集贸市场、超市、粮油店及小卖部，共检查商户92家，作出行政处罚14起，查没违法盐产品545公斤，罚款400元。

【开展商务法规宣传】大兴区商务监督检查所结合“3.15国际消费者权益保护日”、“5.15防治碘缺乏病宣传日”两大主题活动，会同北京市商务执法办公室、大兴区工商局、大兴区卫生局等相关部门开展了一系列的宣传活动。向群众累计发放宣传材料1 200多份，现场接受群众食盐消费咨询300人次。

【京南物流基地成绩显著】2010年是全面完成“十一五”规划的关键之年，京南物流基地被北京市列入重点规划的五大物流基地之一，年内业务收入总额26.8亿元，同比增幅39.49%；上缴税金6 022.92万元，同比增幅64.27%；吞吐量3 190 913.86吨，同比增幅24.53%。

【参加中国国际物流节】2010年11月10日—12日，由中华人民共和国商务部批准、中国交通运输协会主办的第六届中国国际物流节暨第九届中国国际运输与物流博览会在北京国家会议中心举行。京南物流基地在国家级博览会上首次亮相。

【组织开展系列促销活动】2010年5月27日至6月13日，大兴区商务委、大兴区商联会联合举办了2010“活力大兴，魅力新城”之第22届西瓜节夏季“品牌消费节”。9月18日至10月11日，借中秋和“金九银十”之际，结合“2010北京购物季”系列活动，大兴区商联会组织“迎双节金九银十商品促销活动”。

【组织会员企业外出考察】2010年4月3日至10日，大兴区商联会和物流专业委员会组成考察团一行23人由大兴区商联会会长庞亚雄带队对台湾物流业进行了考察，重点考察了台湾成品开发物流股份有限公司。

【组织开展商业礼仪培训班】2010年9月28日，大兴区商业联合会在大兴区政协活动中心举办了2010年大兴区商业系统商业服务礼仪培训班。大兴区帝园商城、华堂商场、苏宁电器、鼎盛酒楼、明月海鲜大酒楼等40余家企业200余名骨干员工参加了培训。

【组织“北京市名菜、名点、名小吃”认证活动】大兴区商联会组织了“北京市名菜、名点、名小吃”称号认证活动，区内第一批获得称号的共有14家企业52个品种。

【推动干洗店洗衣机更新改造任务完成】自2010年4月份开始，大兴区商联会参与了由市商务委、市环保局、市工商局联合开展的干洗店洗衣机更新改造工作，全区共发放政府通告200余份，第一批共有10家企业获得了政府洗衣机更新改造升级补助资金34.52万元。

【组织餐饮企业参与“2010京城美食年”系列活动】大兴区商联会和大兴区饮服修旅业行业协会组织大兴区餐饮企业参与了“2010京城美食年”系列活动。庞各庄薛营清真民族餐饮一条街、眉州东坡酒楼大兴店等10多家餐饮企业分别被评为“美食一条街”、“特色餐饮”、“特色生态餐厅”等荣誉，宣传了大兴区的品牌企业。

【做好早餐工程规范经营工作】大兴区商联会、大兴区饮服修旅业行业协会一直把阳阳早餐作为示范单位在全区推广。阳阳快餐有限公司现有早餐门店5家，并在地铁沿线11个站口建立了商亭。以阳阳早餐为代表，大兴区商联会还推荐了眉州东坡酒楼、嘉合一品、麦当劳、肯德基等中外餐厅27家参加北京市第一批早餐经营示范店的评审活动，已经颁牌。

对外经贸

【新批外商投资企业】2010年，大兴区新批外商投资企业24家，与上年度持平。新批外资企业投资总额12 578万美元，同比上一年13 959万美元减少9.9%；注册资本10 027万美元，同比上一年13 815万美元减少27.4%；企业增资与新设立共吸收合同外资18 488万美元，同比上一年13 494万美元增长37%。由香港联拓汽贸有限公司投资的北京嘉世通投资顾问有限公司，投资总额2 980万美元，该项目为年内外资投资总额最大的项目。

【实际利用外资完成情况】2010年，大兴区实际利用外资实现11 554万美元，与上年同期相比增加1 349万美元，同比增长13.2%。全年累计完成全年计划指标10 500万美元的110.04%。

【对外贸易经营者备案登记】2010年，对外贸易经营者备案登记事项权限由北京市商务委员会下放到区（县），全年大兴区共办理对外贸易经营者备案登记事项108项、备案变更登记事项36项。

【外贸出口交货值完成情况】2010年，外贸出口商品交货值实现恢复性增长，全年外贸出口商品交货值实现30.04亿元人民币，同比增长3.14%。

名　录

北京市大兴区商务委员会

主　　任：张丽英　　　　　　　　　　电　　话：69245321　69201324
通讯地址：北京市大兴区兴华中路甲12号　　网　　址：http//www.dxsw.cn
邮政编码：102617

（李　刚、王永学）

昌平区

概　况

2010年，昌平区商务委员会认真贯彻区委、区政府的工作部署，紧紧围绕全区发展大局，明确工作目标，完善工作措施，突出重点扩内需，强化服务保民生，转变方式抓引资，部门联动促项目，商务经济实现平稳增长。社会消费品零售额实现168.3亿元，同比增长16.1%，规模创历史新高，位居城市发展新区第三；进出口总额实现20.3亿美元，同比增长5.5%，实现新的跨越，位居城市发展新区第三；实际利用外资实现8 893万美元，同比增长1.1%，规模达到历史新高，位居城市发展新区第三。“十一五”期间，全区社会消费品零售额累计实现581.3亿元，年均增长24.9%；进出口总额累计实现78.5亿美元，年均增长17.9%；累计实际利用外资4.0亿美元，年均增长9.2%。

商业流通

【商务税收快速增长】2010年，昌平区商务税收完成29.5亿元，同比增长43.8%，占全区税收总额的20.8%，增速高于全区税收总额增速17.3个百分点；其中商业税收完成14.5亿元，增长45.0%，三资企业税收完成15.0亿元，增长42.7%。

【做实做细为民办实事工程】新建101个农村再生资源回收站和70个社区回收点；积极开展再生资源回收体系建设工作，两家再生资源回收主体企业的分拣中心全部投入运营，积极开展“再生资源回收日”活动，向广大居民散发宣传低碳生活、垃圾分类材料，共发放宣传材料3 000份；建设改造完成7个社区菜市场和1个农集贸市场；投入使用15个早餐亭，完成15个早餐亭的选址工作。

【组织多种形式的促销活动】成功举办“2010北京购物季——昌平汽车文化消费节”活动，开展“挖掘传统节日深厚内涵、弘扬传统民俗饮食文化”的端午主题促销活动，组织重点商业企业参加“2010北京请您来过年”、北京购物季“美好的祝福”新婚消费推广、宁夏商品大集和美食踏青等活动，活跃了餐饮、汽车等消费市场。

【家电、汽车摩托车下乡及以旧换新工作有序进行】审核备案家电下乡销售网点76家、家电以旧换新网点93个、汽车摩托车下乡网点12个，家电、汽车摩托车下乡及家电以旧换新累计实现销售4.3亿元，办理汽车以旧换新699台，补贴资金759.4万元，实现了区委、区政府提出的“把好事办实办好”的目标。其中家电以旧换新销售量和销售金额位居全市郊区（县）第二，家电下乡销售量和销售额居全市第五。

【加快推进重点商业项目建设】组织区内商

业地产项目参加2010北京昌平商业地产专场推介会。建筑面积17.5万平方米、总投资额12亿元的金隅万科商业地产项目经过前期调研和商业地产概念设计及定位论证，修订了详细方案；建筑面积34万平方米的中关村国际商城二期奥特莱斯项目正在办理相关审批手续；建筑面积13.5万平方米的宜家家居项目正在进行控规调整、土地整合；北京京北农产品物流交易中心项目正在就选址、规划条件进行研究探讨；红都集团沙河文化创意产业设计园及现代化购物中心项目正在就选址、定位等进行深入论证。

【不断优化消费环境】完成7个无障碍设施项目改造；大力宣传节能减排，新世纪商城、阳光商厦、北京华联回龙观店、阳坊胜利集团、大潮饭店等企业进行了节能改造；制定服装干洗行业开启式干洗机更换改造工作方案，7家服装干洗企业完成干洗机更换改造。

【认真编制“十二五”时期商业服务业发展规划】紧跟北京市向世界城市迈进的步伐，做好与区“十二五”发展规划纲要和市“十二五”商业服务业发展规划的衔接，在开展前期调研的基础上，结合商业服务业发展实际，初步完成了昌平区“十二五”商业服务业发展专项规划的编制工作。

【加强市场运行监测】依托商务部重点流通企业监测和生活必需品监测系统，扩大样本企业数量，增强样本代表性。畅通信息渠道，健全信息联系制度，制定考核办法，年终对信息员和样本企业及时进行考核，并给予一定的物质精神奖励，较好地提高了报送数据的及时性、准确性。2010年，82家样本企业实现营业额415.2亿元，同比增长38.2%。其中，非汽车类批发零售实现52.8亿元，同比增长10.3%；汽车市场实现202.7亿元，同比增长67.0%；生活服务业实现270.6万元，同比增长0.2%；餐饮业实现2.2亿元，同比增长24.2%；农副产品批发市场实现157.4亿元，同比增长21.9%。强化了节日期间的市场监控。据对元旦3天、春节9天、五一3天、端午3天、中秋3天、十一7天等节日市场监测结果显示，昌平区830家次样本单位累计实现营业额4.4亿元，占社会消费品零售额的2.6%，同比增长17.6%，高于社会消费品零售额增速1.5个百分点。其中605家次零售企业实现4.3亿元，同比增长17.6%，225家次餐饮企业实现0.1亿元，同比增长17.7%。

【加强商业服务业从业人员队伍建设】开展商业服务业促进就业工作，44家商业服务业企业新增就业191人，就业人数7 417人。对26家商业服务业企业45名员工开展了外语继续教育工作，积极组织开展外语服务创优活动，进一步提升企业的整体服务水平和服务质量。

【大力发展物流业】完成京北铁路集装箱货运场站的研究，向铁道部计划司上报了项目建议书。《北京市昌平区现代物流业发展规划研究报告》和《京北物流园发展规划设计研究报告》正在完善。组织物流企业申报冷链及物流配送项目2010年市商业专项资金支持。

【服务外包产业规模不断壮大】充分落实国家、市和区服务外包政策，不断提高政府服务水平，帮助符合条件的企业申报相关项目，充分享受政策资金支持。跨境服务外包收入列全市六个服务外包示范区第三位，中软资源信息技术服务有限公司和保诺科技（北京）有限公司排在全市二十强，已经成为全市服务外包骨干企业。2010年服务外包实现收入28.6亿元。

【加强对会展业、电子商务的研究和探索】 开展了会展业发展可行性分析，拟将出台扶持政策。亚北车市开展二手车电子商务，创造性的启用了“车易拍”业务；康比特公司开发了一整套相对成熟的软件，直接服务于企业的生产、销售和服务；同阿里巴巴集团驻昌平团队建立长效联系机制，涉及制造业、服装加工、化学药品等多个行业的114家昌平企业通过阿里巴巴电子商务平台进行 B2B 交易。

【加强商业执法队伍建设】 以商务部确定为全国第二批商务综合行政执法试点单位为契机，成立了商务综合执法大队，加快商务执法体制改革，建设 12312 商务举报投诉服务平台。

【加大执法检查力度】 盐业执法检查共出动执法人员 400 余人次，执法检查 105 次，检查销售网点及食品加工用盐单位共 821 家，处罚 76 家违法经营商户；行业安全生产执法检查共出动执法人员 907 人次，检查商业和餐饮业 796 家次，下发执法文书 367 份。粮食流通秩序检查了15家涉粮企业以及2个批发市场的粮油区（含176家商户），7 次下发了加强安全生产工作的通知。2010年完成 872 家商户的酒类流通备案登记，累计登记6 533家。

对外经贸

【提高利用外资水平】 新批设立外商投资企业 30 家，投资总额 4.6 亿美元；25 家外资企业增资，增加投资总额 1.8 亿美元。

【推动外经工作开展】 大力扶持企业“走出去”，5 家企业在境外投资设立了 7 家公司，投资总额 958 万美元。

【促进对外贸易稳步发展】 召开重点外贸出口企业产业损害预警工作会，选定了十家样本企业进入监测系统确保产业安全。积极开展进出口经营权备案工作和加工贸易审批工作，共为 125 家企业办理了备案登记，昌平区具备进出口经营资格且在海关备案的企业已达1 580家，审批加工贸易企业合同金额11 797.1万美元，同比增长 27.3%。

【积极办理外商来华邀请函】 受理审批外商来华邀请函 67 件，涉及 13 个国家，82 名国外经贸技术人员。

名　　录

北京市昌平区商务委员会
主　　任：云富勇
通讯地址：北京市昌平区南环路 55 号
邮政编码：102200
电　　话：69746220
传　　真：69746220
网　　址：http：//www.cpbc.gov.cn

（赖金坚）

平　谷　区

概　　况

2010 年，平谷区商务委员会围绕“促消费、保增长”，努力改善城乡购物环境，提高百姓消费便利化程度，保持良好外资外贸发展水平，实现了全区商务工作的平稳较快发展。

商业流通

【社会消费品零售额实现新增长】2010年，平谷区完成社会消费品零售总额38.2亿元，同比增长19.5%，增幅在生态涵养区位列第一，在全市位列第五，被市商务委授予“2010北京市促消费突出贡献奖”。

【家电、汽摩下乡等促消费工作业绩突出】2010年，平谷区累计销售家电下乡产品30 956件，销售金额6 890万元，在五个生态涵养区中位列第一。2010年共销售以旧换新家电32 042件，销售额11 848万元。在五个生态涵养区销量位列第二。2010年累计销售下乡型号汽车摩托车664辆，其中汽车532辆，摩托车132辆，销售金额1 998万元。

【商业基础设施进一步完善】2010年，平谷区共投入1 400余万元进行市场建设及改造。新增市场面积3.5万平方米，新建交易厅棚0.7万平方米，完成地面硬化2.8万平方米。城区内新建1个1 300平方米标准化社区菜市场，完成了黄松峪、熊儿寨、南独乐河3个乡（镇）集期集贸市场建设，在东寺渠农产品批发市场新建1 500平方米副食调料交易大厅，完成4 000平方米地面硬化及600米污水系统改造。天成开元、平翔街2个市场利用空闲场地开办消夏小吃夜市。共开辟6 000平方米露天场地，吸纳各类小吃摊点160余个。

【农产品销售工作取得新进展】平谷区2010年共销售大桃近5亿斤，大桃销售价格比上一年平均增长在30%左右，实现了减产不减收的预期目标。2010年平谷区40多家销售组织与市内外30余家大型连锁超市建立了合作关系，为600余个超市门店配送平谷大桃1.7亿斤。沃尔玛超市还分别在平谷区镇罗营镇北四道岭村和夏各庄镇陈太务村建立了4 000余亩大桃种植基地。两个基地能够为沃尔玛日供鲜桃5万斤，带动了数百户桃农增收。在福建省晋江市、河北省秦皇岛市和葫芦岛市新建平谷大桃专卖区3个。截至2010年底，已在13个省市的大型水果批发市场内设立了17个平谷大桃专卖区。

【加强监管优化流通环境】积极开展安全生产、生猪屠宰、食盐、粮食、再生资源等专项执法活动，累计出动执法检查1 630人次，出动执法车辆450车次，查处各类安全隐患93项，取缔私屠滥宰户1户，没收生猪产品2头，没收私盐500公斤，500平米以上洗浴经营场所备案10户，发放干洗通告150份，保障人民生命财产安全，确保百姓吃上“放心肉”、“放心盐”、“放心粮”，保障了相关市场的流通秩序。

【做好酒类流通备案工作】按照商务部《酒类流通管理办法》，2010年完成办理酒类备案128户，酒类整改35家。

对外经贸

【利用外资取得新突破】2010年，全区合同利用外资6 707.2万美元；实际利用外资5 360.8万美元，同比增长31.6%，在五个生态涵养区中位列第二。

【出口创汇稳步增长】2010年，出口创汇1.62亿美元，同比增长10.58%。

【对外贸易水平快速提升】2010年，加工贸易进出口总值为7 455.04万美元，同比增长67.18%。其中进口总值2 438.71万美元，增长57.61%；出口总值5 016.33万美元，增长72.27%。审批加工贸易合同216票，变更345票，邀请外商来访40人次，出具加工生产能力证明59份，对6家企业进行了验厂。

【积极开拓国际市场】2010年，平谷区有15家企业的47个项目，获得国家和北京市开拓资金扶持。组织企业参加德国、美国、日本、韩国及广交会等国内外展会，企业参与国际市场竞争意识增强，市场空间有新拓展。将东高村镇申报为国家级提琴出口产业基地，助推文化产业发展。初步建立了出口企业产业安全预警机制。选取了提琴、服装、化工等行业的13家重点出口企业作为样本，建立了平谷区出口企业安全数据库。

【强化服务意识】区商务委与北京市商务委建立了重大外资项目联系机制，帮助外商投资企业进入绿色审批通道，使项目快速落地。外资统计及催缴工作力度不断增强。一是与企业建立畅通的联络机制；二是加大对入资统计的催缴力度。分别对平谷区新批、迁入、增资企业入资情况进行摸底，与资金尚未入齐的企业逐一联系，了解企业资金未入齐的原因及入资计划，有针对性的进行催缴。发挥京港会活动平台作用，做好吸引外资项目推介工作。包装了涉及全区旅游、新能源、物流等领域的16个项目，推介参加第十四届京港经济合作研讨洽谈会。

名　　录

北京市平谷区商务委员会
主　　任：晏志和
通讯地址：北京市平谷区府前街7号
邮政编码：101200
电　　话：69962955
传　　真：69962955
电子邮箱：bjpgswj@163.com

（匡　霞）

怀　柔　区

概　　况

2010年，面对极其复杂的经济形势和繁重的工作任务，怀柔商务系统广大干部职工深入贯彻落实科学发展观，牢牢把握工作主动权，扩消费、促引资、保出口、惠民生，在服务全区经济社会发展上发挥了重要作用。2010年，怀柔区实现社会消费品零售额56.1亿元，同比增长15.4%；实际利用外资6 574.24万美元；进出口总额6.53亿美元，同比增长8.84%。扎实推进农村流通网络和城乡商业设施建设，实现了城乡商业协调发展。狠抓商务行业安全生产和流通领域食品安全，创造了普及碘盐和酒类流通市场管理两项“怀柔模式”，实现了全区市场安全稳定。粮食、成品油、典当、拍卖、再生资源等行业健康有序发展。

商业流通

【城乡商业实现协调发展】争取政策资金，新建、扩建、改造升级一批流通领域重点项目，农村流通网络和城区商业设施建设扎实推进，居民生活的便利度进一步提升。一是落实好事实事，新建大星发地下社区菜市场和美丽家园地下社区菜市场2家规范化的社区菜市场，新增面积4 000平方米；改造富商市场1家商品市场；2010年完成物美京北大世界、百货大楼、九九嘉餐饮店3家大中型商场超市和餐饮经营单位无障碍设施改造，全区2 000平米以上的商场超市全部实现消费无障碍。二是完成桥梓、庙城两个农贸市场地面硬化、交易厅棚的建设改造，目前全区已累计改造建设集贸市场16家，“一乡一集市”的覆盖率达到100%，桥梓、九渡河两个镇实现一镇两集市。三是鼓励物美京北大世界在海淀开分店，分店营业面积5万平米，预计年销售额4.5亿元，税收1千余万元。四是继续推进农村便民连锁店和生产资料连锁店规范化和企业信息化管理工作，累计新建、改造农村连锁便利店346家，农资连锁店112家，企业统一配送水平逐步提高，主要商品的配送率达到80%以上，农资产品配送率达70%以上。支持宏福宇旭商贸有限责任公司建立山区配送体系，商品配送率达85%。

【继续推进便民早餐工程】怀柔区“早餐工程”经过3年的摸索实践，逐步形成了以阿泰包子连锁经营为特色的便民早餐体系，截至2010年底，阿泰便民早餐连锁店已经达到39家，其中，区内20家，区外19家，在全市范围内已具备一定知名度。老江阿泰包子铺、金缘德烤鸭店有限公司等餐饮企业的27家早餐店被评为“北京市早餐经营示范店”。

【社会消费品零售额保持两位数增长】2010年社会消费品零售额增长15.4%，尤其是餐饮业连年提速，2010年餐饮业实现餐饮社会消费品零售总额7.2亿元，同比增长37.4%。一是围绕节日、汽车、餐饮、农村四个重点，利用各种资源，开展主题促销活动，全力营造消费氛围，进一步研究节假日经济，鼓励企业开展规范、健康、丰富多彩的促销活动，引导消费，繁荣市场。二是组织区内商业、餐饮服务业企业开展系列岗位培训和技能大赛，与怀柔区多部门联合开展“2010年度怀柔区最受消费者欢迎的十佳购物场所”和“2010年度最受消费者喜爱的十佳餐饮企业”推荐活动，由社会公众投票推选出京北大世界、百货大楼、全聚德等一批“老字号”、有特色的企业及便民连锁企业，进一步拉动了怀柔特色消费和外来消费。三是创新服务，落实消费政策。落实“家电下乡”、“汽车、摩托车下乡”、“家电、汽车以旧换新”等消费政策。加大销售网点备案及网点带垫直补的推进力度，全区共设立销售网点44家，销售6.2万件，备案网点全部实现直补，发放补贴1 207.5万元，带动销售近4亿元。四是引导专卖店、连锁店、直销店、专营店、加盟店、电子商务、网上购物等新型流通业态发展，消费辐射力和市场竞争力进一步增强。

【多举措保障生活必需品市场供应】积极组织应对年初雨雪低温和近期蔬菜价格上涨引发的市场波动，采取多项措施保障市场供应。一是健全市场流通网络。改造建设标准化社区菜市场5家，规范建立社区便民菜店31家和蔬菜超市6家，改扩建农村集贸市场16家，逐步形成了以标准化社区菜市场、农村集贸市场、便民菜店和超市为载体的菜市场网路体系。二是完善蔬菜储备设施。以蔬菜批发企业为主体，鼓励企业建立蔬菜气调储备库，增强储备能力，保障应急蔬菜供应。三是组织“农超对接”、“场店对接”稳定蔬菜价格。发挥政策引导作用，支持企业完善配送、分拣、储备等设施建设。四是对粮食、肉蛋、蔬菜等生活必需品市场加强监测，及时组织货源，有效防止了紧急情况下生活必需品供应脱销、断档。五是加强粮食储备轮换，加大应急商品承储企业监管力度，确保应急货源储备及时到位。

【推进商务发展实现节能减排】商务节能减排工作，是实现商务全面协调可持续发展的重要举措。2010 年，新建社区再生资源回收站点 15 个，累计规范建设 50 个，6 000 平米再生资源回收分拣中心已投入运营，实现了从收购到再利用的产业链，为规范、经济、合理地利用再生资源，创造方便、舒适的居民生活环境奠定了基础。继续推动商场超市、餐饮企业实施节能改造，大世界、全聚德、金盏百合 3 家企业完成了节能改造工作。组织干洗店更新改造开启式服装干洗机，3 家干洗店完成了调整更新。执行“限塑令”，全区商场超市塑料购物袋销售量减少 80%。

【成品油、典当、拍卖、直销行业健康发展】2010 年，怀柔区共有 25 家加油站通过联合年检，成品油企业各项安全措施到位，库存充足，市场运行情况良好。截至 2010 年底，在怀柔注册的典当企业共 5 家，全年累计开展业务 448 笔，典当总额达6 700万元，同比增加 60%，综合性服务收入 312 万元，同比增加 61%，业务范围涵盖动产、房地产等多项内容，为中小企业快捷、方便的融资提供了一条“绿色通道”，有力推动了全区私营经济的发展。拍卖行业稳步发展，截至 2010 年底，全区共有拍卖行 5 家，主要进行房地产、艺术品、车辆等多门类的拍卖活动。审核通过葆婴有限公司在怀柔设立直销服务网点，截至 2010 年底，全区已有涵盖保健品、母婴用品、化妆品、日用品等多个类别的 10 家直销企业服务网点落户。

【严防死守确保商务领域安全有序】认真落实安全、促销管理规定，2010 年出动执法检查 985 人次，检查1 730家单位，出具检查记录 208 份，检查中共发现安全生产问题 56 项，已全部整改完毕。特别是围绕节假日促销等工作，展开拉网式检查，对重点地区、重点单位、重点环节严密盯防，确保了商务领域安全稳定。创新安全监管工作，建立了安全生产分等定级管理制度、联席会议制度，固化“平安奥运”、“平安国庆”行业安全保障成功经验，商务行业安全监管逐步实现制度化、程序化。加强教育培训，全面落实政府部门、企业、从业人员的三方责任。启动怀柔区商务行业安全生产教育培训年，组织开展商务行业安全生产教育培训、举行安全生产大型公开课、组织企业开展以安全生产为主题的培训观摩会、突发事件应急演练、安全生产知识下基层等活动，企业安全责任意识明显提升。

【多措并举保障肉、盐、酒类商品安全】继续加强“放心肉”、“放心盐”、“放心酒”监管体系建设。加大肉联厂宰前停食、肉品检验、病害猪无害化处理等环节的监管力度。加强私屠滥宰行为整治。采取多项措施，确保居民使用碘盐合格率保持在 95%以上。不断改进工作方法，主动上门服务，开展法律法规宣传教育培训，在加强酒类流通管理方面取得了明显成效，酒类流通备案登记和随附单规范使用工作在全市排名前列。

【完成粮油平衡调查工作】共调查 14 乡镇 2 个办事处，调查农民 35 户，居民 25 户，粮食经营企业 180 家。调查显示，农民粮食需求总量同比增加 2.6%，转化用粮企业（含养殖）用粮同比增加10.6%，粮食产需缺口同比增加17.1%，全区粮食自给率为18.9%，全区年食用油需求总量为14 350.8吨。

对外经贸

【实际利用外资稳步增长】2010年，怀柔区实际利用外资6 574.24万美元。2010年批外商投资企业13家，累计投资总额971.54万美元，注册资本884.49万美元，合同外资819.37万美元。共有14家外商投资企业实现增资，累计投资总额增资1 599.23万美元，注册资本增资1 220.87万美元，合同外资增资1 114.84万美元。

【进出口保持稳定发展】2010年，怀柔区进出口总额实现6.53亿美元，同比增长8.84%，其中出口2.27亿美元，同比增长10.78%，居五个生态涵养区之首；进口4.25亿美元，同比增长7.82%。出口产品以食品、服装、医药等为主，出口主要涉及美国、欧洲、日本等20余个国家和地区。外资企业是怀柔区外贸的主力军，进出口贸易以加工贸易为主。

【加工贸易增速加快】怀柔区对外贸易主要特点是加工贸易增速逐渐加快，份额不断增大。2010年，以加工贸易方式实现出口额1亿美元，较上年同期增长120.44%，占同期全区外贸出口总额的44%。区内十余家从事加工贸易的企业已形成一定的产业规模，主要业务涉及食品、防伪瓶盖、光学镜头、药包材、塑料制品等。

【企业境外投资逐步发展】2010年审核开办境外投资企业4家，投资金额3 336万美元。截至2010年底，怀柔区累计18家企业在境外设立公司及办事处，投资总额1.1亿美元，对外投资方式主要为境外设立公司、设立境外办事处、收购境外公司股权等，投资行业涉及房地产、保安器材、健身器材、影视项目、生产加工、通讯设备、能源建设等领域，投资区域包括美国、英国、日本、新加坡等13个国家和地区。

【全力服务促进外经贸发展】一是加快审批，进一步简化审批程序，严格审批流程，推行延时、预约、代办服务，受理承办事项平均时限压缩70%以上，企业满意率达100%；二是举办外商投资企业沙龙联谊会、企业新春团拜会，对服务对象定期走访调研，及时了解外商投资企业需求和发展状况；三是加强协调，先后帮助刮拉瓶盖、希比希等重点企业协调解决了建设和经营中遇到的困难和问题。

【搭建平台帮助企业开拓市场】一是搭建政策、培训、信息、渠道和宣传五大平台，全方位帮扶企业拓展发展空间。为企业开展外经贸政策培训、进出口实务培训等各类业务和政策培训，参训企业超过600多家，不断增强企业把握和应对商务政策变化与市场竞争风险的能力。二是举办第十三届科博会展览展示和招商推介活动，精心筛选符合怀柔区产业政策、资源优势、国际资本流通趋势和外商投资需求的项目重点推介，广泛宣传怀柔区优势资源、产业格局和投资环境，为企业与国内外各界投资者广泛合作搭建了桥梁。三是积极为企业争取政策资金支持，鼓励企业到境外参展、设立境外营销机构、申请境外商标注册、国际认证等，不断提高企业参与国际竞争的综合实力。四是建立重点企业联系制度，主动为企业服务，处理了希比希光学、泰尔电子等企业出口退税问题，为区内企业进出口提供了多方便利，保障了全区对外贸易规模的持续扩大。

名　录

北京市怀柔区商务委员会
主　　任：周福枢
通讯地址：怀柔区迎宾中路21号
邮政编码：101400
电　　话：69645258
传　　真：69647234
电子邮箱：sw@bjhr.gov.cn

（李元元）

密　云　县

概　况

2010年，密云县商业和外经贸发展规模持续稳定增长。2010年，完成社会消费品零售额64.3亿元，比2009年增长12.8%；实际利用外资额4 370万美元，比2009年增长3.9%；完成出口总额1.5亿美元，比2009年增长8.7%。5年来，密云县社会消费品零售额连续保持两位数以上的平均增长速度，年均增长12.4%，先后突破四十亿、五十亿和六十亿大关，连续两年在促消费工作中受到北京市商务委的表扬。社会消费品零售总额居北京市生态涵养发展区五区（县）之首。实际利用外资总额由“十五”末的2 569万美元上升至2010年的4 370万美元，年平均增速11.2%。出口总值由“十五”末的8 670万美元上升至2010年的1.5亿美元，年平均增速11.6%。实际利用外资和出口总值在生态涵养发展区五区（县）中列第三位和第二位。

商业流通

【农村连锁超市和集贸市场建设得到完善】2010年，继续加强连锁商业信息网络系统建设，提高了管理水平，将配送系统和店铺建成布局规范、管理科学、网络畅通、服务配套的现代化连锁供应体系。已完成200家连锁超市零售管理系统的建设。2010年，相继完成了番字牌、东邵渠、司马台长城景区集贸市场的升级改造工作。

【特色商业街初具规模】2010年，溪翁庄美食街（一期）接待顾客90.7万人次，实现餐饮销售2.2亿元。二期工程已投入1 000万元用于动迁工作。檀城国际餐饮街在2010年“京郊踏青美食行”活动中被北京市饮食行业协会授予“京郊特色美食街”称号。北庄镇综合商业街投入1 500万元，已完成建筑面积5 000平方米。古北口“古御道”商业街已完成规划设计。

【家电、汽车下乡工作进展顺利】2010年，密云县销售家电下乡产品2.76万台，实现销售额6 282.5万元；家电以旧换新累计销售3.53万台，实现销售额1.4亿元；累计销售汽车摩托车下乡产品1 329辆，实现销售额3 836万元。

【再生资源回收体系建设初见成效】山林丰再生资源分拣中心设备安装到位，已正式投入运营。已对再生资源回收行业开展了专项整治工作，检查再生资源经营户200余家，取缔无照经营商贩50余户，密云县再生资源回收市场秩序得到改善。

【农超对接工作正式起步】2010年，开展了“农超对接”洽谈会、“密云特色农产品展卖周”启动仪式等活动，为超市发连锁集团和密云县10家农产品专业合作社搭建对接平台。通过两期展卖周活动，共销售出21个品种，2.1万公斤农产品，实现销售额19.6万元。

【行业保持安全运营】全县商务系统认真落实安全生产责任制，实行目标管理，完善系统动态安全监管网络，加强安全宣传教育培训，深入宣传贯彻本行业安全法律法规，积极开展各项安全专项整治活动，市场监管力度进一步增强。2010年，累计出动执法人员2 398人次，处罚违法经营者31户；累计备案登记酒类经营户4 117家，备案登记率达到89％。

【商业格局得到完善】“十一五”规划所确定的商业格局基本形成，特别是鼓楼南北大街和东西大街作为密云新城商业发展的“金十字”商业中心，商业集聚效应明显，国泰百货、苏宁电器、西单百货等一批商业企业的入驻，有效引领了区域商业业态及品牌升级。溪翁庄镇“鱼王美食街”等特色商业街区的改造和建设，在全市形成了密云特色商业品牌效应。据统计，密云县共有商饮服务业网点总数21 861个，从业人员70 055人。全县实际投产开业外商投资企业159家，投资总额8.9亿美元，外资企业从业人数1.74万人，完成纳税额5.34亿元。全县进出口企业总数188家，实际出口创汇企业达103家。

【农村商业流通设施建设成效卓著】5年来，累计发展连锁加盟店铺373家，二级分销站点6个，安排就业1 300人，总营业面积达到2.3万平方米。超市下乡实现乡（镇）和千人以上大村100％覆盖，商品配送率达到80％，配送商品总货值近亿元；累计发展生产资料连锁超市100家，市场占有率达到全县农资市场的70％。累计完成30家农村集贸市场的升级改造工作，在全市率先实现了“一乡（镇）一集市”的升级改造目标。全县商品交易市场总营业面积达34万平方米，摊位容量7 000个，2010年完成各类市场成交额11.5亿元，比2005年增长67.4％。

【市场流通秩序稳定】5年来，商业企业认真落实安全生产责任制和行业安全法律法规，加强安全宣传教育培训，积极开展各项安全专项整治活动，确保全行业无重大安全事故。市场监管力度进一步增强，市场流通秩序得到有效治理，重要商品的市场监测工作进一步完善，商务委机关为基层服务意识和工作作风明显转变，积极为内外贸企业提供政策、法律、信息等咨询服务，指导和帮助企业争取资金支持，疏通业务渠道，规避经济风险。其中粮食管理工作多次获得国家和市级荣誉称号。

对外经贸

【实际利用外资总额持续增长】2010年，新批外商投资企业12家，其中投资总额500万美元以上的企业2家。投资领域主要涉及商业批发、农副产品生产加工、服务业信息咨询等行业；合同外资金额3 758.6万美元，实际利用外资金额4 370万美元。

名　录

北京市密云县商务委员会

主　　任：彭兴宝

通讯地址：北京市密云县檀西路 21 号
邮政编码：101500
电　　话：89089310
传　　真：89089320
网　　址：http：//www.bjmycom.gov.cn
（赵恩林、胡婷婷）

延　庆　县

概　　况

2010 年是“十一五”规划收官之年，在延庆县委、县政府的正确领导和市商务委的具体指导下，商务部门围绕全县工作大局，创新思路，扎实工作，商业环境进一步优化，服务水平进一步提高，全县消费品市场繁荣有序，商品销售持续增长，“十一五”规划确定的目标任务圆满完成，内外贸发展取得显著成绩。

商业流通

【消费品市场平稳较快增长】2010 年完成社会消费品零售额 46 亿元，同比增长 12.5%；实现商业税收 2.5 亿元，同比增长 13.6%；外贸进出口总额完成 1.6 亿美元。

【节日促销成效显著】大力促进节假日消费，组织指导辖区重点企业，开展形式多样、内容丰富的促销扩销活动，引导企业有针对性地做好品牌宣传和特色商品营销，促进假日经济发展，取得良好效果。据统计，全县监测的十一家重点商场超市 2010 年实现商品销售额 6.7 亿元，同比增长 58.6%，日上、恒生两家市场实现成交额 7.5 亿元，同比增长 9.8%。3 家便民网络配送企业实现商品销售7 587.8万元，同比增长 8.9%。

【家电下乡取得实效】落实国家消费政策，家电下乡和汽车、摩托车下乡取得实效。2010年销售家电下乡商品10 774件，销售额2 343.4万元，同比增长 39%和 67.7%；销售汽车摩托车 82 台，销售额 268 万元，销售家电以旧换新商品18 773件，销售额6 113.6万元。

【加大县城中心商业区建设】加强金锣湾商业中心建设，营造良好商业环境，对破损道路进行了重新铺装，完成了东、南标志性大门的建造，环球新意百货、旅游商品展销大厅、湘和海鲜酒楼先后开业。为加强中心商业区管理，按照县委、县政府要求，2010 年 8 月份成立县城中心商业区管委会，开展了一系列扎实有效的工作，各部门协调配合，齐抓共管，加大了日常监管和服务，使金锣湾商业中心及周边环境进一步优化，秩序明显好转。

【积极推动外贸商业楼后续工程】完成了外贸商业楼后续工程建设，正在进行工程验收、招商等工作。

【农村集贸、集期市场升级改造继续推进】永宁、大庄科、四海集贸集期市场升级改造基本完成。

【再生资源项目加快推进】再生资源分拣中心建设项目扎实推进，15 个乡（镇）、25 个居民社区回收站点规划布局初步完成。

【加强再生资源回收日宣传】每个月的“再生资源回收日”，在县城的各社区开展了主题为“参与资源回收、传播低碳理念、共建绿色北京”的宣传活动，共发放宣传材料5 000份。

【服装干洗行业污染治理工作初见成效】 按照市商务委在全市推广使用全封闭式干洗机的工作部署，全县33家干洗店现已停业12家、变更为水洗11家、更换为全封闭式干洗机的8家，设备补贴资金26.4万元全部发放到位。

【农超对接取得实效】 按照商务部及市商务委工作布署，积极发展农产品现代流通方式，培育本县大型农产品流通企业与自主品牌，促进农民持续稳定增收。2010年2月3日首批永宁豆腐共8个品种进入了京客隆集团在朝阳区的14个超市和东来顺集团的8个连锁店，到年底销售鲜豆腐127.2吨，销售额达58.8万元。绿富隆公司在与北京京客隆商业集团配送的基础上，先后开辟了北京物美、超市发、天客隆等6个新的销售渠道，2010年销售无公害蔬菜和有机蔬菜共计8 499.7吨，销售额1 197.2万元。

【做好粮食收购保证农民增收】 2010年初，针对上一年玉米生产状况，县商务委、粮食局对全县玉米收购工作进行了妥善安排，在收购价格走向偏高的情况下，充分发挥国有企业主渠道作用，采取积极措施，敞开收购，全年共收购玉米62 624吨。

【加强粮食储备】 按照市政府要求，调整增加了县级储备粮规模，经县粮食局、农发行、财政局联合验收，2010年6月5 000吨玉米储备已全部入库。

【商旅结合推进特色餐饮发展】 为更好地促进全县旅游消费，商务委、饮食服务行业协会组织各餐饮企业走出去，请进来，深入挖掘本县特色风味菜点，提高本县特色餐饮和企业知名度。在沈阳举行的第十一届中国美食节暨第九届国际美食博览会上，新风大酒店、燕春饭店在3 000多家餐饮业中脱颖而出，新风大酒店的延庆小火勺摘得第十一届中国美食节“金鼎奖”，新风大酒店的赏心悦目商务宴荣获“2010年全国十佳商务宴接待酒店”称号，燕春饭店的锦绣前程商务宴荣获“2010年中国十佳酒店”称号。按照县政府工作要求，为光大永宁豆腐品牌、促进民俗旅游发展，经过近半年的努力，9月16日，由县服务公司承办的永宁古城豆香轩餐厅正式营业，开业以来，吸引了大批旅游客人并受到好评。

【“京郊踏青美食行”活动成绩显著】 在北京市商务委和北京市饮食行业协会“京郊踏青美食行”活动中，经过专家考评、网上投票，群众推选等形式，全县六家餐饮企业榜上有名。北京顺世华生态园被评为“北京市京郊特色生态园”；新风大酒店、燕春饭店、凯思大酒店、育新餐厅、口福居酒楼被评为“北京市京郊特色美食餐厅”。

【圆满完成雪后应急保障任务】 对于2010年初出现的强降雪天气，造成八达岭高速、110国道等交通干线的严重阻塞，县商务委紧急启动了《生活必需品应急保障预案》，调拨物资，对滞留车辆司乘人员的食品、水等进行应急供应。与此同时，积极组织工作人员对全县生活必需品和柴汽油的储备及供应情况进行检查，维护好市场秩序，确保了全县商业的安全有序运行。

【开展安全宣传活动】 为增强延庆县消费者维权意识，县商务委加大商务行业相关法律法规的宣传工作力度，在“3.15”、“5.15”及“安全生产月”活动中，在中踏广场、金锣湾等人员密集场所向过往群众发放宣传材料9 000份，收到良好效果。

【深入开展流通环节食品安全工作】 加强盐

政执法和生猪定点屠宰监督管理，建立与周边外埠区（县）定期沟通和联合执法机制，防止非法销售食盐和病害猪肉流入本县市场。2010年出动执法人员128人次，检查生产经营单位340家次，查处非法使用无碘盐和非法生猪屠宰个体工商户各1家。加强酒类流通管理，2010年新增酒类备案登记66户，发放随附单13 600份，确保了流通环节食品安全。

【加大执法力度，确保商业安全】全面落实零售、餐饮经营单位安全生产和促销活动管理规定，2010年共出动执法检查人员1 312人次，检查经营单位613家次，发现安全隐患并督促整改35家次，加强典当行、加油站等特种行业管理，规范经营行为，确保商业流通运行安全。

对外经贸

【积极做好外贸经营权备案登记工作】2010年，进出口企业外贸经营权备案登记工作由商务部下放到区（县），县商务委高度重视，选派专人参加相关政策的培训，积极做好外贸经营权备案登记工作。截止到12月底，共为18家企业进行了外贸经营权备案登记。

【促进外经贸行业持续发展】帮助北京合力清源科技有限公司等4家企业11个项目申请了中小企业国际市场开拓资金7万元。与中关村海关签订了合作备忘录，帮助进出口企业做好报关、通关等工作。积极服务全县重点工作，为北京探戈坞森林音乐节的成功举办和北京八达岭索道有限公司外资转内资事宜的圆满解决献计献策。组织八达岭经济开发区参加“三合一”招商活动，协助北京爱友恩新能源研究所、雪莲时尚等企业参加国内外展示展销会，据不完全统计，已签订2011年出口欧洲毛针织服装等800多万件的订单。

【外资审批工作】2010年全年新批外商投资项目8个，合同外资共计15 148万美元，同比增长16倍，实际利用外资835万美元，同比增长36%。新核准境外投资企业1家，投资总额1 454万美元，实现延庆企业境外投资零的突破。

名　　录

北京市延庆县商务委员会
主　　任：李东升
通讯地址：北京市延庆县新城街2号
邮政编码：102100
电　　话：69101551
传　　真：69144243
电子邮箱：Jiang8082@sina.com

（段文江）

第六部分

统　计　资　料

一、商业流通

1-1 社会消费品零售额

金额单位：(亿元)

项　目	2010年	2009年	同比增长（%）
总　额	**6 229.3**	**5 309.9**	**17.3**
1. 按商品用途分			
吃类商品	1 331.0	1 180.0	12.8
穿类商品	548.4	473.8	15.8
用类商品	3 884.0	3 278.3	18.5
烧类商品	465.9	377.9	23.3
2. 按消费形态分			
餐饮收入	666.6	590.3	12.9
商品零售	5 562.7	4 719.6	17.9
3. 按地区分			
城镇	6 128.8	5 221.7	17.4
乡村	100.5	88.1	14.0

注：数据来源于北京市统计局

（宋　威）

1-2 城乡居民收入情况

项　目	2010年	同比增长（%）
城镇居民人均家庭总收入（元）	**33 360**	**8.8**
工资性收入	23 099	9.4
经营性收入	1 170	6.8
财产性收入	656	11.8
转移性收入	8 435	7.0
#城镇居民人均可支配收入	29 073	8.7
农村居民人均纯收入（元）	**13 262**	**10.6**
工资性收入	8 007	10.1
家庭经营收入	1 857	8.0
财产性收入	1 590	13.4
转移性收入	1 808	13.7

注：数据来源于北京市统计局

（宋　威）

1-3 城乡居民支出情况

城乡居民支出	2010年	同比增长（%）
城镇居民人均家庭总支出（元）	**2 6921**	**5.9**
消费性支出	19 934	11.4
其中：服务性消费支出	5 600	12.7
食品	6 393	7.7
衣着	2 088	16.3
居住	1 577	22.2
家庭设备用品及服务	1 378	12.4
医疗保健	1 327	－4.5
交通和通信	3 421	23.6
教育文化娱乐服务	2 902	9.3
其他商品和服务	848	1.8
财产性支出	155	－33.5
转移性支出	2 392	－5.9
社会保障支出	3 391	10.2
购房与建房支出	1 049	－37.1
农村居民人均生活消费支出（元）	**10 109**	**10.6**
食品	3 121	5.4
衣着	779	11.3
居住	2 201	24.1
家庭设备用品及服务	564	－5.7
交通和通讯	1 322	19.3
文教娱乐用品及服务	983	2.5
医疗保健	897	3.8
其他商品及服务	242	36.7

注：数据来源于北京市统计局

（宋　威）

1-4 历年北京市社会消费品零售额一览表

金额单位：亿元

年份	社会消费品零售额	食品类	衣着类	日用品类	燃料类
1996	1 061.6	427.5	152.5	461.8	19.8
1997	1 208.5	447.9	161.6	565.6	33.4
1998	1 373.6	399.8	167.2	764.2	42.4
1999	1 509.3	430.4	178.8	852.9	47.2

（续）

年份	社会消费品零售额	食品类	衣着类	日用品类	燃料类
2000	1 658.7	471.4	198.8	932.0	56.5
2001	1 831.4	528.7	221.9	1 016.9	63.9
2002	2 005.2	540.2	219.9	1 167.4	77.7
2003	2 296.9	596.4	252.3	1 356.4	91.8
2004	2 626.6	644.9	242.1	1 538.3	201.3
2005	2 902.8	748.7	281.5	1 638.7	233.9
2006	3 275.2	813.8	312.8	1 841.3	307.3
2007	3 800.2	931.8	356.0	2 185.1	327.3
2008	4 589.0	1 138.9	430.6	2 659.9	359.6
2009	5 309.9	1 180.0	473.8	3 278.3	377.9
2010	6 229.3	1 331.0	548.4	3 884.0	465.9

注：数据来源于北京市统计局

（宋　威）

1-5　历年北京市物价指数一览表

（以上年同期为 100 的指数）

年份	居民消费价格总指数
1996	111.6
1997	105.3
1998	102.4
1999	100.6
2000	103.5
2001	103.1
2002	98.2
2003	100.2
2004	101.0
2005	101.5
2006	100.9
2007	102.4
2008	105.1
2009	98.5
2010	102.4

注：数据来源于北京市统计局

（宋　威）

1-6 重点商品品牌市场占有率

1-6-1 服装类

1-6-1-1 女装

序号	品牌名称	占总零售额累计百分比（%）
1	VERO MODA	2.62
2	ONLY	2.56
3	玫而美	1.99
4	白领	1.90
5	宝姿	1.90
6	ESPRIT	1.61
7	玛丝菲尔	1.47
8	朗姿	1.46
9	卡利亚里	1.21
10	欧时力	1.19

1-6-1-2 男衬衫

序号	品牌名称	占总零售额累计百分比（%）
1	皮尔卡丹	5.26
2	萨巴蒂尼	4.36
3	雅戈尔	3.92
4	金利来	2.17
5	奥德臣	2.02
6	康纳利	2.01
7	辛柏林	2.00
8	绅士	1.84
9	杰克琼斯	1.74
10	沙驰	1.66

1-6-1-3 男西服

序号	品牌名称	占总零售额累计百分比（%）
1	萨巴蒂尼	5.92
2	观奇洋服	4.88
3	依文	3.92
4	康纳利	3.74
5	威克多	3.54
6	胜龙	2.56
7	奥德臣	2.37
8	五木	2.21
9	雅戈尔	2.10
10	顺美	2.02

1-6-1-4 童装

序 号	品牌名称	占总零售额累计百分比（%）
1	水孩儿	8.28
2	阿迪达斯	5.99
3	派克兰帝	4.66
4	耐克	4.39
5	安奈儿	3.72
6	小猪班纳	3.33
7	丽婴房	3.04
8	E-LAND KIDS	2.01
9	常春藤	1.79
10	梦特娇	1.56

1-6-1-5 羊毛衫

序 号	品牌名称	占总零售额累计百分比（%）
1	海尔曼斯	4.04
2	人头鸟	3.95
3	鄂尔多斯	3.71
4	瑞群	3.51
5	珍贝	3.29
6	恒源祥	3.21
7	尼特维尔	2.39
8	克利雅	2.35
9	圣地欧	2.10
10	比其	1.97

1-6-1-6 羊绒衫

序 号	品牌名称	占总零售额累计百分比（%）
1	珍贝	13.34
2	鄂尔多斯	13.19
3	雪莲	7.52
4	帕罗	7.39
5	米皇	7.12
6	鹿王	4.24
7	皮尔卡丹	4.03
8	兆君	3.45
9	梦特娇	3.23
10	皮皮狗	3.21

1-6-1-7 皮衣

序　号	品牌名称	占总零售额累计百分比（%）
1	白领	5.54
2	庄子	2.40
3	奥斯卡丹	1.28
4	邢氏	1.25
5	名媛	1.22
6	安姬奥	1.19
7	赛美	1.18
8	玫而美	1.15
9	ED ENROSE	1.08
10	路卡 迪龙	1.06

1-6-1-8 女士内衣

序　号	品牌名称	占总零售额累计百分比（%）
1	爱慕	16.16
2	华歌尔	11.36
3	黛安芬	8.03
4	安莉芳	6.49
5	欧迪芬	5.49
6	曼妮芬	4.61
7	古今	4.48
8	婷美	2.90
9	舒雅	2.49
10	桑扶兰	2.35

1-6-1-9 针织内衣

序　号	品牌名称	占总零售额累计百分比（%）
1	小护士	6.71
2	舒雅	6.17
3	纤丝鸟	5.56
4	铜牛	4.15
5	爱慕	4.02
6	世王	3.12
7	朵彩	2.24
8	三枪	2.12
9	浩沙	1.78
10	宜而爽	1.73

1-6-2 化妆品类

1-6-2-1 美容护肤品

序　　号	品牌名称	占总零售额累计百分比（%）
1	欧珀莱	12.13
2	兰蔻	9.17
3	雅诗兰黛	7.57
4	欧莱雅	6.35
5	CD	6.12
6	玉兰油	4.38
7	娇兰	4.10
8	资生堂	3.35
9	FANCL	2.79
10	CHANEL	2.29

1-6-2-2 洗发护发品

序　　号	品牌名称	占总零售额累计百分比（%）
1	潘婷	12.63
2	飘柔	9.30
3	海飞丝	8.80
4	资生堂	7.17
5	力士	6.16
6	沙宣	4.98
7	舒蕾	4.83
8	清扬	4.42
9	欧莱雅	4.31
10	霸王	3.67

1-6-2-3 香水

序　　号	品牌名称	占总零售额累计百分比（%）
1	CHANEL	22.39
2	CD	21.91
3	GIVENCHY	4.07
4	娇兰	3.28
5	兰蔻	3.25
6	雅诗兰黛	3.11
7	HUGO BOSS	3.03
8	CK	2.73
9	阿玛尼	2.64
10	香奈儿	2.16

1-6-3 黄金珠宝首饰类

1-6-3-1 黄金

序　　号	品牌名称	占总零售额累计百分比（%）
1	菜百	43.24
2	国华	13.04
3	中国黄金	10.11
4	周大福	7.92
5	宝福	2.26
6	翠绿	1.99
7	宝亨达	1.65
8	老凤祥	1.44
9	同晖	1.23
10	中金	1.22

1-6-3-2 铂金

序　　号	品牌名称	占总零售额累计百分比（%）
1	菜百	64.26
2	国华	11.67
3	周大福	7.55
4	明牌	4.83
5	中国黄金	1.60
6	瑞恩	1.21
7	谢瑞麟	1.15
8	福麒	0.83
9	凯恒	0.71
10	周生生	0.59

1-6-3-3 翡翠

序　　号	品牌名称	占总零售额累计百分比（%）
1	菜百	73.38
2	国华	4.68
3	恒昌	4.38
4	晶玉良缘	2.92
5	和玉缘	2.72
6	紫云	2.07
7	雪行	1.39
8	豪雅	0.77
9	东方晓鸣	0.70
10	珍瑞	0.57

1-6-3-4 镶嵌

序　　号	品牌名称	占总零售额累计百分比（%）
1	莱百	37.81
2	周大福	10.17
3	瑞恩	7.93
4	国华	5.01
5	周大生	4.55
6	谢瑞麟	4.09
7	戴梦得	2.94
8	金象	2.35
9	百利金	1.25
10	周生生	1.01

1-6-4 鞋类

1-6-4-1 男鞋

序　　号	品牌名称	占总零售额累计百分比（%）
1	ECCO	7.60
2	金利来	3.96
3	骆驼	3.82
4	梅尔代格	3.24
5	花花公子	2.88
6	沙驰	2.84
7	铁狮东尼	2.75
8	克蕾斯丹妮	2.73
9	凯萨大帝	2.67
10	皮尔卡丹	2.49

1-6-4-2 女鞋

序　　号	品牌名称	占总零售额累计百分比（%）
1	百丽	7.73
2	天美意	4.28
3	接吻猫	3.98
4	ECCO	3.67
5	圣琪儿	2.94
6	TATA	2.67
7	萨瑞儿	2.28
8	嘉宝	2.00
9	奥卡索	1.98
10	米莲诺	1.95

（杨湾湾）

二、地区企业对外贸易

2-1 海关进出口商品类别及构成

2-1-1 海关出口商品类别及构成

金额单位：万美元

类　别	2010年		2009年		增（减）%
	金额	比重%	金额	比重%	
总值	**5 546 685**	**100.0**	**4 836 261**	**100.0**	**14.7**
初级产品	982 179	17.7	782 664	16.2	25.4
工业制成品	4 564 506	82.3	4 053 597	83.8	12.6
机电产品	3 396 172	61.2	3 080 944	63.7	10.2
高新技术产品	1 937 141	34.9	1 752 264	36.2	10.6

注：数据摘自北京海关统计月报

（李　倩）

2-1-2 海关进口商品类别及构成

金额单位：万美元

类　别	2010年		2009年		增（减）%
	金额	比重%	金额	比重%	
总值	**24 594 293**	**100.0**	**16 640 014**	**100.0**	**47.8**
初级产品	14 870 066	60.5	9 608 011	57.7	54.7
工业制成品	9 724 227	39.5	7 032 004	42.3	38.3
机电产品	6 661 077	27.1	5 194 603	31.2	28.2
高新技术产品	2 751 645	11.2	2 358 230	14.2	16.7

注：数据摘自北京海关统计月报

（李　倩）

2-2 海关进出口商品分类金额

2-2-1 海关出口商品分类金额

金额单位：万美元

商　品　名　称	2010年	2009年	同比（±%）
总　值	**5 546 685**	**4 836 261**	**14.7**
第1章　活动物	2 534	2 444	3.7
第2章　肉及食用杂碎	183	390	−52.9
第3章　鱼及其他水生无脊椎动物	1 926	1 250	54.1
第4章　乳；蛋；蜂蜜；其他食用动物产品	785	710	10.5
第5章　其他动物产品	4 339	3 287	32.0
第6章　活植物；茎、根；插花、簇叶	539	487	10.8
第7章　食用蔬菜、根及块茎	4 811	8 075	−40.4

（续）

商 品 名 称	2010年	2009年	同比（±%）
第8章 食用水果及坚果；甜瓜等水果的果皮	961	1 160	−17.1
第9章 咖啡、茶、马黛茶及调味香料	1 640	1 615	1.4
第10章 谷物	26 975	36 782	−26.7
第11章 制粉工业产品；麦芽；淀粉等；面筋	120	691	−82.6
第12章 油籽；子仁；工业或药用植物；饲料	9 160	8 170	12.1
第13章 虫胶；树胶、树脂及其他植物液、汁	3 822	3 007	27.1
第14章 编结用植物材料；其他植物产品	21	36	−42.2
第15章 动、植物油、脂、蜡；精制食用油脂	528	965	−45.3
第16章 肉、鱼及其他水生无脊椎动物的制品	10 179	9 361	8.7
第17章 糖及糖食	1 048	938	11.7
第18章 可可及可可制品	3 607	1617	123.0
第19章 谷物粉、淀粉等或乳的制品；糕饼	3 627	2 366	53.3
第20章 蔬菜、水果等或植物其他部分的制品	22 263	17 375	28.1
第21章 杂项食品	2 410	2 420	−0.4
第22章 饮料、酒及醋	648	647	0.1
第23章 食品工业的残渣及废料；配制的饲料	1 142	911	13.0
第24章 烟草、烟草及烟草代用品的制品	186	147	26.5
第25章 盐；硫磺；土及石料；石灰及水泥等	20 247	14 701	37.7
第26章 矿砂、矿渣及矿灰	462	203	127.9
第27章 矿物燃料、矿物油及其产品；沥青等	847 989	659 558	28.5
第28章 无机化学品；贵金属等的化合物	57 228	28 519	100.7
第29章 有机化学品	84 316	65 802	28.3
第30章 药品	12 239	11 012	11.1
第31章 肥料	130 888	51 067	156.3
第32章 鞣料；着色料；涂料；油灰；墨水等	5 658	4 443	27.3
第33章 精油及香膏；芳香料制品化妆盥洗品	2 442	1 995	22.4
第34章 洗涤剂、润滑剂、人造蜡、塑型膏等	5 929	3 657	62.1
第35章 蛋白类物质；改性淀粉；胶；酶	1 410	1 895	−11.5
第36章 炸药；烟火；引火品；易燃材料制品	4 862	6 377	−23.8
第37章 照相及电影用品	1 021	1 205	−15.3
第38章 杂项化学产品	52 991	35 115	50.9
第39章 塑料及其制品	57 220	43 126	33.5
第40章 橡胶及其制品	32 562	24 317	33.9
第41章 生皮（毛皮除外）及皮革	14	22	−39.6

（续）

商　品　名　称	2010年	2009年	同比（±%）
第42章　皮革制品；旅行箱包；动物肠线制品	7 821	5 755	35.9
第43章　毛皮、人造毛皮及其制品	3 497	2 765	26.5
第44章　木及木制品；木炭	9 368	8 377	11.8
第45章　软木及软木制品	0	0	—
第46章　编结材料制品；篮筐及柳条编结品	2 930	2 744	6.8
第47章　木浆等纤维状纤维素浆；废纸及纸板	1 203	478	151.4
第48章　纸及纸板；纸浆、纸或纸板制品	11 151	8 815	26.5
第49章　印刷品；手稿、打字稿及设计图纸	6 160	6 997	−12.0
第50章　蚕丝	2 782	1 905	46.0
第51章　羊毛等动物毛；马毛纱线及其机织物	8 436	5 864	43.9
第52章　棉花	4 036	3 266	23.6
第53章　其他植物纤维；纸纱线及其机织物	251	193	30.1
第54章　化学纤维长丝	4 325	3 064	41.3
第55章　化学纤维短纤	6 953	6 347	10.2
第56章　絮胎、毡呢及无纺织物；线绳制品等	5 219	3 582	45.6
第57章　地毯及纺织材料的其他铺地制品	9 908	8 035	23.3
第58章　特种机织物；簇绒织物；刺绣品等	1 615	2 068	−21.9
第59章　特种机织物；簇绒织物；刺绣品等	2 117	1 740	21.7
第60章　针织物及钩编织物	669	595	12.5
第61章　针织或钩编的服装及衣着附件	59 907	54 252	10.4
第62章　非针织或非钩编的服装及衣着附件	104 191	92 275	12.9
第63章　其他纺织制品；成套物品；旧纺织品	15 173	12 878	17.8
第64章　鞋靴、护腿和类似品及其零件	15 898	11 537	37.8
第65章　帽类及其零件	4 364	5 131	−14.9
第66章　伞、手杖、鞭子、马鞭及其零件	120	80	50.7
第67章　加工羽毛及制品；人造花；人发制品	352	606	−41.8
第68章　矿物材料的制品	12 505	10 583	18.2
第69章　陶瓷产品	22 561	23 934	−5.7
第70章　玻璃及其制品	22 299	15 537	43.5
第71章　珠宝、贵金属及制品；仿首饰；硬币	28 457	54 213	−47.5
第72章　钢铁	178 737	89 483	99.6
第73章　钢铁制品	184 190	259 959	−29.2
第74章　铜及其制品	5 020	3 302	52.0
第75章　镍及其制品	1 473	209	606.3

（续）

商 品 名 称	2010年	2009年	同比（±%）
第76章 铝及其制品	21 735	17 916	21.3
第78章 铅及其制品	271	101	168.2
第79章 锌及其制品	282	273	3.2
第80章 锡及其制品	124	176	－29.6
第81章 其他贱金属、金属陶瓷及其制品	9 248	5 780	60.0
第82章 贱金属器具、利口器、餐具及零件	11 440	9 307	22.9
第83章 贱金属杂项制品	8 060	8 854	－9.0
第84章 核反应堆、锅炉、机械器具及零件	637 678	576 245	10.7
第85章 电机、电气、音像设备及其零附件	1 926 090	1 807 986	6.5
第86章 铁道车辆；轨道装置；信号设备	32 604	22 008	48.1
第87章 车辆及其零附件，但铁道车辆除外	174 714	138 567	25.9
第88章 航空器、航天器及其零件	41 336	38 948	6.1
第89章 船舶及浮动结构体	252 206	216 821	16.3
第90章 光学、照相、医疗等设备及零附件	155 605	126 541	23.5
第91章 钟表及其零件	585	674	－13.2
第92章 乐器及其零件、附件	5 887	5 393	9.2
第93章 武器、弹药及其零件、附件	841	565	48.8
第94章 家具；寝具等；灯具；活动房	42 964	37 406	14.9
第95章 玩具、游戏或运动用品及其零附件	11 747	10 570	11.1
第96章 杂项制品	6 084	4 899	24.2
第97章 艺术品、收藏品及古物	382	247	55.0
第98章 特殊交易品及未分类商品	42 184	42 552	－0.9

注：摘自北京海关统计月报

（李 倩）

2-2-2 海关进口商品分类金额

金额单位：万美元

商 品 名 称	2010年	2009年	同比（±%）
总 值	**24 594 293**	**16 640 014**	**47.8**
第1章 活动物	12 717	6 211	104.5
第2章 肉及食用杂碎	15 397	9 189	67.4
第3章 鱼及其他水生无脊椎动物	24 051	18 520	29.9
第4章 乳；蛋；蜂蜜；其他食用动物产品	14 056	6 926	102.9
第5章 其他动物产品	1 647	1 780	－7.5
第6章 活植物；茎、根；插花、簇叶	2 257	1 991	13.2

（续）

商　品　名　称	2010 年	2009 年	同比（±%）
第 7 章　食用蔬菜、根及块茎	6 709	3 170	113.0
第 8 章　食用水果及坚果；甜瓜等水果的果皮	5 089	2 723	87.0
第 9 章　咖啡、茶、马黛茶及调味香料	626	334	87.5
第 10 章　谷物	46 708	19 036	145.4
第 11 章　制粉工业产品；麦芽；淀粉等；面筋	1 262	624	102.3
第 12 章　油籽；子仁；工业或药用植物；饲料	286 181	171 507	66.9
第 13 章　虫胶；树胶、树脂及其他植物液、汁	1 133	1 125	1.0
第 14 章　编结用植物材料；其他植物产品	1 310	443	197.3
第 15 章　动、植物油、脂、蜡；精制食用油脂	86 561	78 453	10.4
第 16 章　肉、鱼及其他水生无脊椎动物的制品	346	64	444.0
第 17 章　糖及糖食	65 811	24 094	173.1
第 18 章　可可及可可制品	10 476	7 029	49.0
第 19 章　谷物粉、淀粉等或乳的制品；糕饼	1 815	1 202	50.1
第 20 章　蔬菜、水果等或植物其他部分的制品	2 889	1 872	54.4
第 21 章　杂项食品	3 927	2 213	77.5
第 22 章　饮料、酒及醋	10 085	5 928	70.1
第 23 章　食品工业的残渣及废料；配制的饲料	49 571	22 908	116.6
第 24 章　烟草、烟草及烟草代用品的制品	76 376	79 709	−4.2
第 25 章　盐；硫磺；土及石料；石灰及水泥等	22 661	11 928	90.0
第 26 章　矿砂、矿渣及矿灰	1 574 298	1 074 351	46.4
第 27 章　矿物燃料、矿物油及其产品；沥青等	12 214 103	7 829 532	56.0
第 28 章　无机化学品；贵金属等的化合物	289 107	113 928	153.8
第 29 章　有机化学品	168 892	166 506	1.5
第 30 章　药品	143 223	115 039	24.5
第 31 章　肥料	160 764	143 732	11.8
第 32 章　鞣料；着色料；涂料；油灰；墨水等	10 421	8 669	20.2
第 33 章　精油及香膏；芳香料制品化妆盥洗品	5 929	3 004	97.4
第 34 章　洗涤剂、润滑剂、人造蜡、塑型膏等	9 687	6 815	42.1
第 35 章　蛋白类物质；改性淀粉；胶；酶	6 162	4 180	47.5
第 36 章　炸药；烟火；引火品；易燃材料制品	1 877	827	127.0
第 37 章　照相及电影用品	7 447	7 562	−1.5
第 38 章　杂项化学产品	104 446	133 879	−22.0
第 39 章　塑料及其制品	153 982	137 785	11.8
第 40 章　橡胶及其制品	51 837	37 625	37.7

（续）

商 品 名 称	2010 年	2009 年	同比（±%）
第 41 章 生皮（毛皮除外）及皮革	2 077	2 235	－7.1
第 42 章 皮革制品；旅行箱包；动物肠线制品	4 613	3 574	29.1
第 43 章 毛皮、人造毛皮及其制品	2 279	1 409	61.7
第 44 章 木及木制品；木炭	50 598	25 372	99.4
第 45 章 软木及软木制品	534	481	10.9
第 46 章 编结材料制品；篮筐及柳条编结品	6	7	－14.1
第 47 章 木浆等纤维状纤维素浆；废纸及纸板	41 882	29 810	40.5
第 48 章 纸及纸板；纸浆、纸或纸板制品	31 636	25 341	24.8
第 49 章 印刷品；手稿、打字稿及设计图纸	34 244	26 110	31.2
第 50 章 蚕丝	339	208	63.3
第 51 章 羊毛等动物毛；马毛纱线及其机织物	37 909	33 476	13.2
第 52 章 棉花	123 241	45 900	168.5
第 53 章 其他植物纤维；纸纱线及其机织物	6 930	5 654	22.6
第 54 章 化学纤维长丝	6 144	4 693	31.0
第 55 章 化学纤维短纤	70 491	58 439	20.6
第 56 章 絮胎、毡呢及无纺织物；线绳制品等	5 203	3 390	53.5
第 57 章 地毯及纺织材料的其他铺地制品	1 131	935	20.5
第 58 章 特种机织物；簇绒织物；刺绣品等	1 753	1 490	17.5
第 59 章 特种机织物；簇绒织物；刺绣品等	2 678	2 261	18.5
第 60 章 针织物及钩编织物	1 522	1 419	7.3
第 61 章 针织或钩编的服装及衣着附件	5 379	3 753	43.3
第 62 章 非针织或非钩编的服装及衣着附件	9 083	5 793	56.8
第 63 章 其他纺织制品；成套物品；旧纺织品	1 335	1 072	24.5
第 64 章 鞋靴、护腿和类似品及其零件	5 697	3 824	49.0
第 65 章 帽类及其零件	225	160	40.6
第 66 章 伞、手杖、鞭子、马鞭及其零件	25	32	－23.1
第 67 章 加工羽毛及制品；人造花；人发制品	37	23	59.5
第 68 章 矿物材料的制品	3 368	2 380	41.5
第 69 章 陶瓷产品	5 527	4 589	20.4
第 70 章 玻璃及其制品	32 794	21 373	53.4
第 71 章 珠宝、贵金属及制品；仿首饰；硬币	165 353	133 933	23.5
第 72 章 钢铁	111 358	240 584	－53.7
第 73 章 钢铁制品	95 466	152 112	－37.2
第 74 章 铜及其制品	174 952	170 812	1.5

（续）

商　品　名　称	2010 年	2009 年	同比（±%）
第 75 章　镍及其制品	16 062	11 196	43.5
第 76 章　铝及其制品	22 029	24 677	－10.7
第 78 章　铅及其制品	220	229	－4.3
第 79 章　锌及其制品	14 159	12 684	11.6
第 80 章　锡及其制品	2 176	2 772	－21.5
第 81 章　其他贱金属、金属陶瓷及其制品	12 982	14 028	－7.5
第 82 章　贱金属器具、利口器、餐具及零件	20 603	15 938	29.3
第 83 章　贱金属杂项制品	16 069	12 535	28.1
第 84 章　核反应堆、锅炉、机械器具及零件	1 373 933	1 271 125	8.1
第 85 章　电机、电气、音像设备及其零附件	2 064 864	1 809 589	14.1
第 86 章　铁道车辆；轨道装置；信号设备	76 515	86 778	－11.8
第 87 章　车辆及其零附件，但铁道车辆除外	2 079 758	1 045 302	98.9
第 88 章　航空器、航天器及其零件	253 723	244 714	3.7
第 89 章　船舶及浮动结构体	69 016	152 257	－54.7
第 90 章　光学、照相、医疗等设备及零附件	621 184	477 738	30.0
第 91 章　钟表及其零件	9 867	6 000	64.4
第 92 章　乐器及其零件、附件	1 555	1 220	27.4
第 93 章　武器、弹药及其零件、附件	277	472	－41.3
第 94 章　家具；寝具等；灯具；活动房	18 458	15 164	21.7
第 95 章　玩具、游戏或运动用品及其零附件	4 504	2 853	57.9
第 96 章　杂项制品	2 804	2 203	27.3
第 97 章　艺术品、收藏品及古物	701	715	－2.0
第 98 章　特殊交易品及未分类商品	1 225 200	154 776	691.6

注：摘自北京海关统计月报

（李　倩）

2-3　按洲别（地区）分海关进出口贸易额

2-3-1　北京地区出口到各洲情况一览表

金额单位：万美元

	出　口	同比增减额	同比±%	占总出口比重%
亚洲	2 957 147	305 061	11.5	53.3
东盟	864 782	193 301	28.8	15.6
中东	435 667	－40 860	－8.6	7.9
欧洲	1 162 291	135 230	13.2	21.0
欧盟（27 国）	998 081	70 471	7.6	18.0

（续）

	出　　口	同比增减额	同比±%	占总出口比重%
非洲	504 471	75 732	17.7	9.1
北美洲	468 092	112 036	31.5	8.4
拉丁美洲	332 239	102 117	44.4	6.0
大洋洲	122 446	—19 297	—13.6	2.2

注：摘自北京海关统计月报

（李　倩）

2-3-2　北京地区从各洲进口情况一览表

金额单位：万美元

	进　　口	同比增减额	同比±%	占总出口比重%
亚洲	11 031 900	3 465 958	45.8	44.9
东盟	1 081 409	150 848	16.2	4.4
中东	5 496 401	2 069 174	60.4	22.3
欧洲	4 982 415	1 869 742	60.1	20.3
欧盟（27 国）	2 951 259	787 487	36.4	12.0
非洲	4 047 965	1 268 370	45.6	16.5
北美洲	1 755 876	366 907	26.4	7.1
拉丁美洲	1 810 728	593 546	48.8	7.4
大洋洲	965 329	386 493	66.8	3.9

注：摘自北京海关统计月报

（李　倩）

2-4　按国别（地区）分海关进出口贸易额

金额单位：万美元

国别（地区）	进　出　口	出　　口	进　　口
总值	**30 140 978**	**5 546 685**	**24 594 293**
沙特阿拉伯	2 332 073	47 949	2 284 124
安哥拉	2 051 739	36 188	2 015 551
美国	1 993 526	427 857	1 565 669
德国	1 905 845	153 809	1 752 036
日本	1 888 184	360 445	1 527 739
韩国	1 324 229	236 311	1 087 918
俄罗斯联邦	1 085 069	82 596	1 002 473
澳大利亚	1 021 031	100 688	920 343
瑞士	925 350	11 347	914 003
巴西	918 261	59 326	858 935

（续）

国别（地区）	进 出 口	出 口	进 口
阿曼	745 207	6 020	739 188
伊朗	693 906	100 341	593 565
印度	671 746	286 443	385 303
伊拉克	645 532	37 170	608 363
香港	632 512	401 534	230 978
苏丹	609 744	43 518	566 227
哈萨克斯坦	573 983	40 842	533 142
科威特	548 668	11 063	537 605
新加坡	443 970	274 506	169 463
南非	409 424	44 499	364 924
委内瑞拉	405 904	27 524	378 380
印度尼西亚	396 403	143 337	253 066
英国	368 594	90 859	277 735
马来西亚	359 070	63 157	295 913
台湾省	339 392	144 263	195 129
阿拉伯联合酋长国	338 959	91 139	247 819
利比亚	297 653	18 627	279 026
中华人民共和国	289 302	0	289 302
越南	285 119	211 703	73 416
法国	276 751	81 124	195 627
刚果（布）	256 001	8 025	247 976
意大利	239 100	72 417	166 683
也门共和国	238 443	5 299	233 145
加拿大	229 968	39 835	190 133
墨西哥	189 155	53 302	135 853
匈牙利	174 333	144 338	29 995
菲律宾	170 331	42 721	127 610
泰国	160 069	53 163	106 906
荷兰	145 544	81 769	63 775
阿根廷	137 638	4 828	132 810
芬兰	115 512	55 975	59 537
土库曼斯坦	109 277	9 546	99 731
奥地利	109 084	10 281	98 803
瑞典	108 982	37 377	71 606

（续）

国别（地区）	进 出 口	出 口	进 口
哥伦比亚	108 201	11 491	96 710
卡塔尔	105 595	6 022	99 573
尼日利亚	99 080	33 460	65 620
土耳其	98 630	57 263	41 367
比利时	97 092	31 759	65 333
阿尔及利亚	92 870	17 645	75 225
罗马尼亚	92 161	80 291	11 869
赞比亚	91 496	11 611	79 884
西班牙	85 779	53 523	32 256
古巴	85 061	53 541	31 520
巴基斯坦	84 266	44 342	39 924
赤道几内亚	79 488	305 78	48 910
缅甸	72 511	66 571	5 940
埃及	71 644	20 242	51 403
秘鲁	70 563	12 144	58 419
乌兹别克斯坦	65 377	10 030	55 347
以色列	64 862	21 489	43 373
利比里亚	63 287	63 287	0
乍得	62 874	25 684	37 190
白俄罗斯	58 993	33 625	25 368
蒙古	54 060	6 660	47 400
孟加拉国	51 883	45 834	6 049
乌克兰	51 806	11 256	40 549
波兰	50 124	16 761	33 363
智利	48 071	18 527	29 544
朝鲜	45 706	41 236	4 469
毛里塔尼亚	45 438	5 811	39 627
挪威	44 054	10 851	33 202
厄瓜多尔	43 081	5 335	37 745
巴拿马	41 282	41 264	18
丹麦	40 399	17 306	23 093
纳米比亚	39 882	590	39 292
新西兰	37 085	7 877	29 208
希腊	36 950	27 949	9 001

（续）

国别（地区）	进出口	出口	进口
文莱	34 942	1 503	33 440
加蓬	33 597	3 982	29 615
乌拉圭	32 060	1 965	30 095
埃塞俄比亚	28 323	20 138	8 185
喀麦隆	28 026	4 387	23 640
刚果（金）	27 054	3 884	23 171
爱尔兰	24 648	4 293	20 355
博茨瓦那	21 460	21 336	125
澳门	21 281	21 089	193
巴布亚新几内亚	20 117	6 412	13 704
捷克	19 465	8 279	11 186
老挝	18 454	3 278	15 177
约旦	17 494	7 494	10 000
斯里兰卡	16 521	15 465	1 055
阿塞拜疆	16 039	8 086	7 953
津巴布韦	14 392	1 857	12 535
哥斯达黎加	14 242	1 733	12 508
安提瓜和巴布达	14 238	14 238	0
尼日尔	13 980	13 980	0
肯尼亚	12 489	12 385	104
加纳	12 439	7 488	4950
保加利亚	12 243	2 230	10 014
摩洛哥	11 185	4 323	6 862
叙利亚	10 732	9 486	1 246
莫桑比克	10 261	4 590	5 671
坦桑尼亚	10 056	5 997	4 059
葡萄牙	9 922	6 799	3 123
巴林	9 766	5 394	4 372
斯洛伐克	8 081	4 858	3 224
阿尔巴尼亚	7 893	678	7 215
巴哈马	7 605	7 605	0
黎巴嫩	7 390	7 213	177
吉尔吉斯斯坦	7 261	7 259	2
突尼斯	7 212	5 257	1 955

（续）

国别（地区）	进　出　口	出　　口	进　　口
爱沙尼亚	6 993	1 794	5 199
马达加斯加	6 555	3 981	2 574
危地马拉	6 413	4 304	2 109
乌干达	6 235	5 672	563
马耳他	6 029	2 851	3 178
马绍尔群岛共和国	5 672	5 672	0
特立尼达和多巴哥	5 554	3 808	1 746
马里	5 348	3 770	1 578
柬埔寨	5 322	4 844	479
多哥	5 225	3 108	2 117
塞内加尔	4 810	2 667	2 144
塔吉克斯坦	4 548	2 896	1 652
科特迪瓦共和国	4 487	3 155	1 332
卢森堡	4 451	3 138	1 314
贝宁	4 109	1 323	2 787
玻利维亚	3 575	1 190	2 385
克罗地亚	3 306	2 582	724
塞浦路斯	3 074	1 991	1 082
斯洛文尼亚	2 852	1 830	1 022
拉脱维亚	2 757	2 319	438
马拉维	2 747	578	2 169
立陶宛	2 574	2 162	412
吉布提	2 183	2 183	0
所罗门群岛	2 128	98	2 029
塞尔维亚	2 109	2 017	93
毛里求斯	1 963	1 951	12
尼泊尔	1 781	1 752	28
波多黎各	1 525	295	1 230
巴拉圭	1 426	1 424	2
几内亚	1 364	909	455
多米尼加共和国	1 340	1 277	63
卢旺达	1 308	1 303	6
牙买加	1 209	1 192	18
塞拉利昂	1 185	1 148	36

（续）

国别（地区）	进　出　口	出　　口	进　　口
阿富汗	993	862	131
格鲁吉亚	989	927	62
萨尔瓦多	987	979	8
洪都拉斯	828	239	589
尼加拉瓜	807	789	19
厄立特里亚	696	617	78
斐济	663	620	42
布基纳法索	643	529	114
英属维尔京群岛	640	640	0
圣文森特和格林纳丁斯	588	588	0
前南马其顿	570	531	39
伯利兹	547	547	0
海地	536	535	0
科摩罗	529	529	0
黑山	498	432	66
开曼群岛	491	491	0
多米尼加	459	459	1
瓦努阿图	445	445	0
几内亚（比绍）	438	437	1
波黑	420	416	5
中非	416	296	120
亚美尼亚	402	247	155
留尼汪	401	401	0
百慕大群岛	400	400	0
冰岛	357	271	86
汤加	338	338	0
圭亚那	275	260	15
布隆迪	249	235	14
列支敦士登	191	94	97
莱索托	186	99	87
摩尔多瓦	161	117	44
格林纳达	150	150	0
苏里南	120	119	1
塞舌尔	117	117	0

（续）

国别（地区）	进 出 口	出 口	进 口
摩纳哥	107	18	88
东帝汶	101	101	0
萨摩亚	98	98	0
巴勒斯坦	91	91	0
索马里	90	44	46
法属波利尼西亚	88	86	2
安道尔	87	87	0
格陵兰	74	0	74
新喀里多尼亚	60	60	0
冈比亚	47	45	2
圣马丁岛	34	34	0
基里巴斯	32	32	0
马尔代夫	27	27	0
阿鲁巴岛	27	27	0
直布罗陀	24	24	0
马提尼克岛	15	13	2
社会群岛	14	14	0
瓜德罗普岛	13	13	0
巴巴多斯	13	12	1
圣马力诺	12	0	12
荷属安地列斯群岛	11	11	0
库腊索岛	10	10	0
圣其茨—尼维斯	5	5	0
加那利群岛	5	5	0
圣卢西亚	4	4	0
不丹	2	2	0
佛得角	2	2	0
法罗群岛	2	0	2
斯威士兰	1	0	1
库克群岛	1	1	0
梵蒂冈城国	1	0	1
大洋洲其他国家（地区）	1	1	0
密克罗尼西亚联邦	1	1	0

注：摘自北京海关统计月报

（李 倩）

2-5 按贸易方式分海关进出口贸易额

金额单位：万美元

贸易方式	进出口	出口	进口
总值	**30 140 978**	**5 546 685**	**24 594 293**
一般贸易	24 315 466	2 497 321	21 818 145
加工贸易	3 797 965	2 333 044	1 464 921
来料加工	1 417 973	555 471	862 502
进料加工	2 379 992	1 777 573	602 419
两区一库仓储	1 275 354	201 249	1 074 105
保税仓库进出境货物	1 203 170	195 741	1 007 429
保税区仓储转口货物	68 344	5 508	62 835
出口加工区进口设备	3 840	0	3 840
对外承包工程出口货物	497 319	497 319	0
租赁贸易	137 995	327	137 668
外商投资企业作为投资进口的设备、物品	68 555	0	68 555
国家间、国际组织无偿援助和赠送的物资	13 240	11 929	1 311
其他境外捐赠物资	12 898	164	12 735
出料加工贸易	1 049	473	575
免税外汇商品	1 028	0	1 028
寄售、代销贸易	158	0	158
边境小额贸易	2	2	0
加工贸易进口设备	140	0	140
易货贸易	49	15	34
其他贸易	19 760	4 843	1 4918

注：摘自北京海关统计月报

（李　倩）

2-6 全国各省市进出口贸易总额

（按经营单位所在地分）

金额单位：万美元

地区	进出口	出口额	进口额	同比（%）		
				进出口	出口	进口
总值	**29 727.6**	**15 779.3**	**13 948.3**	**34.7**	**31.3**	**38.7**
北京	3 014.8	554.6	2 460.2	40.4	14.6	47.9
天津	822.0	375.2	446.8	28.8	25.5	31.7
河北	419.3	225.7	193.6	41.5	43.9	38.9
山西	125.8	47.1	78.7	46.8	66.0	37.3

（续）

地 区	进出口	出口额	进口额	同比（%）		
				进出口	出口	进口
内蒙古	87.2	33.3	53.8	28.7	44.0	20.8
辽 宁	806.7	431.2	375.5	28.2	29.0	27.2
吉 林	168.5	44.8	123.7	43.5	43.2	43.5
黑龙江	255.0	162.8	92.2	57.1	61.5	50.0
上 海	3 688.9	1 807.2	1 881.7	32.8	27.5	38.4
江 苏	4 657.9	2 705.5	1 952.4	37.5	35.8	39.9
浙 江	2 534.7	1 804.8	729.9	35.0	35.7	33.4
安 徽	242.8	124.2	118.6	54.8	39.7	74.6
福 建	1 087.8	715.0	372.9	36.6	34.1	41.6
江 西	214.7	134.2	80.5	68.0	82.1	48.8
山 东	1 889.5	1 042.5	847.0	35.9	31.1	42.2
河 南	177.9	105.3	72.6	32.0	43.4	18.4
湖 北	259.1	144.4	114.7	50.2	44.7	57.7
湖 南	146.7	79.6	67.1	44.5	44.9	44.1
广 东	7 846.6	4 532.0	3 314.6	28.4	26.3	31.5
广 西	177.0	96.0	81.0	24.2	14.7	37.8
海 南	86.3	23.2	63.1	76.9	77.3	76.7
四 川	327.8	188.5	139.3	35.6	33.0	39.4
重 庆	124.3	74.9	49.4	61.1	75.0	43.9
贵 州	31.4	19.2	12.2	36.3	41.5	28.8
云 南	133.7	76.1	57.6	66.1	68.5	63.0
西 藏	8.4	7.7	0.6	107.9	105.4	143.8
陕 西	120.8	62.1	58.7	43.7	55.6	33.0
青 海	7.9	4.7	3.2	34.5	85.1	−3.6
宁 夏	19.6	11.7	7.9	63.1	57.5	72.0
新 疆	171.3	129.7	41.6	22.8	18.6	38.0

注：数据来源于商务部

（李 倩）

2-7 历年进出口总额一览表

（1993—2010 年）

金额单位：万美元

年度	进出口总额	出口额	进口额
1993	2 826 683	672 105	2 154 578

（续）

年度	进出口总额	出口额	进口额
1994	2 927 427	834 206	2 093 221
1995	3 703 513	1 024 977	2 678 536
“九五”时期	17 417 315	5 010 231	12 407 084
1996	2 931 833	811 975	2 119 858
1997	3 038 852	961 103	2 077 749
1998	3 050 609	1 051 293	1 999 316
1999	3 433 844	989 059	2 444 785
2000	4 962 177	1 196 801	3 765 376
“十五”时期	39 273 900	9 269 879	30 004 021
2001	5 154 131	1 178 687	3 975 444
2002	5 250 870	1 261 464	3 989 406
2003	6 846 262	1 685 173	5 161 089
2004	9 465 509	2 057 493	7 408 016
2005	12 557 128	3 087 062	9 470 066
“十一五”时期	113 900 296	24 818 619	89 081 677
2006	15 817 225	3 797 921	12 019 304
2007	19 294 630	4 892 328	14 402 302
2008	27 171 187	5 745 424	21 425 763
2009	21 476 276	4 836 261	16 640 014
2010	30 140 978	5 546 685	24 594 293

（李　倩）

2-8　历年进出口额在全国排名

年　份	进　口	出　口
1995	2	3
1996	2	7
1997	2	7
1998	2	5
1999	2	7
2000	2	7
2001	2	7
2002	3	7
2003	4	7
2004	4	8

（续）

年 份	进 口	出 口
2005	4	7
2006	3	7
2007	3	7
2008	2	6
2009	2	7
2010	2	7

（李 倩）

2-9 2010年北京地区企业前十位进出口市场

2-9-1 2010年北京地区企业前十位贸易伙伴

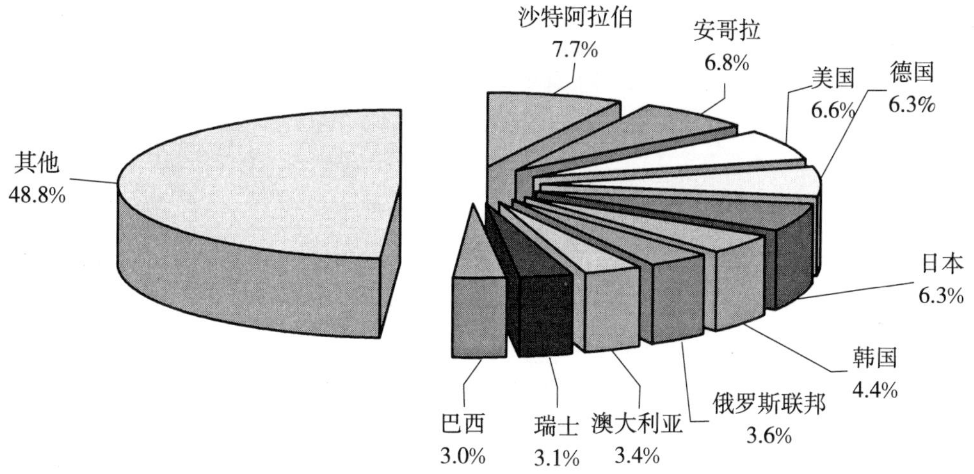

（李 倩）

2-9-2 2010年北京地区企业前十位出口市场

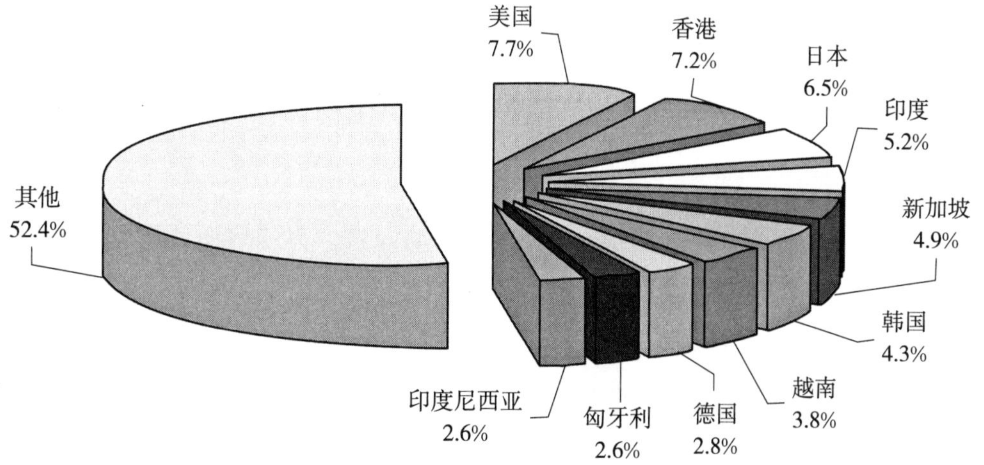

（李 倩）

2-9-3　2010年北京地区企业前十位进口市场

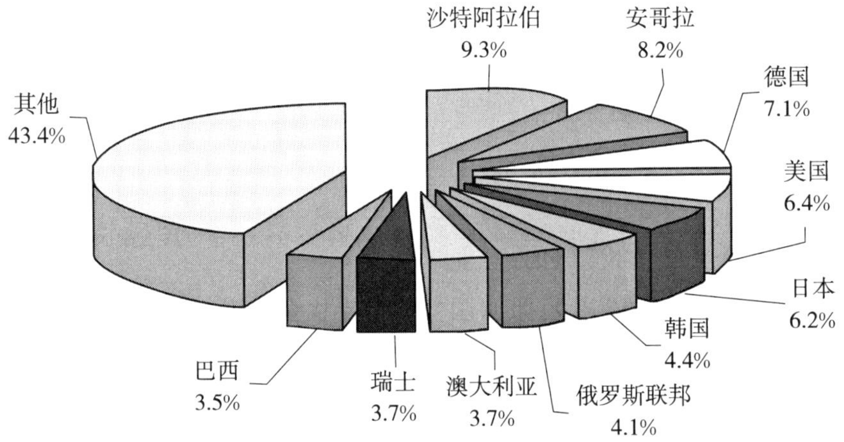

（李　倩）

三、技术贸易

3-1　2010技术出口合同认定登记情况

3-1-1　按合同类别分组

合同类型	合同数（个）	合同金额（万美元）	技术费（万美元）
合　计	**1 259**	**863 546**	**356 416**
技术开发	838	201 627	201 474
技术转让	40	4 415	4 350
技术咨询	22	217	217
技术服务	359	657 286	150 375

（巨振乐）

3-1-2　按企业类别分组

卖方机构	合同数（个）	合同金额（万美元）	技术费（万美元）
合　计	**1 259**	**863 546**	**356 416**
机关法人	0	0	0
事业法人	35	426	421
社团法人	0	0	0
企业法人	1 221	861 546	354 420
自然人	1	6	6
其他组织	2	1 569	1 569

（巨振乐）

3-1-3　按技术领域分组

技术领域	合同数（个）	合同金额（万美元）	技术费（万美元）
合　　计	**1 259**	**863 546**	**356 416**
电子信息技术	841	169 232	169 051
航空航天技术	6	5 527	5 527
先进制造技术	32	3 731	3 731
生物、医药和医疗器械	191	26 353	26 340
新材料及其应用	35	9 692	9 627
新能源与高效节能	89	344 689	67 455
环境保护与资源综合利用	14	90 050	22 675
核应用技术	7	996	966
农业技术	5	3 748	1 370
现代交通	15	173 476	28 770
城市建设与社会发展	24	36 052	20 904

注：技术出口数据来源于北京市技术市场管理办公室

1 美元＝6.769 5 元

（巨振乐）

3-2　技术引进合同登记情况

3-2-1　按引进方式分组

引进方式（合同类别）	合同数（个）	合同金额（万美元）	技术费（万美元）
总　　计	**1 359**	**299 495**	**233 601**
A：专利技术的许可或转让（包括专利申请权的转让）	30	70 807	70 807
B：专有技术的许可或转让	156	62 740	59 211
C：技术咨询、技术服务	801	100 541	59 325
D：计算机软件的进口	334	36 837	36 813
E：A、B 内容之一相关联的商标许可	2	97	97
F：涉及 A、B、C 内容之一的合资生产、合作生产等	4	337	337
G：为实施 A 至 G 项内容而进口的成套设备、关键设备、生产线等	32	27 167	6 040
H：其它方式的技术进口	0	970	970

（巨振乐）

3-2-2　按企业性质分组

企业性质分类	合同数（个）	合同金额（万美元）	技术费（万美元）
总　　计	**1 359**	**299 495**	**233 601**
国有企业	518	134 738	69 296
集体企业	32	916	916

（续）

企业性质分类	合同数（个）	合同金额（万美元）	技术费（万美元）
外资企业	550	146 706	146 327
民营企业	230	13 168	13 095
其它	29	3 967	3 967

（巨振乐）

3-2-3 按国民经济行业分组

行　　业	合同数（个）	合同金额（万美元）	技术费（万美元）
总　　计	**1 359**	**299 495**	**233 601**
农、林、牧、渔业	1	273	273
农业	1	244	244
农业服务业	0	29	29
采矿业	62	43 703	22 578
煤炭开采和洗选业	8	9 535	416
石油和天然气开采业	54	34 168	22 163
制造业	485	168 650	143 027
农副食品加工业	2	10	10
食品制造业	2	46	46
饮料制造业	1	3	3
烟草制品业	0	52	52
纺织业	2	49	49
纺织服装、鞋、帽制造业	4	118	118
皮革、毛皮、羽毛（绒）及其制品业	0	102	102
家具制造业	1	13	13
造纸及纸制品业	3	1 396	1 259
印刷业和记录媒介的复制	2	2	2
文教体育用品制造业	1	6	6
石油加工、炼焦及核燃料加工业	13	7 893	4 545
化学原料及化学制品制造业	29	14 119	7 682
医药制造业	13	978	978
橡胶制品业	1	85	85
塑料制品业	1	195	195
非金属矿物制品业	3	716	716
黑色金属冶炼及压延加工业	12	6 205	980

（续）

行　业	合同数（个）	合同金额（万美元）	技术费（万美元）
有色金属冶炼及压延加工业	11	9 411	911
金属制品业	1	51	51
通用设备制造业	43	4 013	2 109
专用设备制造业	73	7 063	7 004
交通运输设备制造业	112	28 559	28 546
电气机械及器材制造业	31	4 019	4 019
通信设备、计算机及其他电子设备制造业	98	76 616	76 616
仪器仪表及文化、办公用机械制造业	22	2 172	2 172
工艺品及其他制造业	1	81	81
废弃资源和废旧材料回收加工业	3	4 679	4 679
电力、燃气及水的生产和供应业	27	15 716	3 404
电力、热力的生产和供应业	26	15 706	3 395
水的生产和供应业	1	10	10
建筑业	20	457	457
房屋和土木工程建筑业	4	178	178
建筑安装业	5	120	120
建筑装饰业	9	122	122
其他建筑业	2	37	37
交通运输、仓储和邮政业	45	12 709	6 621
铁路运输业	2	55	55
道路运输业	2	38	38
城市公共交通业	8	6 486	579
水上运输业	2	70	70
航空运输业	27	4 827	4 827
装卸搬运及其他运输服务业	2	349	169
仓储业	1	504	504
邮政业	1	380	380
信息传输、计算机服务和软件业	239	20 043	19 703
电信和其他信息传输服务业	21	1 021	682
计算机服务业	168	18 057	18 057
软件业	50	965	965
批发和零售业	18	1 821	1 821
批发业	9	236	236
零售业	9	1 584	1 584

（续）

行　　业	合同数（个）	合同金额（万美元）	技术费（万美元）
住宿和餐饮业	18	1 037	1 037
住宿业	17	653	653
餐饮业	1	384	384
金融业	34	14 450	14 450
银行业	29	13 593	13 593
保险业	3	38	38
其他金融活动	2	820	820
房地产业	117	4 220	4 220
房地产业	117	4 220	4 220
租赁和商务服务业	41	621	604
租赁业	8	116	116
商务服务业	33	504	488
科学研究、技术服务和地质勘查业	104	7 702	7 625
研究与试验发展	14	338	338
专业技术服务业	90	7 363	7 287
水利、环境和公共设施管理业	3	50	50
环境管理业	2	14	14
公共设施管理业	1	36	36
居民服务和其他服务业	123	4 447	4 295
居民服务业	59	1 702	1 702
其他服务业	64	2 744	2 593
教育	8	102	102
教育	8	102	102
卫生、社会保障和社会福利业	3	55	55
卫生	3	55	55
文化、体育和娱乐业	8	795	631
广播、电视、电影和音像业	2	314	150
体育	1	4	4
娱乐业	5	477	477
公共管理与社会组织	3	117	117
中国共产党机关	1	50	50
国家机构	1	60	60
群众社团、社会团体和宗教组织	1	7	7

（巨振乐）

3-3　北京市服务外包（离岸）情况

3-3-1　北京市历年服务外包（离岸）情况

年　　度	合同数（份）	执行金额（万美元）	同比增幅（%）
总　　计	**22 861**	**390 811.0**	——
2006 年	4 240	35 583.2	——
2007 年	4 742	42 454.2	19.3
2008 年	3 050	54 176.8	27.6
2009 年	5 264	104 841.0	93.5
2010 年	5 565	153 755.9	46.7

（刘树民）

3-3-2　北京市 2010 年服务外包（离岸）外包类别情况

外包类别	2009 年执行金额（万美元）	2010 年执行金额（万美元）	同比增幅（%）
服务外包（离岸）合计	**104 831.6**	**153 755.9**	**46.7**
信息技术外包	81 514.7	120 121.4	47.4
业务流程外包	19 697.5	22 086.5	12.1
知识流程外包	3 573.5	11 485.0	221.4
其它服务产品	45.8	63.1	37.8

（刘树民）

四、利用外资

4-1　按投资方式分外商直接投资情况

单位：万美元

项目名称	项目数	实际外资
总　　计	**1 629**	**636 358**
中外合资企业	290	91 335
中外合作企业	15	22 890
外商独资企业	1 321	516 766
外商投资股份制	3	5 367

（高　茜）

4-2　按投资产业分外商直接投资情况

单位：万美元

产业名称	项目数	实际外资
总　　计	**1 629**	**636 358**
第一产业	9	1 246

（续）

产业名称	项目数	实际外资
第二产业	75	71 899
第三产业	1 545	563 213

（高　茜）

4-3　按投资行业分外商直接投资情况

单位：万美元

行业名称	项目数	实际外资
总　　计	**1 629**	**636 358**
农、林、牧、渔业	9	1 246
农业	7	39
畜牧业	0	1 207
农、林、牧、渔服务业	2	0
制造业	61	68 496
农副食品加工业	0	1 313
食品制造业	3	6 520
饮料制造业	1	11 403
纺织业	0	356
纺织服装、鞋、帽制造业	1	1 024
皮革、毛皮、羽毛（绒）及其制品业	0	5
家具制造业	0	255
造纸及纸制品业	0	2 518
印刷业和记录媒介的复制	0	140
文教体育用品制造业	0	13
石油加工、炼焦及核燃料加工业	0	70
化学原料及化学制品制造业	4	6 910
医药制造业	2	2 472
塑料制品业	2	24
非金属矿物制品业	2	706
金属制品业	2	1 464
通用设备制造业	7	3 485
专用设备制造业	12	7 434
交通运输设备制造业	8	4 570
电气机械及器材制造业	4	903
通信设备、计算机及其他电子设备制造业	8	14 850

（续）

行业名称	项目数	实际外资
仪器仪表及文化、办公用机械制造业	4	2 065
电力、燃气及水的生产和供应业	3	2 992
电力、热力的生产和供应业	2	2 276
燃气生产和供应业	0	531
水的生产和供应业	1	185
建筑业	11	411
房屋和土木工程建筑业	4	0
建筑安装业	0	307
建筑装饰业	4	104
其他建筑业	3	0
交通运输、仓储和邮政业	9	14 930
铁路运输业	1	0
道路运输业	0	6 053
水上运输业	0	247
航空运输业	1	110
装卸搬运和其他运输服务业	5	8 361
仓储业	2	160
信息传输、计算机服务和软件业	221	95 453
计算机服务业	68	10 308
软件业	153	85 143
批发和零售业	430	66 032
批发业	412	47 639
零售业	18	18 394
住宿和餐饮业	44	3 525
住宿业	0	370
餐饮业	44	3 155
金融业	9	18 753
其他金融活动	9	18 753
房地产业	21	141 728
房地产业	21	141 728
租赁和商务服务业	461	175 580
租赁业	1	42
商务服务业	460	175 538
科学研究、技术服务和地质勘查业	289	40 261

（续）

行业名称	项目数	实际外资
研究与试验发展	79	18 138
专业技术服务业	94	15 549
科技交流和推广服务业	116	6 184
地质勘查业	0	389
水利、环境和公共设施管理业	1	0
环境管理业	1	0
居民服务和其他服务业	15	442
居民服务业	8	118
其他服务业	7	324
教育	2	211
教育	2	211
卫生、社会保障和社会福利业	1	1 390
卫生	1	1 390
文化、体育和娱乐业	42	4 908
广播、电视、电影和音像业	2	196
文化艺术业	36	3 323
体育	2	214
娱乐业	2	1 175

（高　茜）

4-4　按国别（地区）分外商直接投资情况

单位：万美元

国别名称	项目数	实际外资
总　　计	**1 629**	**636 358**
亚洲	**1 097**	**396 805**
中国香港	676	312 863
中国澳门	5	6
中国台湾	85	985
文莱	2	446
印度尼西亚	3	550
马来西亚	19	786
菲律宾	1	0
新加坡	57	24 888
泰国	1	0

（续）

国别名称	项目数	实际外资
越南	1	0
阿富汗	0	13
朝鲜	1	0
印度	3	256
伊朗	7	96
以色列	2	301
日本	118	40 692
科威特	1	0
蒙古	2	0
尼泊尔	2	0
卡塔尔	1	0
韩国	103	14 725
斯里兰卡	1	0
叙利亚	1	0
土耳其	2	55
阿拉伯联合酋长国	3	143
哈萨克斯坦	1	0
土库曼斯坦	1	0
乌兹别克斯坦	0	15
非洲	**22**	**7 605**
喀麦隆	1	0
埃塞俄比亚	1	0
加纳	1	0
毛里求斯	4	7 179
摩洛哥	1	0
尼日利亚	4	30
塞舌尔	9	396
厄立特里亚	1	0
欧洲	**217**	**67 486**
塞浦路斯	2	66
比利时	1	487
丹麦	3	9 979
英国	31	1 120
德意志联邦共和国	59	22 344

（续）

国别名称	项目数	实际外资
法国	19	3 700
爱尔兰	7	2 745
意大利	17	1 506
卢森堡	2	4 780
荷兰	11	10 639
西班牙	13	4 104
奥地利	4	123
芬兰	4	405
匈牙利	2	7
波兰	2	0
瑞典	7	3 188
斯洛文尼亚共和国	0	15
捷克共和国	2	73
冰岛	1	0
列支敦士登	0	149
挪威	2	0
圣马力诺	0	211
瑞士	20	1 678
阿塞拜疆	1	0
俄罗斯	8	233
乌克兰	1	0
拉美洲	**90**	**122 454**
阿根廷	2	10
巴巴多斯	0	941
巴西	3	2
开曼群岛	24	45 209
智利	0	10
多米尼加	0	27
墨西哥	1	0
巴拿马	1	0
英属维尔京群岛	59	76 255
北美洲	**192**	**28 589**
加拿大	46	2 359
美国	145	21 370

（续）

国别名称	项目数	实际外资
百慕大	1	4 860
大洋洲	**46**	**2 373**
澳大利亚	34	658
新西兰	4	10
萨摩亚	7	1 705
马绍尔群岛共和国	1	0
其他	18	10 965

（高 茜）

五、对外经济

5-1 历年境外投资情况

金额单位：万美元

年 度	企业数	批准投资总额	中方协议投资额
1979	1	22.00	22.00
1980	4	266.00	181.80
1981	2	25.80	25.80
1982	3	33.40	20.80
1983	2	172.80	166.50
1984	3	210.07	210.07
1985	5	232.50	190.30
1986	4	139.40	56.60
1987	6	445.64	213.72
1988	12	1 595.30	720.70
1989	6	1 456.60	671.00
1990	11	684.04	396.90
1991	23	4 163.96	3 623.18
1992	34	1 799.84	819.45
1993	47	13 394.66	12 562.49
1994	30	815.82	486.68
1995	25	2 678.13	2 510.86
1996	22	2 264.36	1 656.70
1997	20	921.29	715.46
1998	21	630.63	550.73
1999	13	437.74	394.58

（续）

年　　度	企业数	批准投资总额	中方协议投资额
2000	20	6 667.48	2 502.29
2001	20	1 390.22	912.30
2002	25	28 837.61	5 086.04
2003	38	119 758.49	63 249.61
2004	52	29 949.40	20 371.08
2005	52	25 515.85	24 216.24
2006	76	38 112.13	31 654.53
2007	87	42 179.25	36 642.53
2008	103	49 263.35	42 491.15
2009	140	63 489.65	49 958.39
2010	266	291 433.24	177 084.38
总　　计	**1 173**	**728 986.65**	**480 364.86**

（崔春玲）

5-2　对外承包工程情况

金额单位：万美元

国别名称	新签合同额	完成营业额	外派人数	期末在外人数
合　　计	**251 114**	**222 514**	**8 193**	**17 145**
尼日利亚	73 289	45 030	439	725
乍得	31 658	11 410	213	216
安哥拉	15 571	37 760	1 143	4 283
阿尔及利亚	13 116	5 038	313	835
喀麦隆	11 431	407	15	11
坦桑尼亚	10 138	2 974	28	179
利比亚	9 133	36 589	4 437	5 959
毛里求斯	8 909	4 852	152	369
加蓬	6 340	0	0	0
加纳	6 230	1 334	138	197
越南	6 129	682	0	20
乌兹别克斯坦	5 772	387	37	16
肯尼亚	5 350	809	41	41
印度	4 424	4 576	22	18
伊朗	4 325	923	31	251
澳大利亚	4 259	0	0	0

（续）

国别名称	新签合同额	完成营业额	外派人数	期末在外人数
多哥	3 731	373	0	2
美国	3 100	2 871	0	0
马来西亚	2 716	6 175	1	531
莫桑比克	2 296	376	91	94
赞比亚	2 290	5 256	323	390
赤道几内亚	2 155	1 923	0	65
苏丹	1 990	712	0	1
哈萨克斯坦	1 929	4 781	87	145
纳米比亚	1 699	128	10	13
阿拉伯联合酋长国	1 528	8 969	17	405
格林纳达	1 360	506	0	0
蒙古	1 280	660	98	218
乌干达	1 209	1 017	70	71
英国	731	687	4	2
刚果（布）	684	5 016	96	224
土耳其	630	347	1	1
老挝	613	664	53	58
斯里兰卡	584	64	5	28
布基纳法索	509	355	1	1
埃及	483	213	18	18
津巴布韦	457	1 751	6	88
俄罗斯联邦	408	440	3	1
波兰	334	0	1	1
厄立特里亚	299	783	2	2
澳门	291	148	2	0
百慕大群岛	237	200	3	0
摩洛哥	228	0	1	1
贝宁	205	118	10	10
安提瓜和巴布达	182	3 241	0	60
巴布亚新几内亚	181	18	11	11
阿富汗	164	621	5	86
多米尼克	125	125	0	0
黎巴嫩	69	69	2	2
突尼斯	66	55	2	0

（续）

国别名称	新签合同额	完成营业额	外派人数	期末在外人数
刚果（金）	56	115	7	18
尼日尔	51	18	2	6
科威特	28	0	0	0
科特迪瓦	24	0	0	0
尼泊尔	23	207	0	0
瓦努阿图	15	15	2	2
卢旺达	14	5 847	93	113
德国	14	12	0	0
巴基斯坦	14	14	2	8
马达加斯加	11	11	2	2
冰岛	11	4	0	0
沙特阿拉伯	7	265	25	17
新加坡	5	1	1	462
东帝汶	4	6	1	1
日本	0	0	0	0
博茨瓦纳	0	0	0	0
佛得角	0	0	0	1
科摩罗	0	0	0	5
马拉维	0	15	0	0
毛里塔尼亚	0	0	0	0
叙利亚	0	0	0	51
孟加拉	0	0	0	0
巴林	0	15	1	0
卡塔尔	0	1 652	0	20
巴勒斯坦	0	0	0	0
阿曼	0	3 398	0	0
马尔代夫	0	0	0	1
委内瑞拉	0	0	0	0
特立尼达和多巴哥	0	1 953	0	150
以色列	0	0	0	0
印度尼西亚	0	0	0	0
也门	0	0	0	24
中国香港	0	0	0	0
朝鲜	0	0	0	0

（续）

国别名称	新签合同额	完成营业额	外派人数	期末在外人数
柬埔寨	0	53	0	65
缅甸	0	0	0	1
泰国	0	2	0	0
苏里南	0	0	0	0
东萨摩亚	0	0	0	5
密克罗尼西亚联邦	0	0	0	5
哥伦比亚	0	2	2	1
智利	0	2	1	1
挪威	0	15	1	1
匈牙利	0	0	0	0
芬兰	0	0	0	0
保加利亚	0	8	0	0
奥地利	0	0	0	0
阿尔巴尼亚	0	0	0	0
爱尔兰	0	0	0	1
丹麦	0	0	0	0
南非	0	0	0	103
塞拉利昂	0	9	0	8
塞内加尔	0	43	0	0
西萨摩亚	0	2	1	0
秘鲁	0	3	0	5
巴拿马	0	0	0	0
圭亚那	0	0	0	0
危地马拉	0	0	0	0
厄瓜多尔	0	0	0	0
古巴	0	0	0	0
哥斯达黎加	0	0	0	0
巴西	0	0	0	0
玻利维亚	0	0	0	0
黑山	0	0	0	0
塞尔维亚	0	0	0	0
斯洛伐克	0	23	2	1
斯洛文尼亚	0	0	0	0
格鲁吉亚	0	311	1	0

（续）

国别名称	新签合同额	完成营业额	外派人数	期末在外人数
立陶宛	0	0	0	0
拉脱维亚	0	0	0	0
马里	0	0	0	1
几内亚	0	0	0	4
几内亚（比绍）	0	18	0	57
埃塞俄比亚	0	6 832	112	337
吉布提	0	0	0	1
中非共和国	0	0	0	5
布隆迪	0	210	5	13

（崔春玲）

5-3 对外劳务合作分国别（地区）情况

金额单位：万美元

国别名称	新签劳务人员合同工资总额	劳务人员实际收入总额	派出人数	期末在外人数
合　计	**35 065**	**37 282**	**3 577**	**5 354**
国内	33 050	33 050	0	0
日本	838	1 459	501	1 524
台湾省	444	322	349	255
新加坡	369	1 304	1 456	2 537
中国香港	256	450	432	319
以色列	100	74	84	35
德国	8	82	108	82
塞拉利昂	0	4	5	8
加拿大	0	329	200	148
韩国	0	41	5	75
塞浦路斯	0	41	79	71
阿拉伯联合酋长国	0	12	0	10
菲律宾	0	29	23	18
马来西亚	0	73	305	250
英国	0	0	11	10
法国	0	0	8	4
希腊	0	12	7	7
美国	0	0	4	1

（崔春玲）

5-4 历年对外承包工程与劳务合作情况

金额单位：万美元

	北京	全国	北京	全国	北京	全国	北京	全国
年份	合同额	合同额	营业额	营业额	外派人数	外派人数	在外人数	在外人数
1983	219	——	837	——	1 130	——	1 130	——
1984	2 710	——	1 842	——	1 739	——	2 159	——
1985	853	——	2 083	——	1 113	——	2 400	——
1986	445	——	1 535	304 914	479	——	837	——
1987	548	——	697	453 816	618	——	690	——
1988	885	——	802	——	447	——	819	——
1989	2 100	——	1 017	——	578	——	600	——
1990	3 756	260 345	1 056	186 741	364	52 906	336	57 939
1991	3 202	360 908	1 896	236 272	943	87 065	980	89 837
1992	8 889	658 508	3 140	——	892	118 220	952	130 984
1993	29 397	679 982	9 748	——	1 770	136 657	1 555	173 654
1994	15 715	798 750	18 783	597 796	1 769	169 558	2 720	222 578
1995	15 613	967 218	12 789	658 795	1 693	194 258	2 604	264 535
1996	67 689	1 027 318	43 057	769 610	1 525	199 481	2 516	285 763
1997	35 640	1 135 634	29 629	838 312	2 402	234 996	3 122	333 763
1998	25 526	1 117 323	31 009	1 013 381	2 404	230 572	3 647	352 125
1999	25 232	1 300 198	26 167	1 123 458	1 904	233 942	3 476	382 275
2000	16 285	1 494 330	19 799	1 132 536	1 359	——	3 205	426 000
2001	21 439	1 645 467	18 628	1 213 931	1 295	263 666	3 494	475 176
2002	27 949	1 789 117	23 160	1 435 222	1 303	213 016	2 134	489 622
2003	48 271	2 093 999	34 926	1 723 000	1 343	210 000	2 097	524 800
2004	81 185	27 690 000	59 630	2 136 700	1 551	248 000	2 552	535 000
2005	93 732	3 420 700	71 281	2 678 700	3 473	274 000	4 796	565 000
2006	176 752	7 164 000	83 518	3 570 000	7 661	351 000	8 962	675 000
2007	236 881	8 533 000	94 077	4 786 000	6 796	372 000	11 299	743 000
2008	558 714	11 301 466	168 416	6 511 630	6 007	426 968	11 422	740 119
2009	336 223	13 368 221	226 873	8 661 725	10 496	394 833	17 099	776 619
2010	286 179	14 312 000	259 794	10 110 000	11 770	411 000	22 499	847 000
合　计	**2 122 029**	——	**1 246 189**	——	**74 824**	——	**120 102**	——

（崔春玲）

第七部分

大　事　记

2010年大事记

1月

1月5日

刘行苍参加各区县促消费工作会议。

郭伟参加行政监察现代化工程现场交流会。

1月8日

卢彦、束为参加“澳门活力推广周”活动。

1月14日

卢彦、陈泽星参加天竺保税区工作会议。

1月18日

闫小彦参加全国“两会”总务工作会议。

1月21日

陈泽星参加中俄企业洽谈会。

申金升参加“科技北京”行动计划折子工程协调会。

1月22日

束为参加政银企沟通交流专题会。

卢彦、束为、李薇薇参加主管商务工作区（县）长座谈会。

1月24日

卢彦、束为、闫小彦、陈泽星、程玉华、许康、李薇薇参加北京市“两会”代表、委员咨询活动。

2月

2月1日

卢彦、闫小彦、许康、李薇薇、刘行苍参加内贸企业座谈会。

卢彦、陈泽星、申金升参加外贸企业座谈会。

2月2日

程玉华参加商务部服务外包产业规划座谈会。

李薇薇赴通州区参加电子商务论坛。

2月3日

孙尧赴拉萨参加商务部组织的拉萨经济技术开发区工作座谈会。

2月4日

李薇薇参加商务部家电以旧换新试点工作座谈会。

2月8日

全市商务工作会议。

2月9日

闫小彦参加服务中央在京国家机关座谈会。

程玉华参加服务外包企业标准认定研讨会。

李薇薇参加上海世博特许产品北京旗舰店开业仪式。

2月11日

李薇薇参加服装干洗行业干洗机专项治理工作会。

2月26日

许康参加全市商务行业安全生产工作会。

3月

3月2日

李薇薇参加2010北京“各地商品大集”暨首届“江西商品大集”启动仪式。

3月4日

韩雯参加全市商务行政执法工作会议。

魏忆京带队检查全国“两会”驻地周边企业安全生产状况。

3月9日

程玉华与中关村企业、协会研讨引导服务外包向高端方向发展举措。

3月12日

卢彦参加北京平谷国际陆港启动运行仪式。

3月19日

卢彦参加北京城市服务管理广播“市民对话一把手”节目。

3月22日

卢彦、陈泽星参加北京天竺综保区与德国默克医药公司签约仪式。

闫小彦参加城南房山行动启动仪式暨奥特莱斯奠基仪式。

3月25日

程玉华接待印度Infosys首席运行官。

3月26日

郭伟前往顺义参加全市商务领域工程建设项目专项治理检查活动。

3月30日

郭伟、李薇薇参加工程建设领域突出问题监督检查工作会议。

4月

4月2日

卢彦参加北京市政府与华润（集团）有限公司战略合作协议签字仪式。

4月9日

陈泽星参加金融机构座谈会。

束为、韩雯前往北京经济技术开发区调研。

4月13日

郭伟参加全国商务系统纪检组长座谈会。

4月15日

申金升参加第十三届科博会组委会工作会议。

李薇薇参加本市“周四垃圾减量日活动”启动仪式。

4月20日

李薇薇参加沃尔玛农超对接——平谷基地揭牌仪式。

4月21日

刘行苍参加2010北京花季和迎五一安全优质农产品推介周启动仪式。

4月23日

卢彦参加百度乐天电子商务项目签约仪式。

4月24日

孙尧参加“知识产权与科技北京同行”长走活动。

4月26日

束为参加北京市政府与中国香港（地区）商会座谈会并现场解答问题。

陈泽星参加天竺综保区企业集中入区签约仪式。

程玉华做客凤凰网北京演播室，就服务外包产业发展接受现场采访。

4月27日

卢彦参加平谷鲜桃农超对接启动仪式。

5月

5月5日

卢彦、束为、陈泽星、韩雯赴上海参加世博会。

刘行苍参加市级龙头企业授牌仪式。

5月10日

束为、李薇薇参加2010北京国际美食盛典论坛暨闭幕式。

5月13日

陈泽星参加中关村示范区重大科技成果转化、产业化股权投资和创新合作签约仪式。

5月21日

魏忆京参加规范和加强行政执法工作座谈会。

5月24日

申金升陪同市人大领导调研会展业。

5月26日

卢彦参加北京市长国际企业家顾问会议。

5月27日

申金升参加第十三届中国北京国际科技产业博览会。

陈泽星参加进出口政策服务咨询会。

5月28日

李薇薇参加“点击消费”促销活动启动仪式。

束为参加科博会签约活动。

6月

6月2日

许康参加商务部组织的地方商务之窗网站工作会议。

6月3日

李薇薇参加全国家电以旧换新工作会。

6月7日

李薇薇陪同市人大主任杜德印对本市生活垃圾处理工作进展进行调研。

6月8日

李薇薇参加盛锡福博物馆揭牌仪式。

陈泽星参加帮扶企业应对国际金融危机工作会议。

6月9日

李薇薇陪同市委巡视组调研通州商务园。

6月10日

束为陪同商务部、国家发改委到新发地调研。

6月11日

卢彦陪同刘淇书记会见美国罗斯洛克公司董事长。

6月12日

李薇薇参加2010北京“甘肃商品大集”启动仪式。

许康参加中国北京国际节能环保展览会开幕式。

6月18日

卢彦陪同刘淇书记会见泰国正大集团董事长。

6月29日

卢彦陪同市领导前往中国兵器装备集团公司调研。

程玉华参加中国设计交易市场揭牌仪式。

7月

7月2日

卢彦、闫小彦出席2010北京特色商业街消夏节开幕式。

7月7日

束为出席2010北京“河北商品大集”启动仪式。

7月13日

李薇薇陪同商务部领导调研海淀区再生资源回收体系建设情况。

7月14日

程玉华出席北京市对外承包工程工作专题会议。

7月15日

韩雯出席上半年区（县）外资工作会议。

孙尧出席“第六届北京国际西餐文化节”开幕式。

7月16日

李薇薇、孙尧出席上半年市场运行情况区（县）电视电话会议。

程玉华到中国远洋物流有限公司调研。

许康、魏忆京参加上半年商务行业安全生产工作会。

7月20日

卢彦、李薇薇出席“北京电子商务聚集区”揭牌仪式。

7月21日

李薇薇、孙尧出席2010“农超对接”工作推进会。

7月23日

孙尧出席2010北京“云南商品大集”启动仪式。

7月27日

卢彦、李薇薇出席北京2010电子商务B2B高峰论坛暨“首都商网服务中国”发布会。

7月29日

刘行苍出席上半年全市酒类流通管理工作会议。

8月

8月6日

李薇薇参加平谷大集进京城活动。

孙尧参加新加坡美食节活动。

8月10日

程玉华参加海淀区服务外包示范区共建协议签约仪式。

8月12日

申金升参加十二五专题规划汇报会。

8月18日

卢彦参加2010网络零售行业峰会。

韩雯参加第二届投资北京论坛及项目签约仪式等活动。

8月19日

卢彦前往北京银行调研。

8月20日

卢彦出席北京台湾美食节开幕式。

卢彦陪同刘淇书记会见日本新任驻华大使。

束为代表市商务委与丰台区人民政府签署战略合作协议。

闫小彦陪同郭金龙市长检查北京武博会整体筹备情况。

8月23日

程玉华与北京海关座谈有关服务外包企业进口设备相关事宜。

8月25日

闫小彦陪同夏占义副市长调研北京农产品中央批发市场。

程玉华参加北京物流行业高峰论坛。

8月27日

李薇薇参加2010北京“陕西商品大集”启动仪式。

8月30—31日

卢彦率北京代表团赴内蒙古就两地经贸合作进行考察。

9月

9月2日

卢彦赴吉林长春参加第六届中国吉林·东北亚投资贸易博览会。

9月7日

郭伟进行农超对接效能监察现场调研。

9月9日

闫小彦会见沃尔玛（中国）副总裁一行，研究今后沃尔玛在京发展等事宜。

9月10日

闫小彦参加北京百货大楼重装开业仪式。

李薇薇参加2010第三届北京清真美食文化节开幕式。

李薇薇参加2010北京“重庆商品大集”启动仪式。

9月12日

程红副市长、刘志副秘书长和卢彦出席北京品牌协会成立大会。

9月14日

闫小彦会见日本山田电机株式会社山田升社长。

9月16日

卢彦、李薇薇、孙尧参加2010北京购物季暨第六届海淀品牌消费节开幕式。

9月17日

闫小彦主持召开本市2010—2011年度蔬菜政府储备工作会议。

9月21日

卢彦率队赴平谷，代表市商务委与平谷区政府签署《关于进一步加强商务合作共同促进平谷区经济发展的战略合作框架协议》。

9月24日

闫小彦参加北京古玩城第二届秋季古玩艺术品交易会开幕式暨北京古玩城B座开业典礼。

9月25日

程玉华参加2010“中国汽车零部件博览会”。

9月26日

卢彦率团参加在江西省南昌市举办的第五届中国中部投资贸易博览会。

9月29日

卢彦参加北京国际商会大会并致辞。

10月

10月13日

申金升参加城市可持续发展论坛之北京论坛。

韩雯参加城市可持续发展论坛之市长论坛。

10月14日

卢彦参加北京电子商务产业发展高峰论坛。

魏忆京赴津参加京、津、冀、晋、蒙、辽六省市盐政执法联席会（14—15日）。

10月15日

卢彦陪同程红副市长参加天竺综保区入区企业集中签约仪式。

10月18日

卢彦、李薇薇、孙尧参加2010北京拍卖季开幕式。

陈泽星参加东盟博览会（18日下午—19日）。

10月19日

闫小彦参加马连道国际茶文化节。

10月21日

陈泽星参加第十一届中国西部国际博览会（21—23日）。

10月25日

闫小彦参加京港洽谈会新闻发布会（25—28日）。

程玉华参加北京生物医药产业跨越发展工程（G20）企业授牌仪式。

10月27日

卢彦、孙尧参加2010北京“青海商品大集”新闻发布会。

10月28日

卢彦、東为、陈泽星参加北京市商务委员会与朝阳区人民政府战略合作协议签约仪式。

孙尧参加新疆产品推介会开幕式。

马长旺参加粮食行业战略规划座谈会。

10月29日

卢彦陪同程红副市长及秦刚副秘书长参加2010北京“青海商品大集”启动仪式。

11月

11月1日

李薇薇和孙尧参加菜百公司销售突破61亿元推展发布会。

11月2日

卢彦、李薇薇、孙尧出席中国中华老字号博览会（2010·北京）开幕式。

11月5日

卢彦、李薇薇参加新疆和田名特优农产品销售揭牌仪式和北京和田特色产品产销对接部署工作会。

11月10日

卢彦参加北京市打击走私综合治理领导小组成员单位联席会议。

陈泽星参加国际贸易融资高峰论坛。

申金升参加第六届中国国际物流节开幕式。

11月12日

李薇薇参加2011北京“广西商品大集”启动仪式。

11月15日

闫小彦参加全国地方WTO工作会议（15—16日）。

马长旺参加市粮食行业协会会议。

11月17日

東为参加本市贯彻落实国务院《关于进一步促进蔬菜生产保障市场供应和价格基本稳定的通知》有关情况的座谈会。

11月22日

李薇薇参加全市汽车下乡工作会议。

马长旺参加市粮食局粮食安全实时监测系统评估会。

11月23日

闫小彦赴港参加“京港对外投资发展合作研讨推介会”（23—26日）。

11月26日

许康参加2010信用销售论坛。

11月29日

東为参加2011北京“台湾商品大集”启动仪式。

12月

12月3日

闫小彦、刘行苍出席“知名零售企业区县行”首站——房山行活动。

12月5日

孙尧参加2010北京拍卖季论坛。

12月10日

闫小彦和刘行苍参加本市农产品批发市

场、社区菜市场“场店对接”现场启动仪式。

申金升参加首届中国会展业年会。

12 月 13 日

束为率团赴台参加京台科技论坛（13 日—21 日）。

12 月 15 日

闫小彦、刘行苍参加“知名零售企业区县行”——丰台行活动。

12 月 17 日

卢彦参加推进社区商业便民服务现场会。

12 月 20 日

陈泽星出席进出口政策咨询会。

12 月 21 日

闫小彦主持农产品批发市场体系规划建设专题会议。

卢彦、李薇薇、孙尧出席 2010 北京“各地商品大集”总结大会暨京东商场网上“各地商品大集”启动仪式。

12 月 28 日

卢彦出席 2010 北京购物季闭幕式暨 2011 北京城里过大年启动仪式。

卢彦、闫小彦、刘行苍出席“知名品牌企业区县行——通州行”活动。

12 月 30 日

闫小彦参加北京新发地批发市场“农超对接”第三方服务平台启动仪式。

李薇薇参加早餐示范店挂牌仪式。

12 月 31 日

李薇薇、孙尧参加家政服务网正式开通仪式。

第八部分

附　　录

北京市商务委员会组织序列

（截至2010年12月31日）

序 号	市 商 务 委 处 室
1	办公室
2	综合处（研究室）
3	法制与公平贸易处（世贸组织事务处）
4	流通规划处
5	流通发展处
6	流通秩序处
7	服务交易处
8	储备调控处（北京市盐务管理办公室）
9	市场运行处
10	物流发展处
11	酒类管理处
12	外贸运行处
13	外贸发展处
14	机电进出口处（北京市机电产品进出口办公室）
15	服务贸易处
16	对外经济合作处
17	外资发展处
18	外资管理处（对港澳台经济合作处）
19	安全监管处
20	财务处
21	人事处
序 号	**市政府口岸办公室处室**
22	秘书处
23	综合业务处
24	航空港处
25	陆港管理处（北京市人民政府口岸办公室丰台货运口岸管理处、北京市人民政府口岸办公室朝阳口岸管理处）

（续）

序　　号	市粮食局（部门管理机构）
1	办公室
2	调控处
3	政策法规处
4	储备处
5	监督检查处
6	流通管理处
7	财务处
8	人事处
序　　号	**市商务执法监察大队（直属管理机构）**
1	法制科
2	办公室
3	财务科
4	执法一队
5	执法二队
6	执法三队

北京市商务委员会领导成员

卢　彦　党组书记，主任
束　为　党组副书记，副主任
郭　伟　党组成员，纪检组组长
闫小彦　党组成员，副主任
陈泽星　党组成员，副主任
程玉华　党组成员，副主任
许　康　党组成员，副主任
李薇薇　党组成员，副主任
申金升　副主任
吴开镕　巡视员（2010 年 5 月退休）
魏忆京　委员（副局级）
孙　尧　委员（副局级）
马长旺　委员（副局级）（2010 年 8 月调入）
韩　雯　副巡视员
刘行苍　副巡视员

北京市人民政府口岸办公室领导成员

王卫平　党组书记，主任
杨国栋　党组成员，副主任
高俊岭　党组成员，副主任（2010 年 7 月退休）
吴伯棠　党组成员，纪检组长
魏登范　党组成员，副主任（2010 年 5 月）
王洪存　党组成员，副主任（2010 年 5 月）

北京市粮食局领导成员

李广禄　党组书记，局长

周爱华　党组副书记，纪检组长

马长旺　党组成员，副局长（2010年8月调出）

朱　雷　党组成员，副局长

张　强　党组成员，副局长（2010年10月调入）

杨　牧　党组成员，副局长（2010年4月任职）